영재교육필독시리즈 1

Definitions and
Conceptions of Giftedness

영재성의 정의와 개념

Robert J. Sternberg 편저 · 이정규 역

학지사

Definitions and Conceptions of Giftedness
by Robert J. Sternberg

Korean Translation Copyright ⓒ 2008 by Hakjisa Publisher
This translation is arranged with Corwin Press, Inc.,
A Sage Publications Company

Copyright ⓒ 2004 by National Association for Gifted Children
All rights reserved.

영재교육필독시리즈 번역을 통한 새로운 지평을 열며

한국영재교육학회 회장 송인섭

한국에서 영재교육에 대한 관심의 역사와 뿌리는 수십여 년에 걸쳐 많은 영재교육학자들과 다양한 영역의 학자들이 이론적 대화와 논쟁을 통해 발전 시키고 이를 교육 현장에 접목시키려는 노력에서 찾을 수 있다. 학문의 수월 성 추구라는 측면과 한 인간이 가진 학습력의 다양성에 적절성을 제공한다 는 의미에서 영재교육은 항상 우리의 관심 안에서 생명력을 키워 왔다. 그런 가운데 1995년 5월 30일 교육개혁안의 발표로 교육에서 영재교육이 차지하 는 비중이 점차 강조되고 크게 다루어짐으로써, 영재교육의 새로운 지평을 여는 계기가 되었다. 이에 대한 실천 방안으로 2001년 1월 21일에 공포된 '영재교육진흥법'은 영재교육을 이론과 실제에서 구체적으로 한국사회에 정착하게 만든 중요한 전환점으로 기억된다.

> 이 법은 교육기본법 제12조, 제19조 규정에 따라 재능이 뛰어난 사람을 조기 에 발굴하여 타고난 잠재력을 개발할 수 있도록 능력과 소질에 맞는 교육을 실시함으로써 개인의 자아실현을 도모하고 국가사회발전에 기여함을 목적으 로 한다(영재교육진흥법 제1조 목적).

'영재교육진흥법 제1조 목적'을 보면, 이제 한국에서도 영재교육을 구체적 으로 시행하려는 의도를 엿볼 수 있다. 자아실현을 통한 개인의 성장을 도모 함과 국가사회발전에 기여함을 목적으로 설정한 점은 영재교육의 기본 전제 와 차이가 없다. 이제 국가적인 차원에서 영재교육의 가능성이 열린 것이다.

그러나 영재교육은 이상과 의지만으로 되는 것이 아니고 합리적이고 타당한 실제가 있어야만 한다. 따라서 앞으로 단순히 법적인 차원에서의 목적 제시가 아닌, 한 개인이 자아실현을 이루고 그 자아실현을 통하여 한국사회에 봉사하는 영재를 교육하는 실제가 이루어지는 구체적인 노력이 필요하다.

이를 계기로 영재의 판별, 독립적인 영재교육과정의 개발, 정규 공교육과정 내에 영재교육의 실제적인 도입, 영재교육을 활성화하기 위한 다양한 영재교육기관의 설립, 그리고 영재교육을 위한 전문 연구소 또는 대학 부설 영재교육센터의 설치와 운영의 문제 등이 현실화되면서, 영재교육은 교육현장에서 중요한 부분을 차지하게 되었다.

영재교육은 통합학문적인 특성과 종합적인 사고속에서 이론과 실제가 연계될 때만이 신뢰성과 타당성을 갖출 수 있다는 특성이 있어 다양한 분야 전공 학자들이 이 문제에 대하여 큰 관심을 가질 필요가 있다. 교육학 자체가 이론과 실제의 조화를 요구하듯이, 영재교육에 대한 접근도 다양하고 종합적인 사고가 요구된다는 것을 우리는 잘 인식하고 있다. 영재교육은 영재교육에 대한 철학과 인간에 대한 가정으로부터 출발하여 인간의 특성에 대한 합리적이고 충분한 근거 위에서 논의해야 할 것이다. 이러한 이유로 현재 한국의 영재교육은 인문, 사회, 과학 분야를 망라하는 다양한 학자들의 손을 거쳐 점차적으로 이론과 실제라는 측면에서 발전하는 과정에 있다고 볼 수 있다.

이러한 발전과정의 하나로, 2002년 영재교육에 관심 있는 학자들이 뜻을 모아 현재의 '한국영재교육학회'를 창립하였다. 창립 이후에 각종 학술대회 개최, 세미나 실시, 그리고 매월 영재교육에 대한 콜로키움 등의 다양한 모임의 진행을 통하여 영재교육에 대한 문제를 토론하고 연구하며 현장에 적용하려는 노력을 지속하고 이를 『영재와 영재교육』이라는 학술지로 출판하고 있다. 특히, 영재교육학회의 콜로키움은 전국에서 20~30명 내외의 학자가 매월 1회씩 만나 영재교육과 관련된 논문 및 다양한 주제에 대해 토론하고 있다. 이를 통하여 영재에 관한 우리의 사고를 발전시킬 뿐만 아니라, 한국 사회에 어떻게 영재교육을 정착시킬 것인가의 문제를 가지고 논의하여 왔다. 이러한 노력으로 본 학회의 연구결과를 공표하는 학술지인 『영재와 영재교육』이 한국학술진흥재단의 등재후보학술지로 인정받았다.

이에 더하여 본 학회는 2006년도에 콜로키움의 주제를 미국영재교육학회에서 펴낸 지난 50년간의 영재교육의 연구결과물인 『영재교육필독시리즈(essential readings in gifted education, 2004)』를 선택하여 연구하였다. 매월 콜로키움을 통해 본 시리즈를 공부하고 논의하면서, 쉽지 않은 작업이지만 한국 영재교육의 발전을 위하여 시리즈를 번역하기로 합의하였다. 본서는 한국의 영재교육 상황을 설명하기 위하여 한국의 영재교육을 '특별호'로 첨가시켰으며 이 작업은 송인섭과 한기순이 하였다. 본 번역 작업은 1년 반의 기간이 소요되었으며, 공사다망한 가운데 번역 작업에 자발적으로 참여한 영재교육학자들은 강갑원, 강영심, 강현석, 고진영, 김미숙, 김정휘, 김정희, 김혜숙, 문은식, 박명순, 박은영, 박창언, 박춘성, 성은현, 성희진, 송의열, 송영명, 유효현, 이경화, 이민희, 이신동, 이정규, 이행은, 임웅, 전명남, 전미란, 정정희, 최병연, 최지영, 최호성, 한순미, 황윤세다.

물론 공동 작업은 쉽지 않은 일이었다. 그러나 많은 연구자들이 바쁜 와중에도 본 시리즈를 번역하는 일에 시간을 집중 할애함으로써 기간 내에 완성하였다는 점은 우리 모두로 하여금 학문적 성취감을 갖게 하기에 충분하였다. '번역은 제2의 창조'라는 말이 있듯이 새로운 지식 창출은 쉽지 않은 작업이었으나, 번역자들은 정기적인 회의를 통해 용어를 통일하였으며 내용의 일관성과 상호 검증과정을 통해 가능한 한 원저자의 의도를 반영하도록 노력하였다. 마지막으로 번역자들은 전체 회의를 통해 시리즈의 용어 통일을 위한 활동을 하면서, 시리즈 출판 후의 작업으로 '영재교육용어사전(가칭)'을 편찬하기로 합의하는 등 뜨거운 관심과 학문적 노력으로 본 시리즈의 번역물이 세상에 그 탄생을 알리게 되었다.

본 시리즈에 대해서는 원문의 편저자가 자세히 제시하였듯이, 영재교육에서 다루어야 할 대부분의 문제를 다루고 있다. 영재성의 정의, 판별, 교육과정, 영재의 정서적인 문제, 그리고 영재교육의 공공정책에 이르기까지 다양한 영역을 다루고 있다는 측면을 보더라도 본 시리즈가 갖는 학문적 포괄성과 깊이를 충분히 이해할 수 있다. 나아가 결론 부분에서 '영재교육이 지속적으로 성장하기 위해서는 새로운 목소리가 들려야 하고 새로운 참여자가 있어야 할 것이며 위대한 기회가 우리 분야에 활용될 것'이라는 주장은 영재교육의 미래에 대한 도전의 가치를 시사하고 있다.

본 시리즈에 포함된 주옥같은 논문들은 영재교육 분야의 『Gifted Child Quarterly』 같은 중요한 저널에서 가장 많이 인용된 논문들로, 엄선되어 소개된 것이 특징이다. 본 시리즈가 영재교육의 역사와 현재 영재교육에 대한 논의를 통해 영재를 위한 최상의 교육적 경험들을 찾는 것처럼, 한국의 영재교육 연구자에게도 바람직한 정보를 제공할 것이다. 또한 본 번역진들은 영재교육필독시리즈가 영재교육을 공부하는 학도들의 관심을 불러일으킬 만한 논문들로 구성되었다는 점을 확인할 수 있었다. 다소 그 대답을 찾지 못한 영역을 기술한 학자들은 도입 부분에서 아직 남아 있는 질문들을 이해하는 데 출발점이 될 수 있을 것이다. 우리는 그러한 대답들을 여전히 찾고 있으며, 현재 계속되는 발전적인 질문을 하기 위해 좀 더 나은 준비를 할 필요가 있다. 이번 시리즈의 독창적인 논문들은 우리가 어떤 이슈들을 해결하는 데 도움을 주면서 쉽게 답이 나오지 않는 다른 의문들도 강조한다. 결국 이 논문들은 끊임없이 제기되는 의문에 대하여 새롭게 도전하도록 도와준다고 볼 수 있다.

영재교육과 관련하여 그 성격과 내용, 방법, 교사연수, 교육과정 개발, 국가의 지원 문제 등에 대한 연구가 부족한 시점에서, 본 시리즈의 출판으로 많은 문제가 나름대로 정리되고 한국의 영재교육에 새로운 방향을 제시하기를 바라는 마음이 깊다. 영재교육에 관심 있는 영재 학도들의 토론의 출발점이 되는 번역서의 역할을 기대한다. 작업에 참여한 역자들은 영재교육 문제를 이론적·실제적으로 생각하고 논의하는 과정에서 마침내 본 시리즈를 한국 사회에 내놓게 되었다.

한편, 이 시리즈의 출판은 좀 더 큰 다른 결실로 나아가기 위한 과정이라고 볼 수 있다. 우리는 영재교육의 순기능을 극대화하는 방향을 모색하는 연구를 계속하고자 한다. 또한 영재교육에 관한 논의를 한국적 상황에 적용할 수 있는 한국적 영재교육을 생각하고자 한다. 교육과 연구를 병행함으로써 이론 발전을 통하여 현장에서의 영재교육 활동과 접목하여 발전시켜 나갈 것이다. 지금까지의 영재교육은 이론적·실제적 측면보다는 무작위적인 활동을 통한 교육으로 많은 시간을 소모하고 있는 듯하다. 이 시리즈의 논문에서 대답되고 제기된 문제들은 우리가 영재교육 분야에서 진일보할 수 있도록 도움을 줄 것이다.

우리는 '이 시리즈를 읽는 사람들이 영재교육의 흥미로운 여행에 동참해 주기를 희망한다'는 본 시리즈 소개의 결론에 동의하면서, 한국 사회에서 관심 있는 많은 사람들이 본 시리즈를 통하여 영재교육에 대한 관심과 새로운 도전에 참여하기를 기대한다. 역자들은 이 분야에 관련된 이론 발전을 위해 계속 연구할 것을 약속하고자 한다.

본 작업이 완료되기까지는 학지사의 김진환 사장의 출판에 대한 철학과 기획 시리즈의 사회적 기능을 고려한 적극적 지원의 힘을 얻었다. 뿐만 아니라 학지사의 편집부 직원 모두에게 깊은 감사를 드린다.

2007년 12월
청파골 연구실에서

역자 서문

우리나라는 21세기 고도의 지식정보화사회에서 고부가가치를 창출할 수 있는 창의적인 인재육성을 위해 영재교육에 정책적 역량을 집중하고 있다. 2000년도에 영재교육에 관한 기본사항을 규정한 '영재교육진흥법'의 공표, 2002년도에 '영재교육진흥법'의 구체적 수행을 위한 '영재교육진흥종합계획'의 발표(2006년, 일부 개정), 그리고 2004년에는 현행 평준화제도하에서 학교교육의 보편성과 수월성을 조화롭게 추구하기 위한 '수월성교육종합대책'을 통해 영재교육을 더욱 확대하려는 정책의 의지를 밝히고 있다. 이러한 시대적 상황에서 영재교육에 뜻있는 연구자들이 모여 질적으로 한 차원 높은 영재교육을 위해 영재교육시리즈를 번역하게 된 것은 매우 가치 있는 학문적 노력이다.

우리 연구자들이 흔히 범할 수 있는 학문적 오류 중의 하나가 어떤 특정 지식에 대한 정확한 개념과 정의에 대한 철저한 공부가 부족한 상태에서 자신이 알고 있는 파편적인 지식으로 마치 모든 것을 다 알고 있는 듯한 착각 속에 연구를 진행하는 것이다. 이는 마치 학창시절에 어렵고 두꺼운 수많은 고전을 자세히 읽지 않았음에도, 어느 정도 세월이 지나면 들었던 풍월을 듣거나 요약서만 읽고서는 고전을 다 섭렵한 듯 착각하는 것과 마찬가지다. 이와 마찬가지로 영재교육의 영역 또한 이러한 학문적 오류에서 결코 자유로울 수 없을 것이다.

영재교육에서 가장 먼저 해결해야 할 과제는 누가 영재인가에 대한 영재성과 관련된 물음이다. 이러한 영재성의 개념과 정의에 근거하여 영재의 판별과 선발이 이루어지고, 적합한 영재교육과정에 따라 교육되며, 이에 대한 측정과 평가가 이루어질 수 있는 것이다.

이 책은 영재교육의 선구자들이 그동안 영재성을 어떻게 연구하고 논박하며 반증하면서 오늘날의 영재교육으로 이루어 왔는지에 대한 연구사로부터 시작하고 있다. 그리고 영재성의 재정의, 영재성의 발달, 영재성의 개인차, 다양하면서도 독창적인 프로파일, 영재성과 관련된 다양한 변인과의 관계 등에 관한 주옥 같은 논문들이 소개되었다. 이 책은 영재성을 핵심변인으로 하여 그동안 우리가 궁금해했던 질문에 연구자들 자신의 관점에서 답변을 하였다. 이러한 답변은 우리에게 또 하나의 질문이 되며, 그 질문에 대한 답변은 이제 후속 연구자들의 몫으로 남을 것이다.

과학적 이론은 끊임없는 논쟁과 반증을 통하여 발전한다. Popperian의 반증주의의 관점에서는, 과학적 이론이란 반증되어야 하며 반증되지 않는 이론은 비과학적 이론이라고 하였다. 이제 우리는 영재교육에서 가장 근간이 되는 '영재성의 정의와 개념'에 대한 연구 여행을 통해 끊임없이 질문하며 답을 찾아야 한다. 이 책은 이러한 연구 여행에 기꺼이 동반자가 되어 독자들과 함께 고민하고 대화를 나눌 것으로 확신한다. 이러한 여행을 통해 우리 영재교육의 연구자들이 추구하고자 하는 영재 개인의 자아실현을 도모하고 나아가 국가사회발전에 기여하는 영재교육의 안내자의 역할을 할 것으로 충분히 기대한다.

한국영재교육학회와 함께 우리나라 영재교육의 발전을 위해 진심 어린 지원을 해 주신 학지사의 김진환 사장과 정성 들인 작업으로 책을 완성해 준 편집부 직원 모두에게 감사드린다.

2007년 12월
이 정 규

목 차

영재교육필독시리즈 소개

Sally M. Reis

영재교육에 대한 지난 50년간의 연구 업적은 과소평가할 수 없을 만큼 수행되었다. 영재교육 분야는 더욱 강력하고 가시적으로 나타나고 있다. 미국의 많은 주의 교육위원회 정책이나 입장은 영재교육에 더욱 많이 지원하는 방향으로 수립되고 있으며, 영재교육에 대한 특별한 요구를 특별 법안으로 지원하고 있다. 영재에 대한 연구 분야의 성장은 일정하지 않았지만, 연구자들은 영재를 교육하는 데 국가 이익에 대한 다양한 관점과 영재교육의 책임에 대하여 논의하였다(Gallagher, 1979; Renzulli, 1980; Tannenbaum, 1983). Gallagher는 역사적인 전통 속에서 영재를 위한 특별 프로그램의 지원과 냉담의 논쟁을 평등주의에서 수반된 신념과 귀족적 엘리트의 싸움으로 묘사하였다. Tannenbaum은 영재에 대한 관심이 최고조였던 두 시점을 1957년 스푸트니크 충격[1] 이후의 5년과 1970년대 후반의 5년이라고 제시하면서, 혜택받지 못한 장애인에 대한 교육에 여론의 집중이 최고조였던 시기의 중간 지점에서 영재교육은 오히려 도태되었다고 하였다. "영재에 대한 관심의 순환적 특징은 미국 교육사에서 특이한 것이다. 그 어떤 특별한 아동 집단도 교육자와 아마추어에게 그처럼 강하게 환영받고 또 거부당하는 것을 반복한 적이 없었다."(Tannenbaum, 1983, p. 16) 최근 미국 정부에서 영

---

1) 역자 주: 옛 소련이 세계 최초로 인공위성인 스푸트니크(1957년 10월 4일 발사)를 발사하자, 과학을 비롯하여 우월주의에 빠져 있던 미국은 이를 'Sputnik Shock' 라 하면서, 교육과 과학을 포함한 모든 분야에서 국가 부흥운동을 대대적으로 전개함.

재교육 분야를 주도한 결과, 교육과정의 실험화와 표준화에 대한 우려가 증가하면서 영재교육이 다시 후퇴하는 것으로 나타난 것처럼, Tannenbaum의 말대로 영재교육의 순환적 본질이 어느 정도 맞아떨어지는 것이 우려된다. 영재교육의 태만한 상태에 대한 그의 묘사는 최근의 영재교육 상황을 잘 설명하고 있다. 영재교육에 대한 관심이 최고조였던 1980년대 말에는 영재교육 프로그램이 융성하였고, 초·중등 영재교육 프로그램을 위한 시스템과 15가지 모형이 개발되어 책으로 소개되었다(Renzulli, 1986). 1998년 Jacob Javits의 영재학생 교육법(Gifted and Talented Students Education Act)이 통과된 후 국립영재연구소가 설립되었다. 그리고 12개 프로그램이 '과소대표(underrepresentation)' 집단과 성공적인 실험에 관련된 영역에서 통합적인 지식으로 추가되었다. 그러나 1990년대에는 영재를 위한 프로그램이 축소되거나 삭제되기 시작하였고, 1990년대 후반에는 미국의 절반이 넘는 주가 경기침체와 악화된 예산 압박으로 영재교육을 더욱 축소하였다.

심지어 영재교육의 필요성이 더욱 증가하고 있음에도 불구하고, 제한적 서비스 제공에 대한 우려는 계속 제기되었다. 미국에서 가장 재능이 뛰어난 학생의 교육에 대한 두 번째 연방보고서(Ross, 1933)인 『국가 수월성－발전하는 미국의 재능에 대한 사례(National Excellence: A Case for Developing America's Talent)』는 영재에 대한 관심의 부재를 '심각한 위기(a quiet crisis)'라고 지적하였다. "수년간 영특한 학생의 요구에 단발적인 관심이 있었으나, 영재 중 대부분은 학교에서 자신의 능력 이하의 공부를 하며 지내고 있다. 학교의 신념은 경제적이고 문화적인 배경에서 탁월한 영재보다 모든 학생의 잠재력을 계발해야 한다는 쪽으로 바뀌었다. 따라서 영재는 덜 도전적이고 덜 성취적인 학생이 되었다."(p. 5) 또한 보고서는 미국의 영재가 엄격하지 않은 교육과정에서 별로 읽고 싶지 않은 책을 읽으며, 직업이나 중등교육 졸업 이후를 위한 진로 준비가 다른 많은 선진 국가의 재능이 뛰어난 학생보다 덜 되고 있다는 사실을 지적하였다. 특히 경제적으로 취약하거나 소수집단의 영재는 무시되고, 대부분이 어떠한 개입 없이는 그들의 탁월한 잠재력을 알아차리지 못할 것이라고 보고서는 지적하였다.

영재교육 분야의 진보를 축하하는 이 기념비적인 영재교육필독시리즈는 학자들이 『Gifted Child Quarterly』와 같은 영재교육 분야의 주요 저널에서 가장 많이 언급한 주옥 같은 논문들을 소개하고 있다. 우리는 영재교육의 과거를 존중하고 현재 우리가 직면한 도전을 인정하며, 영재를 위해 최상의 교육 경험을 찾는 것같이 미래사회를 위한 희망적인 안내문을 제공해 주는 사색적이고 흥미를 불러일으킬 만한 논문으로 영재교육필독시리즈를 구성하였다. 엄격한 검토 후 출판된 영향력 있는 논문들은 영재교육 분야에서 자주 인용되고 중요하게 여겨지기 때문에 선택되었다. 시리즈의 논문들은 우리가 영재교육에 대해 중요한 내용을 배우고 있다는 것을 보여 주고 있다. 우리의 지식은 여러 분야에 걸쳐 확장되고 진보된 것이 무엇인지에 대해 합의를 이끌어 내고 있다. 다소 분리된 영역을 기술한 학자들은 도입 부분에서 아직 남아 있는 질문을 이해하는 데 도움이 된다고 설명하였다. 그러한 대답을 여전히 찾으면서도, 현재 우리는 발전적인 질문을 계속하기 위해 좀 더 나은 준비를 하고 있다. 이번 시리즈의 독창적인 논문들은 어떤 쟁점을 해결하는 데 도움을 주며, 쉽게 답이 나오지 않는 다른 질문도 강조한다. 결국 이 논문은 끊임없이 제기되는 질문에 새롭게 도전하도록 도와준다. 예를 들면, Carol Tomlinson은 영재교육 분야의 상이한 교육과정은 영재교육 분야에서 계속 파생되는 문제라고 하였다.

초기 영재교육 분야의 문제들은 시간이 지남에 따라 해결되어 점차 체계적 지식의 일부로 포함되었다. 예를 들면, 학교와 가정 모두 높은 잠재력을 지닌 개인의 영재성을 육성하는 데 도움이 될 수 있다는 점과, 학교 내부와 외부의 교육 서비스의 연계는 영재성이 발달할 가장 훌륭한 학창시절을 제공해 줄 수 있다는 것이 널리 인정되고 있다. Linda Brody가 도입부에서 지적한 것처럼, 이미 30년 전에 제기된 집단편성과 속진 문제에 대해 논쟁을 벌이는 것은 현재로서는 불필요하다. 예를 들면, 영재학생들에게 적절한 교육 기회를 제공하기 위해 집단편성, 심화, 속진 모두 필요하다는 사실에 일반적으

영재성의 정의와 개념

로 동의하고 있다. 이러한 과거의 논쟁들은 영재교육 분야를 발전시키는 데 도움은 되었으나, 사변적이고 상호 관련되는 작업이 아직 남아 있다. 이번 시리즈는 각 장의 편저자가 배워야 할 것을 모으고, 미래에 대해 흥미를 불러일으키는 질문을 끄집어냈다. 이러한 질문은 영재교육 분야에 고민할 기회를 많이 주고, 다음 세대의 학자들에게 연구할 기회를 충분히 제공한다. 서론에는 이번 시리즈에서 강조하는 내용을 간략하게 소개하고자 한다.

제1권 영재성의 정의와 개념

제1권에서는 Robert Sternberg가 영재성의 정의, 아동기와 청소년기에 보이는 재능의 종류에 대한 독창적인 논문들을 소개하고 있다. 일반적으로 가장 널리 사용되는 영재성의 정의는 교육학자들이 제안한 정의가 담긴 미국 연방법의 정의다. 예를 들면, Marland 보고서(Marland, 1972)는 미국의 많은 주나 학회에서 채택되었다.

주나 지역의 수준에 따라 영재성의 정의에 대한 선택은 주요 정책의 결정 사항이었고 지금도 여전히 그러하다. 정책결정이 종종 실제적 절차나 혹은 영재성 정의나 판별에 관한 연구결과와 무관하거나 부분적으로만 관련이 있다는 점은 흥미롭다. 정책과 실제에서 차이가 발생하는 것은 아마도 많은 변인이 있기 때문일 것이다. 불행하게도, 연방법에 따른 영재성의 정의는 포괄적이지만 모호하여 이 정의로 인해 발생하는 문제들이 해당 분야의 전문가들에 의해 밝혀졌다. 최근 영재 프로그램의 현황에 대한 연방정부 보고서인 『국가 수월성』(Ross, 1993)에서는 신경과학과 인지심리학에서의 새로운 통찰력에 토대를 두고 새로운 연방법에 따른 정의를 제안하고 있다. '천부적으로 타고난다(gifted)'라는 조건은 발달하는 능력보다 성숙을 내포하고 있다. 그 결과 재능 발달을 강조한 새로운 정의인 "현재의 지식과 사고를 반영한다."(p. 26)라고 한 아동에 대한 최근 연구결과와는 논쟁이 되고 있다. 영재에 대한 기술은 다음과 같다.

영재는 일반 아이들과 그들의 나이, 경험 또는 환경과 비교했을 때 뛰어난 탁월한 재능수행을 지니거나 매우 높은 수준의 성취를 할 수 있는 잠재력을 보여 주는 아동이다. 이런 아동은 지적, 창의적 분야, 그리고 예술 분야에서 높은 성취력을 나타내고, 비범한 리더십을 지니며, 특정 학문 영역에서 탁월하다. 그들은 학교에서 일반적으로 제공되지 않는 서비스나 활동을 필요로 한다. 우수한 재능은 모든 문화적 집단, 모든 경제 계층, 그리고 인간 노력의 모든 분야에서 아동기나 청소년기에 나타난다(p. 26).

공정한 판별 시스템은 각 학생의 차이점을 인정하고 다른 조건에서 성장한 학생들에 대해서도 드러나는 재능뿐만 아니라 잠재력을 확인시켜 줄 수 있는 다양하고 복잡한 평가방법을 사용한다. Sternberg는 책의 서두에서, 사람이 나쁜 습관을 가지고 있듯이 학문 분야도 나쁜 습관이 있다는 것을 인정하며, "많은 영재 분야의 나쁜 습관은 영재가 무엇인지에 대한 정확한 개념도 없이 영재성에 관한 연구를 하거나, 더 심한 경우는 아동이 영재인지 아닌지 판별하는 것이다."라고 설명하였다. Sternberg는 영재성과 재능의 본질, 영재성 연구방법, 영재성의 전통적 개념을 확장한다면 얼마나 달성할 수 있을까? 다시 말해, 영재성과 재능 사이에 차이점이 존재하는가? 유용한 평가방법의 타당성은 어떠한가, 그리고 아마도 가장 중요한 것으로 우리가 얼마나 영재성과 재능을 계발할 수 있는지에 대해 의문을 가져 봄으로써 영재성의 정의에 대한 중요 논문에서 주요 주제를 요약할 수 있었다. Sternberg는 논문을 기고한 많은 학자가 폭넓게 동의한 요점을 간결하게 정리하였다. 영재성은 단순히 높은 지능(IQ)보다 더 많은 것을 포함하고, 인지적 · 비인지적 요소를 포함하며, 뛰어난 성과를 실현할 잠재력을 계발할 환경이 있어야 하고, 영재성은 한 가지가 아니라고 하였다. 나아가 우리가 영재성을 개념화하는 방법은 재능을 계발할 기회가 있는 사람에게 큰 영향을 미치고, 독자에게 교육자로서의 책임을 상기시켜 준다고 경고하였다. 또한 영재교육 분야에서 가장 비판적 질문 중 하나는 천부적으로 뛰어난 사람은 그들의 지식을 세상에 이롭게 사용하는가, 아니면 해롭게 사용하는가다.

제2권에서는 Renzulli가 영재교육 분야의 연구자가 현재 직면한 가장 비판적인 질문인 어떻게, 언제, 왜 영재를 판별해야 하는지에 대하여 기술하고 있다. 그는 영재성의 개념이 매우 보수적이고 제한된 관점에서 좀 더 융통성 있고 다차원적인 접근까지의 연속된 범위를 따라서 존재한다고 생각한다. 따라서 판별의 첫 단계부터 의문을 가져야 한다. 무엇을 위한 판별인가? 왜 보다 어릴 때 판별해야 하는가? 예를 들어, 미술 프로그램이 재능 있는 예술가를 위해 개발되었다면, 그 결과로써의 판별 시스템은 반드시 미술 영역에서 증명되거나 잠재적인 재능을 가진 아동을 판별할 수 있는 구조여야 한다는 것이다.

Renzulli는 도입 부분에서 판별에 대한 중요한 논문들과 최근의 합의를 요약하였다. 예를 들면, 대부분의 연구자들이 언급하였듯이 지능검사나 다른 인지능력검사들은 대부분 언어적이고 분석적인 기술을 통해 아동의 잠재력의 범위에 대한 정보를 제공한다. 그러나 그것은 우리가 누구를 판별해야 하는지 알아야 할 필요가 있는 모든 정보를 다 설명해 주지는 않는다. 그런데 연구자는 판별 과정에서 인지능력검사를 빼야 한다고 주장하지 않는다. 오히려 대부분의 연구자 (a) 다른 잠재력의 척도들이 판별에 사용되어야 하고, (b) 이러한 척도들은 특별 서비스를 받을 학생을 최종 결정할 때 똑같이 고려해야 하며, (c) 마지막 분석 단계에서 신중한 결정을 내리려면 점수를 매기거나 도구를 사용할 것이 아니라 식견이 있는 전문가의 사려 깊은 판단을 믿어야 한다고 생각한다.

판별에 대한 중요한 논문들의 저자들이 제시한 또 다른 쟁점은 다음과 같다. (a) 수렴적이고 확산적인 사고(Guilford, 1967; Torrance, 1984), (b) 침해주의(entrenchment)와 비침해주의(non-entrenchment)(Sternberg, 1982), (c) 학교 중심의 영재성 대 창의적이고 생산적인 영재성의 차이(Renzuilli, 1982; Renzulli & Delcourt, 1986)다. 학교 중심의 영재성을 정의하는 것은 창의적이고 생산적인 영재성의 잠재력을 가진 아동을 정의하는 것보다 더 쉽다. Renzulli는 영재학생 판별에 대한 발전은 계속되어 왔으며, 특히 지난 25년 동안 인간의 잠재력과 영재성의 개념에 대한 새로운 이론을 고려한 평준화의 문제, 정책, 그리고 실제에 대한 새로운 접근법이 연구되고 있다고 믿는다. 그러나 그는 판별 기법에 대한 끊임없는 연구가 여전히 필요하고, 역사적으로 재능 있는 영재가 다른 이들처럼 항상 측정되지 않는 어떤 특성이 있다는 것을 마음속에 지니는 것이 중요하다고 하였다. 우리는 지금까지 설명하기 어려운 것을 위한 연구를 계속해야 할 필요가 있다. 영재성은 문화적으로나 상황적으로 모든 인간 행동에 고착된다는 것을 깨달아야 하며, 무엇보다 우리가 아직 설명하지 못하는 것의 가치를 매겨야 할 필요가 있다.

제3권 영재교육에서 집단편성과 속진
제4권 영재 교육과정 연구
제5권 영재를 위한 차별화 교육과정

제3, 4, 5권에는 영재 프로그램의 교육과정과 집단편성에 대한 쟁점에 대해 설명하였다. 아마도 이 영역에서 가장 유망한 기법의 일부가 영재에게 실시되고 있을 것이다. 집단편성의 다양한 유형은 영재에게 진보된 교육과정에서 다른 영재와 함께 공부할 기회를 주는 것처럼, 집단편성과 교육과정은 서로 상호작용한다. 수업상의 집단편성과 능력별 집단편성에 대해서 일반적으로 알려진 것처럼 학생을 집단편성하는 방법을 다루는 것이 아니라, 가장 큰 차이를 만드는 집단 내에서 무엇이 일어나는지를 다루는 것이다.

너무도 많은 학교에서, 영재를 위한 교육과정과 수업이 학교에 있는 동안 약간만 다르게 이루어지며 최소한의 기회를 주고 있다. 때때로 방과 후 심화 프로그램 또는 토요일 프로그램이 종합적인 학교 프로그램을 운영하고 있는 박물관, 과학 센터 또는 현지 대학을 통해 제공된다. 또한 학업적으로 매우 재능 있는 학생은 나라를 불문하고 수업을 지루해하고 비동기적, 비도

영재성의 정의와 개념

전적으로 수업에 참여한다. 미국에서 빈번하게 사용된 교육방법인 속진은 종종 교사나 행정관료에 따라 시간적인 문제, 월반에 대한 사회적 영향, 그리고 기타 부분에 대한 염려를 포함한 다양한 이유를 들어 부적절한 방법으로 저지되었다. 속진의 다양한 형태—유치원이나 초등학교를 1년 먼저 들어가는 조숙한 아이, 월반, 대학 조기입학 등—는 대부분의 학교에서 일반적으로 사용하지 않는다.

불행하게도, 대안적인 집단편성 전략은 학교 구조의 개편을 의미한다. 그리고 일정, 재정 문제, 근본적으로 변화를 지연시키는 학교 때문에 교육적 변화를 일으키는 데 어려움이 있어서 아마도 매우 늦게 이루어질 것이다. 이렇게 지연되면서, 영재학생은 그들 연령의 동료보다 훨씬 앞서서 더 빠르게 배울 수 있고 더 복잡한 사물을 살필 수 있는 기본적인 기능과 언어 능력에 기초한 특별한 교육을 받지 못하는 것이다. 뛰어난 학생에게는 적절한 페이스, 풍부하고 도전적인 수업, 일반 학급에서 가르치는 것보다 상당히 다양한 교육과정이 필요하지만, 학업적으로 뛰어난 학생이 학교에서 오히려 종종 뒤처져 있다.

Linda Brody는 교육 목적에 맞게 학생을 집단편성하는 가장 좋은 방법을 소개하였다. 연령에 맞춘 전형적인 교육 프로그램이 그 교육과정을 이미 성취하고 인지능력을 지닌 영재의 욕구를 충족시켜 줄 수 있는가에 대하여 염려하였다. 집단편성에 대한 논문은 첫째, 개인의 학습 욕구를 충족시키는 데 교육과정이 갖추어야 할 융통성의 중요성, 둘째, 교육 집단으로 학생을 선정할 때 융통성 있는 교육자의 필요성, 셋째, 필요하다면 집단을 변경해야 할 필요성을 강조한다. 서론에는 영재를 일반학생과 같이 집단편성시키는 것에 대한 논쟁을 싣고 있다. 그리고 소수의 사람이 다른 학습 욕구를 지닌 학생을 위해 차별화된 교육을 허용하는 도구로 속진학습과 집단편성을 이용하고자 하는 요구에 찬성하지 않는다. 좀 더 진보된 교육 프로그램이 발달된 인지능력과 성취 수준을 다르게 하기 위한 방법으로써 이용될 때, 그러한 방법은 모든 학생에게 적절한 교육의 목표를 달성하도록 도와줄 수 있다.

VanTassel-Baska는 영재를 위한 교육과정의 가치와 타당한 요인을 강조하는 중요한 아이디어와 교육과정의 발달, 영재를 위한 교육과정의 구분, 그러한 교육과정의 연구에 기초한 효과와 관련된 교육법을 설명함으로써 영재교육과정에 대한 중요한 논문을 소개하고 있다. 또한 독자에게 교육과정의 균형에 대하여 Harry Passow의 염려와 불균형이 존재한다고 암시하였다. 연구결과를 보면, 영재의 정의적 발달은 특별한 교육과정을 통해서 일어난다고 암시하기 때문이다. 게다가 교육과정을 내면화하려는 노력은 예술 및 외국어 분야에서는 일어나지 않는다. 교육과정의 균형 있는 적용과 인정을 통해서 우리는 Passow가 생각했던 인문학의 개인 유형을 만들 수 있다. VanTassel-Baska는 균형을 맞추기 위해 교육과정의 선택뿐 아니라 다양한 영재의 사회정서적 발달을 위한 요구를 제시하였다.

Carol Tomlinson은 지난 13년 동안 유일하게 영재교육 분야의 차별에 대한 비판적인 논문을 소개하면서, 최근 논문이 '영재교육 분야에서 파생된 쟁점, 그리고 계속되어 재경험되는 쟁점'이라고 하였다. 그녀는 영재교육에서 중요한 것 중의 하나가 교육과정의 차별화를 다룬 주제라고 하였다. 인류학에서 유추한 대로, Tomlinson은 '통합파(lumpers)'는 문화가 공통적으로 무엇을 공유하는지에 대해 더 큰 관심을 가지는 것에 비해, '분열파(splitters)'는 문화 사이의 차이점에 초점을 맞춘다고 말하였다. 통합파는 혼합 능력 구조 안에서 다양한 집단에게 어떤 공통된 문제와 해결방법이 존재하는지를 질문한다. 반면, 분열파는 혼합 능력 구조 안에서 능력이 높은 학생에게 어떤 일이 일어나는지에 대해 물어본다. Tomlinson의 논문에서 주목할 만한 특징은 일반교육과 영재교육의 교육방법을 잘 설명하면서 두 교육과정의 결합을 제시하고 있다는 것이다.

제6권 문화적으로 다양하고 소외된 영재학생
제7권 장애영재와 특수영재
제8권 사회적·정서적 문제, 미성취, 상담

영재 프로그램에 참여하는 아동의 대부분은 우리 사회에서 다수 문화를 대표하는 학생이다. 그러나 경제적으로 어렵고 장애가 있으며 다른 문화적 배경을 지닌 소수의 학생은 영재 프로그램에 실제보다 적게 참여하는데, 이에 대하여 약간의 의혹이 존재한다. 의혹이 드는 첫 번째 이유는 영재의 판별에 사용되는 쓸모없고 부적절한 판별과 선발 절차가 이들의 추천 및 최종 배치를 제한할지도 모른다는 점이다. 이 시리즈에 요약된 연구는 영재 프로그램에서 전통적으로 혜택을 적게 받은 집단에 대해 다음의 몇 가지 요소가 고려된다면 좀 더 많은 영재가 출현할 수 있을 것이라고 지적한다. 고려될 요소란 영재성의 새로운 구인, 문화적이고 상황적인 가변성, 더욱 다양하고 확실한 평가방법 사용, 성취에 기초한 판별, 더욱 풍부하고 다양한 학습기회를 통한 판별의 기회다.

Alexinia Baldwin은 『Gifted Child Quarterly』에서 지난 50년간 영재교육에 대한 대화와 토론을 진행시켜 온 주요 관심사로, 영재 프로그램에서 문화적으로 다양하면서 영재교육의 혜택이 부족했던 집단에 대해 논의하였다. 이에 대한 3개의 주요 주제는 판별과 선발, 프로그래밍, 위원의 임무와 개발이다. 판별과 선발이라는 첫 번째 주제에서, 영재성은 광범위하면서 많은 판별기법을 통해 표현될 수 있다는 것을 확실하게 하기 위한 교육자의 노력은 아킬레스건과 같음을 지적하고 있다. Baldwin은 판별을 위한 선택을 확장한 Renzulli와 Hartman(1971), Baldwin(1977)의 호의적인 초기 연구를 인용하면서, 해야 할 것이 아직도 많이 남아 있다고 경고하였다. 두 번째 주제인 프로그래밍은 다양한 문화를 가진 학생의 능력을 알아보지만, 그들을 일괄적으로 설계된 프로그램 안에 있으라고 종종 강요한다. 세 번째 주제에서 그녀는 영재교육 프로그램을 담당하는 교사의 다양성뿐만 아니라, 이론을 만들고 그런 관심을 설명하며 조사하는 연구자의 태도나 마음가짐에 대해 관심을 표명하였다.

Susan Baum은 "영재는 일반 사람에 비해 더욱 건강하고 대중적이고 순응적이다."라고 제안한 Terman의 초기 연구를 요약하면서, 영재의 개별적인 특별한 요구에 대해 역사적 근원을 밝히고 있다. 더 중요한 것은 영재가 별다른 도움 없이 모든 영역에서 높은 수준의 성과를 낼 수 있을 것이라고 간주되어 왔다는 것이다. Baum은 영재에 대한 고정관념의 특징에 따라 특별한 요구를 지닌 영재가 특정 집단이 될 수 있는 가능성을 감소시켰다고 하였다. Baum은 이번 시리즈의 중요한 논문에서 영재가 위기에 직면하고 있으며 그들의 가능성을 실현하는 데 방해되는 장애물을 극복하기 위한 전략을 제안하였다. 논문은 세 개의 학생 집단에 초점을 맞추었다. (1) 학습장애와 주의력장애로 위기에 처한 중복-장애(twice-exceptional), (2) 계발되고 성취할 수 있는 능력을 사회적으로나 감정적으로 억제하는 성(gender) 문제에 직면한 영재, (3) 경제적으로 빈곤하고 학교에서 탈락할 위기에 놓인 학생이다. Baum은 이러한 아동 집단이 발달하는 데 하나 또는 그 이상의 장애의 영향을 받는다는 것을 연구하였다. 가장 큰 장애는 판별방법, 프로그램 설계의 결함, 적절한 사회적, 정서적 지원의 부족 등이다. 그녀는 이러한 비판을 통해 미래의 영재교육이 나아갈 방향에 대해 사려 깊은 질문을 던지고 있다.

Sidney Moon은 사회적, 정서적인 쟁점을 설명해 주는 영재학회의 프로젝트 팀이 기고한 영재의 사회적, 정서적 발달과 영재 상담에 대하여 중요한 논문을 소개하였다. 첫 번째 프로젝트는 2000년도에 '사회적, 정서적 문제를 위한 특별연구회(Social and Emotional Issues Task Force)'가 연구하였으며, 2002년에 연구결과를 『영재아동의 사회적, 정서적 발달: 우리는 무엇을 아는가?(The Social and Emotional Development of Gifted Children: What do we know?)』를 출판함으로써 마무리되었다. 이 부분에서는 영재의 사회적, 정서적 발달에 관한 문헌연구를 하였다(Neihart, Reis, Robinson, & Moon,

2002). Moon은 사회적, 정서적 발달과 상담 분야의 중요한 연구가 최근 영재교육 분야의 사회적, 정서적인 쟁점에 대한 연구의 장단점을 잘 설명해 준다고 믿는다. 논문은 영재의 잠재력을 계발하는 데 실패한 미성취 영재 집단 등의 특수영재 집단에 대하여 연구자의 관심을 증대시켰다. 또한 방해 전략과 좀 더 철저한 개입에 따라서, 이러한 학생에 대해 좀 더 경험적 연구를 요구하였다. 그녀는 비록 좋은 영재 상담 모형이 발전되어 왔지만, 아시아계 미국인, 아프리카계 미국인, 특수 아동과 같이 특수한 경우의 영재에 대하여 상담의 중재와 효과를 결정하기 위해 정확하게 평가될 필요가 있다고 하였다. 또한 Moon은 영재교육 분야의 연구자는 사회심리학, 상담심리학, 가족치료학, 정신의학과 같은 정서 분야의 연구자와 협력해야 한다고 주장한다. 이는 해당 분야의 전문가 집단에게 영재를 가장 효과적으로 중재하는 것을 배우기 위해서이며, 모든 영재가 최상의 사회적, 정서적, 개인적 발달을 할 수 있도록 도와줄 수 있는 좀 더 나은 방법을 배우기 위해서다.

제9권 예술 · 음악 영재학생
제10권 창의성과 영재성

Enid Zimmerman은 음악, 무용, 시각예술, 공간적 · 신체적 표현 예술 분야의 재능이 있는 학생에 대한 논문을 고찰하고, 시각과 행위 예술 분야의 재능 발달에 관한 책을 소개하고 있다. 논문에 나타난 주제는 (1) 예술 재능 발달에서 천성 대 양육에 관련된 문제에 관심을 보이는 부모, 학생, 교사의 인식, (2) 예술 재능이 있는 학생의 결정 경험에 관한 연구, (3) 다양한 환경 속에서 예술 재능이 있는 학생을 판별하는 학교와 공동체 구성원 간의 협동, (4) 교사가 예술 재능이 있는 학생을 격려하는 것에 관련된 리더십에 관한 쟁점이다. 이는 모두 어느 정도 예술 재능이 있는 학생의 교육에 관한 교사, 학부모, 학생과 관계되어 있다. 그리고 도시, 교외, 시골 등 다양한 환경에 놓여 있는 예술 재능 학생의 판별에 관한 논의도 포함되어 있다. Zimmerman

은 이러한 특별한 분야에서 교육 기회, 교육환경의 영향, 예술 재능이 있는 학생의 발달에 영향을 미치는 교사의 역할에 대한 연구가 필요하다고 하였다. 판별 기준과 검사도구의 영향, 시각과 행위 예술에 재능이 있는 학생의 교육 관계는 앞으로 연구가 매우 필요한 분야다. 예술 재능이 있는 학생의 교육에 관한 세계적이고 대중적인 문화의 영향과 비교 문화적 관계뿐만 아니라 학생의 환경, 성격, 성 지향성, 기법 개발, 그리고 인지적·정의적 능력에 관한 연구도 필요하다. 이 책에서 그녀가 소개하고 있는 사례연구는 이러한 관점에 대한 연구의 필요성을 제기하고 있다.

Donald Treffinger는 창의성과 관련된 개념적이며 이론적인 연구를 살펴보려는 연구자들이 공통적인 관심과 노력을 기울이고 있는 다음의 5가지 주요 주제, (1) **정의**(어떻게 영재성, 재능, 창의성을 정의하는가?), (2) **특성**(영재성과 창의성의 특성), (3) **정당성**(왜 창의성이 교육에서 중요한가?), (4) 창의성의 **평가**, (5) 창의성의 **계발**에 대해 논의하였다. 창의성 연구의 초창기에 Treffinger는 훈련이나 교육에 따라 창의성이 계발되는 것이 가능한지에 대해서 상당한 논의가 있어 왔다고 하였다. 그는 지난 50년 동안 교육자들이 창의성의 계발이 가능하다(Torrance, 1987)는 것을 배워 왔으며, '어떤 방법이 가장 최선이며, 누구를 위하여, 어떤 환경에서?'와 같은 질문을 통해 이러한 연구 분야를 확장시켜 왔다고 언급하였다. Treffinger는 효과적인 교수법을 통해 창의성을 발달시키고, 어떤 방법이 가장 큰 영향을 줄 수 있는지 탐구하려고 노력한 교육자의 연구를 요약하였다.

제11권 영재교육 프로그램 평가
제12권 영재교육의 공공정책

Carolyn Callahan은 적어도 지난 30년간 영재교육 분야의 전문가가 간과하였던 중요한 요소가 평가자와 참여자 간에 큰 역할을 한다는 평가에 대하여 비중 있는 논문을 소개하고 있다. 그녀는 평가에 관한 연구를 구분하였는데, 그중에서도 영재교육 프로그램의 평가에 관한 연구는 다음의 4가지 범주로 구분하였다. (1) 이론과 실제적인 지침 제공, (2) 평가의 구체적인 프로그램, (3) 평가 과정을 둘러싼 쟁점, (4) 평가 과정에 관한 새로운 연구 제안이다. Callahan은 연구자에 따라 평가 작업이 이미 수행되고 있으며, 재능아를 위한 프로그램의 효율성 증가에 평가가 중요한 공헌을 한다고 하였다.

James Gallagher는 가장 도전적인 질문이 증가하고 있는 공공정책을 소개하면서 전투 준비를 해야 한다고 하였다. Gallagher는 영재교육의 한 분야로, 영재교육의 강력한 개입을 통해 합의를 이끌어 내고, 우리가 어떻게 엘리트주의라는 비난에 대응할 것인지를 생각해야 한다고 제안하였다. 그는 영재교육 분야가 일반교사와 재능 교육 전문가의 개발을 지원하는 추가적인 목표에 노력을 더 기울여야 한다고 하였다. 그리고 부족한 자원을 획득하기 위한 공공의 싸움에 실패한 것은 이미 20년 전에 1990년을 전망하며 Renzulli(1980)가 던진 질문인 "영재아동의 연구동향이 2010년에도 계속 이어질 것인가?"를 다시금 생각하게 한다고 하였다.

결 론

영재교육 분야에 대한 고찰과 최근 수십 년 동안의 독창적인 논문에서 우리는 무엇을 배울 수 있는가? 첫째, 앞으로 영재교육을 계속하여 발전시켜야 하는 우리는 논문이 쓰였던 시기와 과거를 존중해야 한다. 우물에서 물을 마실 때 우물을 판 사람에게 감사해야 한다는 속담처럼, 선행연구가 영재교육 분야를 성장시키는 씨앗임을 알아야 한다. 둘째, 우리의 시리즈 연구가 영재교육 분야에서 매우 신나는 연구이며 새로운 방향 제시와 공통된 핵심 주제임을 알아야 한다. 마지막으로, 우리는 영재에 대한 연구에서 완전히 마무리된 연구결과물이란 없으며, 논문마다 제기한 독특한 요구를 어떻게 최선을 다해 만족시킬 수 있는지를 연구함으로써 미래를 포용해야 한다. 이 시리즈에서 보고된 논문은 앞으로 연구할 기회가 풍부하다는 것을 의미한다. 그러나 아직도 많은 질문이 남아 있다. 미래의 연구는 종단연구뿐만 아니라 양적, 질적인 연구에 기초해야 하고, 단지 수박 겉핥기만 해 온 연구를 탐구할 필요가 있는 쟁점과 많은 변수를 고려하여 완성시켜야 한다. 다양한 학생 중 영재를 판별해 내는 보다 포괄적인 프로그램을 개발하는 연구가 더욱 필요하다. 이것이 이루어질 때, 미래의 영재교육의 교사와 연구원은 교육자, 공동체, 가정에서 포용할 수 있는 답변을 찾을 것이고, 훈련된 교사는 학급에서 영재의 영재성을 보다 효과적으로 발달시킬 수 있을 것이다.

또한 우리는 일반적인 교육 분야가 어떻게 연구되고 있는지를 주의 깊게 고려해 볼 필요가 있다. 연구기법이 발전하고 새로운 기회가 우리에게 유용하게 찾아올 것이다. 이제 모든 학생이 새로운 교육과정을 시작하기 전에 교과과정을 먼저 평가할 수 있게 될 것이다. 그리고 이제는 학생이 많은 학점을 선취득했을 때, 그들을 자신의 학년 수준에 유지시키려는 문제는 사라질 것이다. 왜냐하면 우리는 새로운 기법으로 학생의 능력을 정확히 판별할 수 있기 때문이다. 새로운 기법으로 학생이 이미 알고 있는 것이 무엇인지를 더 잘 판별하게 되면, 학생의 강점과 흥미에 기초한 핵심적인 교육과정뿐만 아니라 다양한 기회에 도전하도록 격려하는 것이 꼭 필요하다. 이러한 특별한 영재 집단에 관심을 갖는 부모, 교육자, 전문가는 영재의 독특한 요구를 충족시켜 주기 위하여 정치적으로 적극적일 필요가 있으며, 연구자는 영재의 건강한 사회적, 정서적 성장을 위한 기회뿐만 아니라 재능 계발의 효과를 증명할 수 있는 실험연구를 수행해야 한다.

어떤 분야가 지속적으로 성장하려면 새로운 주장이 나타나야 하며 새로운 참여자가 있어야 한다. 위대한 기회는 우리 분야에서 활용될 수 있다. 우리가 지속적으로 영재를 위한 주장을 할 때, 우리는 변화하는 교육개혁의 움직임에서 중요한 역할을 해낼 수 있는 것이다. 우리는 영재와 심화 프로그램을 유지하기 위해 싸우는 한편, 모든 학생을 위해 그들이 더 도전적인 기회를 성취할 수 있도록 계속 연구할 것이다. 우리는 지속적으로 선행학습을 통한 차별화, 개별 교육과정의 기회, 발전된 교육과정과 개인별 지원 기회를 지지할 것이다. 이 시리즈의 논문에서 대답하고 제기한 질문은 우리가 영재교육 분야에서 진일보할 수 있도록 도움을 줄 것이다. 우리는 이 시리즈의 독자가 영재교육의 흥미로운 여행에 동참해 주기를 희망한다.

📝 참고문헌

Baldwin, A. Y. (1977). Tests do underpredict: A case study. *Phi Delta Kappan*, *58*, 620-621.

Gallagher, J. J. (1979). Issues in education for the gifted. In A. H. Passow (Ed.), *The gifted and the talented: Their education and development* (pp. 28-44). Chicago: University of Chicago Press.

Guilford, J. E. (1967). *The nature of human intelligence*. New York: McGraw-Hill.

Marland, S. P., Jr. (1972). *Education of the gifted and talented: Vol. 1. Report to the Congress of the United States by the U.S. Commissioner of Education*. Washington, DC: U.S. Government Printing Office.

Neihart, M., Reis, S., Robinson, N., & Moon, S. M. (Eds.). (2002). *The social and emotional development of gifted children: What do we know?* Waco, TX: Prufrock.

Renzulli, J. S. (1978). What makes giftedness? Reexamining a definition. *Phi Delta Kappan*, *60*(5), 180-184.

Renzulli, J. S. (1980). Will the gifted child movement be alive and well in 1990? *Gifted Child Quarterly*, *24*(1), 3-9. [See Vol. 12.]

Renzulli, J. S. (1982). Dear Mr. and Mrs. Copernicus: We regret to inform you... *Gifted Child Quarterly*, *26*(1), 11-14. [See Vol. 2.]

Renzulli, J. S. (Ed.). (1986). *Systems and models for developing programs for the gifted and talented*. Mansfield Center, CT: Creative Learning Press.

Renzulli, J. S., & Delcourt, M. A. B. (1986). The legacy and logic of research on the identification of gifted persons. *Gifted Child Quarterly*, *30*(1), 20-23. **[See Vol. 2.]**

Renzulli, J. S., & Hartman, R. (1971). Scale for rating behavioral characteristics of superior students. *Exceptional Children*, *38*, 243-248.

Ross, P. (1993). *National excellence: A case for developing America's talent*. Washington, DC: U.S. Department of Education, Government Printing Office.

Sternberg, R. J. (1982). Nonentrenchment in the assessment of intellectual giftedness. *Gifted Child Quarterly*, *26*(2), 63-67. **[See Vol. 2.]**

Tannenbaum, A. J. (1983). *Gifted children: Psychological and educational perspectives*. New York: Macmillan.

Torrance, E. P. (1984). The role of creativity in identification of the gifted and talented. *Gifted Child Quarterly*, *28*(4), 153-156. **[See Vols. 2 and 10.]**

Torrance, E. P. (1987). Recent trends in teaching children and adults to think creatively. In S. G. Isaksen, (Ed.), *Frontiers of creativity research: Beyond the basics* (pp. 204-215). Buffalo, NY: Bearly Limited.

영재성의 정의와 개념 소개

Robert J. Sternberg(Yale University)

사람은 나쁜 습관을 가지고 있으며, 학문 분야에서도 나쁜 습관이 있다. 영재성에 대한 연구 분야의 많은 잘못된 습관 중 하나가 영재성 또는 열등성을 연구할 때 '천부적으로 타고났다(gifted)'는 것이 무엇을 의미하는지에 대한 명확한 개념 없이 아동을 영재(gifted) 또는 평재(not gifted)로 판별하는 것이다. 우리는 명확한 개념 없이 '영재성(giftedness)'이라고 부르고 있는 것이다. 제1권의 주옥같은 논문은 『Gifted Child Quarterly』에 게재된 영재성이 무엇인지에 대한 쟁점을 언급하고 있다. 연구자의 많은 노력과 논문을 통해서 영재성 및 판별된 영재에 대하여 살펴보았다.

이 논문들에 나오는 주요 쟁점은 무엇이고, 각각의 쟁점을 다루도록 제안한 아이디어의 예로는 무엇이 있을까?

• 영재성과 재능의 본질은 무엇인가?
  – 전통적인 검사보다 심화 활동에 대한 반응을 관찰함으로써 영재성의 본질에 대해 좀 더 연구해 볼 수 있다(Passow, 1981).
  – 영재성은 수월성, 진기성, 생산성, 논증 가능성, 그리고 개인의 기술/산출물에 수반되는 가치를 포함한다(Sternberg & Zhang, 1995).

- 우리는 영재성을 어떻게 연구해야 하는가?

- 우리는 영재성을 연구하기 위해 심리학적 연구의 주류적 기법을 더
  많이 이용해야 한다(Jackson, 1993).

• 영재성의 전통적인 개념을 확장하려면 어떻게 해야 하는가?

- 상위인지(metacognition)는 영재성에서 매우 중요하다(Shore &
  Dover, 1987).

- 창의성은 영재성의 중요한 측면이다(Runco, 1993).

- 지혜는 영재성의 중요한 종류 중 하나다(Sternberg, 2000).

• 그렇다면 영재성과 재능은 어떻게 다른가?

- 영재성은 인간의 능력 영역에 적용되고, 재능은 성취 영역에 적용된
  다(Gagné, 1985).

• 영재성과 재능의 다른 프로파일이 있다면, 그것은 무엇인가?

- 영재성과 재능의 6가지 프로파일은 성공적, 도전적, 반항적, 탈락적,
  이중-낙인적, 자율적이다(Betts & Neihart, 1988).

- 다른 종류의 타고난 재능이 있는 사람(예, 정치가 대 종교 지도자)은 강
  점과 약점이 서로 다른 프로파일을 통해 발달한다(Walberg, Tsai,
  Weinstein, Gabriel, Rasher, Rosecrans, Rovai, Ide, Trujillo, &
  Vukosavich, 1981).

• 영재성과 재능은 어떻게 발달하는가?

- 부분적으로 어떤 과잉 민감성, 즉 정신운동적, 감각적, 인지적, 심상
  적, 감정적인 것을 통해 발달한다(Piechowski & Colangelo, 1984).

- 천재는 대부분의 많은 영재가 그들의 환경 안에서 환경을 유용하게 활
  용할 수 있는 기회에 대해 기능하는 것과는 부분적으로 다른 방법으로

영재성의 정의와 개념

발달한다(Feldman, 1993).

- 영재성은 다양한 발달적 산물을 생산하는 환경과 유기체의 상호작용을 통해 부분적으로 이해될 수 있다(Horowitz, 1987).

• 영재성과 재능에 대한 평가는 어떻게 타당화할 수 있을까?
- 일반적으로 다중지능의 측정은 믿을 만하게 나오지만 부분적으로는 타당하지 않다(Plucker, Callahan, & Tomchin, 1996).

물론 이러한 쟁점의 많은 부분이나 모두에서 합의점을 찾아낼 수 있다면 반가운 일이다. 하지만 합의점을 찾기란 어렵다. 그럼에도 불구하고, 최소한 다음 몇 개의 관점은 넓은 의미에서 동의가 이루어졌다.

• 영재성은 단순히 높은 IQ보다 더욱 많은 것을 포함한다.
• 영재성은 인지적인 구성요소뿐 아니라 비인지적인 구성요소(예, 동기화되어 추동된)가 있다.
• 환경은 영재의 잠재력이 발현될 것인지에 대해서 매우 결정적인 역할을 한다.
• 영재성은 단일한 것이 아니라 다양한 형태를 지닌다. 그러므로 단 한 가지의 평가나 프로그램은 너무나 제한적이다.

요컨대, 영재성의 정의와 개념화에 대한 발전은 이와 같은 시리즈로 이루어질 것이다. 이러한 발전은 앞으로도 계속될 것이다. 이렇게 주옥같은 논문을 정리 요약한 연구는 영재성의 확장된 정의와 개념을 연구하는 연구자와 교사에게 중요한 요점을 제공하고 있다. 이러한 연구 때문에 우리가 개발한 프로그램에 누구를 참가시킬 수 있는지에 대해서 좀 더 발전된 선택을 하게 될 것이다.

끝으로 경계해야 할 점을 언급하고자 한다. 우리가 영재성을 개념화하는 것이 누군가에게 미래 사회에 공헌할 수 있는 기회를 많이 주거나 적게 주는 데 영향을 미칠 수 있다는 것이다. 영재로 판별된 사람은 성공할 기회가 주어지지만, 판별되지 못한 사람은 그렇지 못하다. 그러므로 개인의 기술뿐만 아니라 그것을 어떻게 사용할 것인지도 고려하는 것이 중요하다. 예를 들어, Gagné의 용어에 대한 관점에서 살펴보면, 능력이 사회에 유용한 재능으로 전환될 것인가, 지적인 사람은 창의적인 기여를 할 수 있을 것인가, 아니면 단순히 기존의 것을 모방할 것인가, 한편, 그들이 모방을 잘한다면, 사람이 그들의 지식을 현명하게 사용할 수 있을까, 아니면 파괴적인 목적에 사용할 것인가 등의 문제들을 고려해야 한다. 세상은 갈등과 혼란에 휩싸이고, 이러한 것들은 우리가 조만간 언급할 필요가 있는 가장 중요한 의문이 될 것이다.

🗒 참고문헌

Betts, G. T., & Neihart, M. (1988). Profiles of the gifted and talented. *Gifted Child Quarterly, 32*(2), 248-253. [See Vol. 1, p. 97]

Feldman, D. H. (1993). Child prodigies: A distinctive form of giftedness. *Gifted Child Quarterly, 37*(4), 188-193. [See Vol. 1, p. 133]

Gagné, F. (1985). Giftedness and talent: Reexamining a reexamination of the definitions. *Gifted Child Quarterly, 29*(3), 103-112. [See Vol. 1, p. 79]

Horowitz, F. D. (1987). A developmental view of giftedness. *Gifted Child Quarterly, 31*(4), 165-168. [See Vol. 1, p. 145]

Jackson, N. E. (1993). Moving into the mainstream? Reflections on the study of giftedness. *Gifted Child Quarterly, 37*(1), 46-50. [See vol. 1, p. 29]

Passow, A. H. (1981). The nature of giftedness and talent. *Gifted Child Quarterly, 25*(1), 5-10. [See Vol. 1, p. 1]

Piechowski, M. M., & Colangelo, N. (1984). Developmental potential of the gifted. *Gifted Child Quarterly, 28*(2), 80-88. **[See Vol. 1, p. 117]**

Plucker, J., Callahan, C. M., & Tomchin, E. M. (1996). Wherefore art thou, multiple intelligences? Alternative assessments for identifying talent in ethnically diverse and low income students. *Gifted Child Quarterly, 40*(2), 81-92. **[See Vol. 1, p. 155]**

Runco, M. A. (1993). Divergent thinking, creativity, and giftedness. *Gifted Child Quarterly, 37*(1), 16-22. **[See Vol. 1, p.47]**

Shore, B. M. & Dover, A. C. (1987). Metacognition, intelligence and giftedness. *Gifted Child Quarterly, 31*(1), 37-39. **[See Vol. 1, p. 39]**

Sternberg, R. J. (2000). Wisdom as a form of giftedness. *Gifted Child Quarterly, 44*(4), 252-260. **[See Vol. 1, p. 63]**

Sternberg, R. J., & Zang, L. (1995). What do we mean by giftedness? A pentagonal implicit theory. *Gifted Child Quarterly, 39*(2), 88-94. **[See Vol. 1, p. 13]**

Walberg, H. J., Tsai, S., Weinstein, T., Gabriel, C. L., Rasher, S. P., Rosecrans, T., Rovai, E., Ide, J., Trujillo, M., & Vukosavich, P. (1981). Childhood traits and environmental conditions of highly eminent adults. *Gifted Child Quarterly, 25*(3), 103-107. **[See Vol. 1, p. 107]**

01

영재성과 재능의 본질[1]

A. Harry Passow

영재성과 재능의 본질에 대한 논의는 이들 용어를 어떻게 정의하는가에 달려 있다. 누가 영재(gifted)인가? 누가 재능아(talented)인가? 영재성(giftedness)과 재능(talent)을 어떻게 명백하게 증명할 것인가?

아마도 최근에 가장 널리 사용—여러 문헌에서 언급되고 여러 학교 체제에서 계획의 지침이 된다고 주장하는 측면에서의 '사용'—되는 정의는 소위 미국 교육부의 정의일 것이다. 교육위원회의 위원이었던 Sidney Marland, Jr.가 Marland 보고서에 소개하였던 정의는 다음과 같다.

> 영재는 뛰어난 능력을 지니고 있어서 높은 수행력을 가진 것으로 전문가가 판단한 아동이다. 이 아동이 자신은 물론 사회에 공헌하기 위해서는 일반적으로 정규 학교 프로그램에서는 제공하지 못하는 차별화된 교육 프로그램과 서비스가 필요하다(p. IX).

다음의 분야 중 한 가지 또는 여러 분야에서 검증된 성취 및 잠재력을 비

---

1) 편저자 주: Passow, A. H. (1981). The nature of giftedness and talent. *Gifted Child Quarterly*, *25*(1), 5-10. ⓒ 1981 National Association for Gifted Children. 필자 승인 후 재인쇄.

롯하여 높은 수행력을 갖는 아동을 말한다.

1. 일반적인 지적 능력
2. 특수한 학업 적성
3. 창의적, 생산적 사고력
4. 리더십 능력
5. 시각예술, 공연예술
6. 정신운동 능력

'정신운동 능력'은 Marland 보고서의 PL 96-561에서 제시한 분야에서 제외되어, 교육부 정의에는 5개의 분야만 남아 있다.

대부분의 경우 미 교육부의 정의를 별다른 비판 없이 받아들였으며, Renzulli(1978)가 지적한 것처럼 "영재성의 정의에 포함되어야 할 더 다양한 범위의 능력에 주목하게 되는 유용한 계기가 되었다⋯." 그러나 그는 "동시에 이 정의는 중요한 문제점을 제기하기도 하였다."(p. 181)고 덧붙였다.

William T. Harris가 세인트루이스에 있는 학교에서 우수한 학생을 위한 융통성 있는 장려책을 시작한 1868년부터, 여러 학교 체제는 '평균 능력 이상의 학생' '뛰어난 아동' '비범한 사고력을 갖는 학생' '영재아' 및 기타 높은 지능지수와 높은 학력의 소유자의 요구에 부합할 수 있는 프로그램을 포함하였다. 1900년에는 뉴욕 시에서 '속진의 상위(rapid advancement) 수업'이 시작되었다. 이러한 수업은 매우 뛰어난 아동을 위한 수업이었다. 1915년까지 소위 'SP'로 알려진 수업은 영재가 중등 과정을 2년 만에 완료할 수 있도록 빠른 진도로 설계되었다(Henry, 1920, p. 31).

국립교육연구협회(NSSE)의 19번째와 23번째 연감(Henry, 1920; Whipple, 1924)에 실린 초년의 영재에 대한 프로그램과 규정에 대한 논문에서는 높은 지적 능력과 높은 학업성취를 보인 아동을 영재로 간주하였으며, 이러한 능력이 영재성의 본질을 결정하는 개인의 특성이자 자질이라고 명백히 밝히고 있다. Guy M. Whipple은 Monroe의 『교육백과사전(Cyclopedia of Education)』에서 '영재라는 용어는 뛰어난 능력을 가진 아동에 대한 표준적인 명칭'이라는 정의를 사용한 것으로 잘 알려져 있다(Henry, 1920, p. 9).

1922년 Terman의 소위 '천재의 유전학적 연구'가 시작되기 이전에도 많은 연구가 이루어졌지만―19번째 NSSE 연감의 도서 목록에는 163개의 목록이, 23번째 NSSE 연감의 도서 목록에는 453개의 주석을 단 목록이 포함되어 있다―Terman의 연구는 영재의 특성에 대해 이루어진 최초의 대규모 종단 연구였다. 스탠퍼드 연구에서는 "영재 집단의 신체적, 지적, 성격적 자질과 특성을 발견하고 영재가 어떤 종류의 성인이 되는지를 알기 위해 설계되었다."고 하였다(Terman & Oden, 1951, p. 21). Terman에게 영재의 기원, 신체적 및 지적 자질에 대한 지식이 증가하는 것은 그 자체로 끝이 아니었다. 오히려 그는 첫 번째 보고서에서 다음과 같이 예견하였다.

> 지적 영재성에 대한 원천을 판단하고 나면, 지적 능력의 공급을 증가시킬 수 있는 수단을 찾을 수 있다. 영재의 신체적, 지적, 성격적 자질을 더 잘 이해하면, 더 크게 성공할 확률로 영재를 위한 교육을 설계할 수 있다…. 영재의 경우, 교육부의 통상적인 한계를 초월한 것이지만, 교육자 앞에 펼쳐진 영역은 여전히 미지의 세계다. 이제 앞으로 나아가 탐구하고 통합할 때가 온 것이다 (Terman, 1925 & 1926, pp. 16-17).

Terman은 '학교의 총 학생수의 상위 1%에 드는 뛰어난 대상'을 목표로 연구대상을 찾았다(Terman, 1925 & 1926, p. 19). Terman이 지적한 것처럼 Stanford-Binet 검사에서 IQ 140, 고등학생을 대상으로 한 Terman의 집단지능검사(Group Intelligence Test)에서 IQ 135가 각각 그 연구에 포함된 임의적 평균이었다.

Terman의 최초의 연구와 추후연구(1956년 Terman의 사망 이후에도 연구는 계속되고 있음)는 초등학교에서 지적으로 재능을 보이는 학생이 성인이 되어서도 상대적으로 뛰어난 경지에 오를 수 있다는 가설을 지지한 것이다.

여러 연구결과 중, 일반적으로 알려진 것과 반대되는 결과는 지적으로 재능이 있는 아동이 또래의 평범한 아동에 비해 일반적으로 건강, 신체, 정신건강과 적응력, 성인 지능, 직업 지위 및 수입, 출판 및 특허권, 심지어 '만족도'에서도 더 뛰어나다는 점이다.

Terman의 동료 중 한 명인 Catherine Cox(1926)는 약 301명의 유명 인사의 IQ를 최대한 정확하게 측정하여 이력과 역사적인 업적의 기록을 연구하는 새로운 연구법을 택하였다. 두 번의 IQ 측정이 이루어졌다—17세(AI)까지의 발달 기록에 대한 평균 점수와 17~26세(AII)의 발달 기록에 대한 평균 점수였다. 측정 IQ의 범위는 100~190이었다. 100~110이 세 건인 반면, 110~120은 30건으로 측정되었다. 여러 수정을 거친 후, Cox는 "연구대상자의 실제 IQ는 평균 160 이상이었고, 이들 중 다수의 실제 IQ가 180 이상일 수도 있다는 것을 의미한다. 그러나 140 이하는 매우 소수였다."(p. 85)라고 하였다. [기울임체는 원문의 내용임]

Cox(1926)는 연구에서 세 가지 중요한 결론을 도출하였다. 그녀는 일반적으로 향후 성공하는 젊은이의 속성은 다음과 같다고 하였다.

1. 평균 이상의 유전적 자질과 어린 시절에 훌륭한 환경의 혜택이 있었음
2. 유년 시절 대단히 높은 IQ를 나타내는 행동을 보임
3. "높은 지적 특성뿐만 아니라, 꾸준한 동기와 노력, 자기능력에 대한 자신감, 강한 개성으로 특성화된다."(p. 218) [기울임체는 원문의 내용임]

인구의 특정 비율(예, 일반 지능에서 상위 1~2%)이나 지능검사의 특정 한계 점수(예, IQ 125 또는 135)와 같이 여러 방법으로 정의되는 뛰어난 지능을 영재성으로 간주하였고, 학교에서는 지적으로 뛰어난 아동을 육성하기 위한 프로그램과 규정을 만들었다. 여러 학자가 개인 및 집단 지능검사에서 높은 점수를 기록한 아동, 높은 학업성취를 이룬 아동의 정신적, 정서적, 사회적, 신체적 특성에 대해 집필하였다(예, Durr, 1964, pp. 33-51; Clark, 1979, pp. 20-34; Tuttle & Becker, 1980, pp. 11-38 참조).

Terman이 캘리포니아에서 종단 연구를 수행하고 있을 때, Hollingworth는 뉴욕에서 영재성의 본질과 필요성에 대한 연구에 참여하고 있었다. 그녀는 영재를 '일반 지능에서 상위 1%의 아동'으로 정의하였다. 그녀의 관점에서 이는 '추상적 사고력과 상징을 다루고 학업을 성취할 수 있는 능력'이었다(Pritchard, 1951, p. 19). 그럼에도 불구하고, 그녀는 1931년 다음과 같이 집필하였다.

> 영재라고 할 때, 우리는 일반적인 아동보다 훨씬 교육이 가능한 아동을 일컫는다. 이러한 뛰어난 교육적 탁월성은 음악이나 회화와 같은 예술 중에서 나타날 수 있다. 그것은 기계적 적성에서 나타날 수도 있다. 혹은 추상적 지능과 학업을 성취할 수 있는 뛰어난 능력일지도 모른다. 따라서 영재성의 모든 형태를 고려해야 하는 교육 사업은 *영재의 복지는 물론 더 크게는 사회를 위해 이루어져야 한다*(Pritchard, 1951, p. 49). [기울임체는 추가]

이미 1940년대 초기에 연구자는 영재를 정의하고 판별할 때 지능검사의 한계를 지적하였다. 예를 들어, Witty는 다음과 같이 집필하였다.

> 영재라고 할 때, 높은 창의성을 보일 가능성이 있는 아동을 말하는 것이라면, 전형적인 지능검사는 영재 판별의 적합성 여부에 의혹이 여지가 생긴다. 창의성은 독창성으로 이어지고, 독창성은 새로운 요소와 경험에 대한 뛰어난 구성, 사용과 조절을 의미한다. 지능검사는 학습한 요소를 대상으로 한다···. 독창성이나 창의성이 나타나는 상황에서 지능의 취지는 분명 결여되어 있다(Pritchard, 1951, p. 81).

Lally와 LeBrant는 미국영재학회(American Association for Gifted Children)의 1951년 발행물에서, 학교는 전통적 학교수업을 주로 고려하기 때문에, '영재아동은 그 분야에서 뛰어난 학생을 발견해 판별하였으며' 판별 절차에서 예술성이 뛰어난 학생을 배제하며 학교가 중요시하는 것에 치

우치는 경향이 있다고 지적하였다(Lally & LeBrant, 1951, p. 243). 이들은 지적 재능에 비해 특수 재능에 대해서는 알려진 것이 없다는 점에 주목하였다.

> 재능은 얼마나 깊은 연관이 있으며 일반적으로 어린 시절에는 얼마나 높은 수준의 행동을 계발할 수 있는 것인가, 특정 아동이 소리, 공간, 색채의 다양한 감각 개념에서 특히 뛰어나다고 할 때 얼마나 뛰어나야 하는 것인가에 대해 우리는 정확히 말할 수 없으며 유년기 시절의 다양한 자극이 미치는 영향에 대해서도 잘 알지 못한다(p. 244).

이 같은 그들의 지적이 미국영재학회에서 발간된 이후 영재의 정의는 좀 더 포괄적이 되었으며, Renzulli에 따르면 '좀 더 자유로워졌다'(Renzulli, 1978). Passow 등(1955)은 사회적으로 가치 있는 모든 분야에서의 뛰어난 성취 능력으로 영재성을 정의하였으나, 해당 분야를 "언어, 사회과학, 자연과학, 수학 등의 학문 분야, 음악, 회화나 조형예술, 행위 예술 및 인공적 예술 등의 예술 분야, 그리고 인간관계 분야"로 제한하였다(p. 6).

포드 기금의 후원을 받아 영재 프로그램을 실시한 포틀랜드의 공립학교(1959)는 "영재성의 정의를 학업적성으로만 한정하는 것은 너무 협소하며 사회적으로 유용한 다양한 능력을 판별하고 계발해야 한다."(p. 13)는 입장을 취하였다. 포틀랜드의 영재성에 대한 정의는 "지적으로 가장 뛰어난 학생의 상위 약 10%를 포함하며 예술, 음악, 창의적 글짓기, 창의적 행동, 창의적 무용, 기계적 재능, 사회적 리더십 등 7가지의 특수 학업적성 각각의 분야에서 가장 뛰어난 학생의 상위 10%를 포함하였다."(p. 13) 포틀랜드 공립학교는 영재성을 광범위하게 정의하여 다양한 범위의 영재성과 재능을 판별하고 육성하고자 시도했던 몇 안 되는 학교 체제 중 하나였다.

1957년의 국립교육연구협회 연감에 대해, Witty(1958)는 "영재성의 정의를 확장하여 잠재적으로 가치 있는 인간 활동의 측면에서 지속적으로 뛰어난 성과를 보이는 아동을 모두 포함할 것을 권장했다."(p. 62) Witty의 정의는 영재성의 본질에 대한 광범위한 개념을 주장한 것이다. '잠재적으로 가

영재성의 정의와 개념

치 있는 인간 활동의 측면'이나 '지속적으로 뛰어난' 등의 문구는 구체성과 의미 측면에서 여러 문제점을 제기하였다.

Getzels와 Jackson(1958)은 높은 창의성과 높은 지적 능력을 갖춘 아동에 대한 연구를 통해 "높은 IQ만을 '영재'로 분류하는 선행 사례에 예외를 두는 사례를 만들어, 잠재적으로 생산적인 다른 집단을 포함하도록 하는 개념을 확장할 수 있는 가능성이 교육자와 연구자 모두에게 큰 도전이 될 것이다."(p. 277)라고 하였다.

영재성의 본질에 대한 개념은 Torrance, Taylor, Barron 및 다른 연구자의 연구로 창의성을 포함하게 되었다. 창의성은 영재성과 재능의 한 요소 또는 한 종류로 다양하게 정의되어 왔으며 판별과 육성이 가능하다고 알려져 왔다. Taylor(1975)에 따르면, 창의성 연구자는 최소한 다음의 일곱 개 분야에 중점을 두고 있다고 하였다. (1) 창의적 성격, (2) 창의적 문제 형성, (3) 창의적 과정, (4) 창의적 결과, (5) 창의적 환경, (6) 창의성과 정신건강, (7) 창의성과 지능이다(p. 12).

여러 가지 방식으로 정의되는 창의성은 지적 영재성의 필수 요소이자 영재성의 한 종류로 간주되어 왔다. Gallagher와 Weiss(1979)는 다음과 같이 지적하였다.

> 창의적 아동, 즉 새로운 생각, 개념, 결과를 생성, 시각화, 극화, 또는 표현하는 뛰어난 능력을 갖춘 아동의 특수한 속성을 분류하려는 여러 시도가 있어 왔다. 높은 지적 능력과 창의성 사이에는 긴밀한 관계가 존재하지만, 특정 아동과 성인에게 창의적 활동의 소지를 부여하는 특별한 지적 기술과 개인적 자질 사이에 관계가 있다는 것이 명백해졌다(pp. 6-7).

지난 20년간 연구자들은 창의성이 육성될 수 있는 것이라는 결론에 도달하였다. 가령, Parnes(1962)는 "현 연구에서 창의성을 계발할 수 없다는 구식 개념과 반대되는 증거가 있다."라고 주장했다. I. Taylor(1975)는 다음의 사항에 중점을 두는 창의성 계발 프로그램을 창시하였다. (1) 개인의 생각을 환경에 적용, (2) 기본 또는 일반적인 문제 형성, (3) 반전과 유추를 통한 생각의 변환, (4) 창의적 특성을 갖는 산출물 생성, (5) 직접적인 감각 자극에의 노출을 통해 이러한 과정의 촉진 등이다(p. 26).

Calvin Taylor는 "재능은 일반적인 지능이 아닌 여러 다른 유형이 존재한다."고 주장하였다. Taylor는 '다중재능교수법'을 제시하였는데, 판별된 재능으로는 창의적, 계획적, 의사소통적, 예측력 및 의사결정 재능이 있다. Taylor는 다중재능 토템 기둥 접근법으로 "완전한 기능성과 효과적 재능을 갖춘 개인의 계발이라는 목표에 한 걸음 다가갈 수 있다. 학생과 교사, 관리자를 풍요롭고 활기차게 해 주며 따라서 전 교육과정을 인간화한다."(Taylor & Ellison, 1975, p. 213)고 하였다.

일부 연구자는 학생의 뛰어난 성취 잠재력보다 성인의 뛰어난 성취 결과에 초점을 맞추기도 한다. 가령, Goertzels(Goertzels & Goertzel, 1962; Goertzel et al., 1978)는 과학, 사업, 문학, 드라마 등의 다양한 분야에서 성공한 약 700명의 '탁월한 특성들'에 대해 두 가지의 연구를 수행하였다. Goertzels는 탁월한 특성을 형성시킨 가정 배경, 특히 성인으로서 탁월한 개인적인 삶, 사회에 영향을 미치고 명예를 가져다준 작업에 대해 연구하였다. Goertzels와 동료들(1978)은 유명인과 영재에 대한 통합 인물상을 구성하였고, 이는 영재성의 본질에 새로운 견해를 제시하였다. 이들이 고찰한 것 중 일부는 다음과 같다.

> 영재는 아버지가 사업가이거나 전문직에 종사하고 어머니는 가정주부인 중류 계층의 가정에서 첫째 또는 외동아이로 태어난 경우가 많다. 이러한 가정은 책장에 책이 즐비하고 자녀에 대한 부모의 기대가 높다…
> 영재는 학습을 좋아하나 개별적 필요에 맞지 않게 설계된 교육과정에 자신을 가두려는 학교와 교사를 싫어한다. 개인 교습이나 혼자 남는 것을 좋아하며 배우, 댄서, 음악가, 화가 등을 훈련하는 특수학교에 가는 것을 선호한다…
> 이들은 자기중심적이며 동료나 형제자매에 비해 타인을 즐겁게 하는 데 동기유발이 잘 되지 않는다. 생각하고 독서하거나 무언가를 쓰고 경험하며 그림

을 그리고 악기를 연주하거나 시골을 탐색하는 자유가 주어지면 혼자만의 시간을 필요로 하며 잘 관리한다. 때때로 실제로 아프거나 혹은 아픈 것을 가장하여 이러한 자유를 얻어 내기도 하며, 아이와 마음이 잘 통하는 부모의 경우 오랜 자유의 시간을 필요로 하는 아이의 욕구에 반응하기도 한다.

이들은 자신의 개성을 소중히 여기며 의상, 행동 및 기타 방식에서 동질화되기 힘들어한다…(pp. 336-338).

Brandwein(1955)은 세 가지 요인이 과학의 학문적 성공과 관련되어 있다고 가정하였다. 이러한 세 가지는 (a) 유전적 요인─높은 수준의 언어 및 수학적 능력, (b) 자질적 요인─인내(주제에 더 많은 시간을 쏟고자 하는 자발성, 불편을 참아 내는 능력, 실패에 직면하고 계속 작업해 나갈 수 있는 능력)와 탐색, 현실에 대한 견해에 따른 현재의 설명과 불만, (c) 활동적 요인─고급 교육의 기회와 영감을 주는 교사와의 접촉이다.

Tannenbaum은 영재의 특성 중 한 가지는 개인이 단지 문화의 소비자가 아닌 **생산자**라는 점이라고 주장하였다. 학생이 좋은 성적을 받고 정보를 빠르게 흡수하며 수렴적 사고 행위에서 뛰어난 것으로는 충분하지 않다. 영재성은 새로운 개념화, 확산적 접근법, 창의적 문제해결과 비범한 문제해결을 포함한다. 아무리 빨리 정보를 흡수한다고 해도 단지 소비하기만 하는 학생은 한 가지 종류의 영재성만을 나타내며 가장 뛰어난 영재는 아니라고 하였다.

Getzels과 Csikszentmihalyi(1975)는 연구의 핵심을 여러 문헌과 풍부한 개념적, 경험적 연구를 통한 **문제해결**에서, 상대적으로 체계적인 연구가 미흡한 **문제발견**으로 옮겨 갔다. 그들은 "이 세계에는 너무나 많은 딜레마가 있다. 그러나 불확실한 상황은 그들에게 자동적으로 해결 가능한 문제로 나타나지는 않는다. 또한 창의적 해결도 아니다." (p. 90)라고 지적하였다. Getzels은 순수 성인 예술가를 연구하면서 인간에 대한 패러다임을 "**자극을 줄이거나 문제를 해결하는** 유기체뿐만 아니라 **자극을 추구하거나 문제를 발견하는** 유기체"인 인간으로 바꿀 것을 제안했다(Getzels & Csikszentmihalyi,

1975, p. 93). 그들은 문제발견이야말로 영재성의 본질을 이해하는 데 상대적으로 연구가 덜 이루어진 창의성의 중요한 한 요소라고 가정하였다.

Renzulli(1978)는 '무엇이 영재성을 만드는가?'라는 질문을 제기하면서 영재성의 정의를 분석하였다. 또한 영재의 특성에 대한 연구를 고찰하고, 학교현장에 유용하면서도 연구결과의 측면에서 정당한 것으로 여겨지는 새로운 영재성의 정의를 제기하였다. 영재성의 요소에 대한 Renzulli의 개념에는 세 가지가 포함된다. 첫 번째 요소는 **평균 이상의 능력**(above-average ability)이다. 두 번째 특성의 요소는 "**과제집착력**(task commitment)으로 알려진 집중적 동기 형태를 갖춘 창의적/생산적인 개인에게 지속적으로 나타나며 이는 특정 문제(과제)나 특정 성취 분야에 수반되는 에너지를 나타낸다." 세 번째 요소 또는 자질은 "일반적으로 **창의성**(creativity)으로 통합된 요인들의 구성" (pp. 182-184)이다.

Renzulli(1978)는 영재성의 조작적 정의를 다음과 같이 결론 내렸다.

> 영재성은 인간의 특성 중 세 가지 기본 군집 간의 상호작용으로 구성되어 있다. 이들의 군집은 평균 이상의 능력, 높은 수준의 과제집착력, 높은 수준의 창의성이다. 영재는 이러한 통합적 특성을 갖추고 인간 성취의 가치 있는 모든 분야에 적용할 수 있는 아동이다. 세 가지 군집 간의 상호작용을 개발할 수 있는 아동은 정규 교육 프로그램에서는 통상적으로 제공되지 않는 다양한 범위의 교육 기회와 서비스를 필요로 한다(p. 261).

그러면, 영재성의 본질은 무엇이며 이러한 정의에 명백하게 나타난 그 본질의 개념과 더불어 영재성이 대개 조작적으로 정의된다는 사실에 대해 어떠한 문제가 제기될 수 있는가? 물론 개인차와 이러한 특성의 육성에 대해서는 상당한 양의 지식이 있다. 그러나 널리 인정된 영재성 이론은 없다. 최근 「우리가 영재 프로그램에 대해 알지 못하는 것들」이라는 논문에서 Renzulli(1980)는 다음과 같이 고찰하였다.

학습과정의 모든 측면에 대한 방대한 양의 연구에도 불구하고, 우리는 여전히 유사한 유전적 배경과 환경 경험을 가진 개인 사이에 학습효과와 창의성에 큰 차이가 존재하는지에 대한 이유를 정확하게 집어낼 수 없다. 어떠한 요소 때문에 수백만의 사람이 동등한 '능력'과 유리한(혹은 유리하지 않은) 교육적 혜택을 받고도 평균 이상으로 올라오지 못하는 반면, 에디슨, 휴이스, 던컨과 같은 극히 소수의 천재가 생기는지에 대해 우리는 전혀 모르고 있다. 왜 특수교육의 혜택을 누리지 못한 사람이 명성을 얻는 반면, 영재 프로그램을 거친 이들은 초야에 묻히는 것인가? 해답은, 우리가 전혀 모른다는 것이다!(p. 601)

물론 우리가 아는 것도 있다. 영재성은 매우 다양한 형태와 크기로 나타난다는 것이다. 어떤 영재는 적용 기준의 평균보다 약간 우수할 수도 있는 반면, 또 다른 영재는 매우 보기 드물 정도로 뛰어날 수도 있다. 어떤 영재는 한 가지 분야에서만 영재성이 있는 반면, 다른 영재는 거의 모든 분야에서 뛰어난 능력을 가지고 있는 것으로 보일 수도 있다. 뛰어난 능력을 가지고 있는 것으로 보이는 일부 아동은 상대적으로 잠재력 계발에 대한 동기의식이나 흥미가 적은 반면, 또 다른 일부 아동은 재능도 뛰어나면서 동기의식도 높을 수 있다. 일부 아동은 성취력이 높고 정보를 빠르게 흡수하는 반면, 또 다른 일부 아동은 지식을 새롭고 다른 방식으로 활용한다. 일부 아동은 기본적으로 지식의 소비자인 반면, 또 다른 아동은 소비자인 동시에 뛰어난 생산자로서의 가능성을 보이기도 한다. 일부 아동은 초기에 뛰어난 능력을 나타내는 조숙아인 반면, 또 다른 일부 아동은 '늦게 피는' 유형으로 뛰어난 능력이나 성취력을 늦게까지 나타내지 않는 경우도 있다. 어떠한 재능 분야가 더 높은 보상을 받고, 그 결과 어떻게 육성될 것인가에 대해서도 문화적 차이가 존재한다. Riessman(1962)은 "기본 개념을 배우는 데 오랜 시간이 걸리지만, 한 번 배우고 나면⋯ 그러한 개념을 신중하고 통찰력 있는 방식으로 사용하는 대기만성형 영재"(p. 64)에 대해 기술하기도 했다. 영재는 분명 일반아동과 다른 존재다. Clark(1979)는 "한 개인의 재능이 크면 클수록 더 특이하게 보일 수 있다."(p. 20)라고 하였다.

무엇이 영재성이며 **누가** 영재인지에 대한 문제가 제기된다. 영재의 특성을 길고 자세하게 열거한 목록은 매우 많다. 분명, '영재'로 판별된 개인이 영재를 설명하는 모든 인지적, 정서적, 신체적, 직관적 특성을 갖추고 있지는 않다. 한 아동이 한 가지 특성만을 갖추어도 그 아동이 매우 특별한 영재임을 나타낼 수 있다. 영재의 특성에 대한 목록은 한 개인이 영재임을 설명하는 모든 자질과 행동을 갖추지 않을 수 있다는 점을 기억한다면 유용하게 사용될 수 있다.

　　또한 이러한 개인을 어떻게 판별해 낼 수 있는지에 대해 여러 쟁점이 있다. 뛰어난 잠재적 수행력이 실제로 잠재력에만 그친다면 어떻게 검증될 수 있는가? 판별 과정이 개별적으로 이루어진다고 해도, 판별 과정을 이러한 지능검사에만 한정할 수 없다는 점은 동의가 이루어진 듯하다. 영재를 판별하는 데는 반드시 다양한 기법, 과정, 검사도구를 사용하여 그들의 교육적 경험을 차별화해야 한다. 다양한 종류의 평가 및 심사 도구가 개발되어 사용되고 있다. 일부 판별의 접근 방식은 비범함, 창의성 또는 상상력이 풍부한 것으로 판단되는 개인의 성취, 산출물, 행동을 영재성의 증거로 지나치게 의존하고 있다. Passow와 Tannenbaum(1978)은 영재의 정의가 선발과 판별 과정, 교육 기회와 차별화된 교육과정의 설계에 지침을 제공한다고 지적했다. 사실 판별에 사용되는 절차와 기법은 차별화된 다양한 경험에 영향을 미치며 그 반대도 마찬가지다. 판별은 차별화의 통합적 일부로 간주된다(p. 14). 판별과 교육적 차별화는 두 단계의 진단적 규정 모형으로 간주하는 대신, Passow와 Tannenbaum은 규정된 심화가 판별도구뿐만 아니라 심화학습을 촉진하는 판별이 되기도 한다는 점을 시사한다. 예를 들어, 초등학생 때 실시한 표준화된 언어 검사와 인지 검사로는 미래의 시인을 판별하는 데 별 도움이 되지 않는다. 오히려 차별화된 구조적 형태에서 창의적이고 시적인 표현에 관한 수업 프로그램과 연습을 함으로써 아동의 시적 재능을 스스로 드러나게 할 수 있다. 자기판별에 기여하는 것은 학생의 창의적 산출물이며 창의성 계발이 지속적인 것이기 때문에, 판별 또한 단 한 번의 시험을 집행하는 것보다는 지속적인 과정으로 인식해야 한다(p. 15). 영재의 판별은 체계적인 관찰, 지능검사의 해석, 관찰 자료뿐만 아니라 영재성의 행동 결과로 나타날 수 있는 성취와 산출물에 따른 판별인 자기판별을 도모하는 교육 기회와 관련이 있다.

그 밖에 제기될 수 있는 문제로는 다음과 같다. 조숙함이 반드시 영재성을 나타내는 것인가? 영재성은 능력 자체인가 아니면 실제 성취를 통해 가시화되어야 하는 것인가? '미성취 아동'도 실제로 영재인가 또는 성취 아동만 영재로 간주되어야 하는가? 개인이 매우 협소한 분야에서만 탁월하고 다른 대부분의 분야에서는 중간 또는 평균 이하인 경우 여전히 영재로 간주되는가? 창의적 또는 생산적 행동이 모든 재능의 요소인가 또는 재능 그 자체인가? 개인이 영재로 간주되기 위해서는 자신의 인지적 성숙도에 부합하는 정서적 성숙도를 갖추어야 하는가? 한 개인을 영재로 판별하기 이전에 기대되는 개인적, 사회적, 감정적 성숙도와 같은 정서적 성숙도에 단계적 수준이 존재하는가?

영재의 판별 및 육성의 모든 측면은 영재성의 본질에 대한 근본적인 개념에 따라 달라질 수 있는 것으로, 이에 대한 여러 조작적 개념이 존재하고 있다. 프로그램 계획자는 반드시 영재성의 본질과 관련된 많은 쟁점들, 즉 판별, 교육과정 차별화, 자원 배분 및 영재의 교육과 발전, 다른 측면에서 제기되는 여러 문제와 관련된 영재성의 본질에 대한 조작적 개념을 명확히 하는 것이 중요하다는 것을 인식해야 한다. 영재성의 본질에 대한 개념은 모든 계획에서 가장 중요하다.

🔲 참고문헌

Brandwein, P. F. (1955). *The gifted child as future scientist*. NYC: Harcourt, Brace.

Clark, B. (1979). *Growing up gifted.* Columbus, OH: Charles E. Merrill.

Cox, C. M. (1926). *The early mental traits of three hundred geniuses.* Volume II: Genetic studies of genius. Stanford, CA: Stanford University Press.

Durr, W. K. (1964). *The gifted student.* NYC: Oxford University Press.

Gallagher, J. J., & Weiss, P. (1979). *The education of gifted and talented students.* Washington, DC: Council for Basic Education.

Getzels, J. W., & Csikszentmihalyi, M. (1975). From problem solving to problem finding. In I. A. Taylor, & J. W. Getzels (Eds.), *Perspective in creativity.* Chicago: Aldine, 90-116.

Getzels, J. W., & Jackson, P. W. (November 1958). The meaning of 'giftedness' —an examination of an expanding concept. *Phi Delta Kappan, 40,* 275-277.

Goertzel, V., & Goertzel, M. G. (1962). *Cradles of eminence.* Boston: Little, Brown.

Goertzel, M. G., Goertzel, V., & Goertzel, T. G. (1978). *300 eminent personalities.* San Francisco: Jossey-Bass.

Henry, T. S. (1920). *Classroom problems in the education of gifted children.* 19th Yearbook, Part II. National Society for the Study of Education. Chicago: University of Chicago Press.

Lally, A., & LeBrant, L. (1951). Experiences with children talented in the arts. In P. Witty (Ed.), *The gifted child.* NYC: D. C. Heath, 243-256.

Marland, S. P., Jr. (1971). *Education of the gifted and talented.* Volume I: Report to the Congress of the United Satats by the U. S. Commissioner of Education. Washington, DC: U. S. Government Printing Office.

Parnes, S. J., & Harding, F. (Eds.) (1962). *A source book for creative thinking.* NYC: Scribners.

Passow, A. H., Goldberg, M. L., Tannenbaum, A. J., & French, W. (1955). *Planning for talented youth.* NYC: Teachers College Press.

Passow, A. H., & Tannenbaum, A. J. (1978). *Differentiated curriculum for the gifted and talented: A conceptual model.* A paper prepared for the Office of Projects for the gifted and talented, Montagomery County (Maryland) Public School. NYC: Teachers College, Columbia University.

Portland Public Schools. (1959). *The gifted child in Portland.* Portland, OR: Portland Public Schools.

Pritchard, M. C. (1951). The contribution of Leta S. Hollingworth to the study of gifted children. In P. Witty, (Ed.), *The gifted child.* NYC: D.C. Heath, 47-85.

Renzulli, J. S. (November 1978). What makes giftedness? Reexamining a definition. *Phi Delta Kappan, 60,* 180-184, 261.

Renzulli, J. S. (May 1980). What we don't know about programming for the gifted and talented. *Phi Delta Kapan, 61,* 601-602.

Riessman, F. (1962). *The culturally deprived child.* NYC: Harper.

Taylor, C. W., & Ellison, R. L. (1975). Moving toward working models in creativity: Utah creativity experience and insights. In I. A. Taylor, & J. W. Getzels (Eds.), *Perspectives in Creativity.* Chicago: Aldine, 1-36.

Taylor, I. A. (1975). A Perspective view of creativity investigation. In I. A Taylor & J. W. Getzels (Eds.), *Perspectives in creativity.* Chicago, Aldine, 1-36.

Terman, L. M. (1925 and 1926). *Mental and physical traits of a thousand gifted children.* Volume I : Genetic studies of genius. Stanford, CA: Stanford University Press.

Terman, L. M., & Oden, M. H. (1951). The Stanford studies of the gifted. In P. Witty (Ed.), *The gifted child.* NYC: D. C. Heath, 20-46.

Tuttle, F. B., Jr., & Becker, L. A. (1980). *Characteristic and identification of gifted and talented students.* Washington, DC: National Education Association.

Whipple, G. M. (Ed.). (1924). *The education of gifted children.* 23rd Yearbook, Part I. National Society for the Study of Education. Chicago: University of Chicago Press.

Witty, P. (1958). Who are the gifted? In N. B. Henry, *Education for the gifted.* 57th Yearbook, Part II. National Society for the Study of Education. Chicago: University of Chicago Press, 41-63.

영재성은 무엇을 의미하는가?
오각형의 암묵적 이론[1]

Robert J. Sternberg(Yale University)
Li-fang Zhang(University of Iowa)

이 논문은 영재성에 대한 오각형의 암묵적 이론과 그 이론을 검증한 자료를 제시하고 있다. 설명은 5개의 부분으로 나누어 이루어졌다. 첫째, 암묵적 이론이 무엇이고, 이 이론이 왜 중요한지에 대하여 토론한다. 둘째, 오각형 이론을 기술하고, 영재에게 개별적으로 필요하고 공통적으로 갖춰야 하는 5가지 조건에 대해 서술한다. 이러한 조건이 어떤 사람은 영재가 되고 어떤 사람은 영재가 아닌지에 대한 우리의 이해를 돕는다. 셋째, 오각형 이론과 영재성의 명시적 이론 간의 관계를 생각해 본다. 넷째, 이론을 뒷받침해 주는 검증된 자료를 제시한다. 다섯째, 영재교육을 위한 오각형 이론의 함의에 대해서 논의해 보도록 한다.

왜 100m 달리기 성적이 상위 1% 안에 드는 사람보다 Wechsler 지능검사에서 상위 1% 안에 드는 사람을 영재라고 하는 것일까? 심사위원이 1등이라고 생각한 물리학자는 영재인데, 왜 FBI 리스트 1순위에 있는 범죄자는 영

---

1) 편저자 주: Sternberg, R. J., & Zhang, L. (1995). What do we mean by giftedness? A pentagonal theory. *Gifted Child Quarterly, 39*(2), 88-94. © 1995 National Association for Gifted Children. 필자 승인 후 재인쇄.

재라고 하지 않을까? 왜 미스 아메리카 선발 대회와 같은 미인 대회에서는 국내외의 중요한 문제에 대한 질문에 대답해야 하는데, 이에 반해 웨스팅하우스 과학 재능 발굴(Westinghouse Science Talent Search)과 같은 과학경시 대회의 경쟁자는 개인적인 매력을 제출하지 않을까? 영재성에 대한 오각형의 암묵적 이론은 이러한 질문에 답을 찾아 줄 것이다.

암묵적 이론의 본질

암묵적 이론은 공식적이거나 형식적이지 않다. 오히려 그것은 개인의 마음 안에 존재하는 지적 구조라고 할 수 있다(Sternberg, 1985b; Sternberg, Conway, Ketron, & Bernstein, 1981). 이러한 이론은 질문과 추론으로 발견되고, 종종 행동으로 밝혀지기도 한다. 그러나 전형적으로 의문을 가지기 이전에는 우리의 암묵적 이론을 밀접하게 검증할 수 없다. 우리는 단순하게 살고 있는 사람이 일상적 판단을 할 때 암묵적 이론을 사용하고 있다.

암묵적 이론과 반대되는 것으로는, 심리학자나 다른 과학자가 심리학적 기능을 가정하여 수행하는 과제로 수집된 자료에 기초하거나, 적어도 한 번은 (심리학에서) 검증된 명시적 이론이 있다. 명시적 이론은 영재성 연구의 주류를 이루고 있다(예, Sternberg & Davidson, 1986, for a collection of such theories). 이론가는 영재성의 요소라고 믿는 것이 무엇인지를 기술한 뒤에 자신의 주장이 심리학적으로나 교육학적으로 타당하다는 것을 증명하려고 노력한다.

왜 영재성에 대한 암묵적 이론을 힘들게 연구하려는 것일까? 영재성에 대해서 오랫동안 연구하고 문제를 판단하는 유명한 전문가의 식견과, 영재성에 대한 아마추어의 생각은 어떠한 차이점이 있을까? 왜 영재성에 대한 사람의 개념 또는 암묵적 이론을 이해하는 것이 가치가 있는가에 대한 5가지 이유가 있다.

영재성의 정의와 개념

첫째, 암묵적 이론을 발견하는 것은 사회에서 사고를 지배하는 공통적인 문화적 관점을 공식화하는 데 유용하다—우리가 의미하는 것은, 예를 들면 **영재성**에 대한 것이다.

둘째, 암묵적 이론을 이해하는 것은 우리가 이해하는 것을 도와줄 뿐만 아니라 명시적 이론을 위한 기초를 제공한다. 왜냐하면, 명시적 이론이란 과학자나 다른 연구자가 현재 진행 중인 암묵적 이론에 대한 연구의 일부분에서 나온 것이기 때문이다.

셋째, 명시적 이론과 달리, 암묵적 이론은 실제적인 삶과 실천에 가장 큰 영향력을 미친다. 영재성에 대한 일반화된 이론들, 예를 들면 판별에 대한 결정을 어떻게 해야 하는지를 결정한다.

넷째, 만일 우리가 '우리의 방식을 바꾸는 것'을—영재 판별의 기준을 개선하기 위하여—원한다면, 그 방법이 무엇인지를 확실하게 알아야 할 필요가 있다.

다섯째, 가장 중요한 것인데, 누군가 영재성의 실상에 대해서 논쟁할 수도 있다는 점이다. 영재성의 경우 암묵적 이론은 특별한 지위를 지니고 있다. 하지만 기억과 같은 구성개념은 암묵적 이론이 없다. 기억의 경우, 그 구성개념이 아마도 해마 안에서 일어나는 생물학적인 현상과 관련된 일련의 실제에 기반한다는 좋은 증거가 있다. 그러나 영재성에 관한 암묵적 이론은 적어도 부분적으로는 명명된 현상을 다루고 있다.

어떤 문화에서 영재는 사냥꾼일 수 있고, 다른 문화에서는 수집가, 그리

연구의 활용도

이 논문은 판별 프로그램에 착수하기 전에 영재에 대해 특별히 우리가 가치를 두는 것이 무엇인지를 결정하는 것이 중요함을 지적하고 있다. 학교는 가장 가치 있게 여기는 것이 무엇인지를 결정하지도 않은 채, 종종 현존하는 판별도구를 사려고만 한다. 또한 프로그램 자체와 수행을 평가하는 방식이 판별의 수단에서 나타나는 가치를 반영한다는 점이 중요하다.

고 제3의 다른 문화에서는 학생일 수도 있다. 처음 두 문화에서는 형식적인 학교의 형태가 전혀 이루어져 있지 않다는 것을 알 수 있다. 미(美)에 대한 문화적 기준이 다르듯이, 영재에 대한 문화적 기준도 다르다. 우리는 하나의 문화 안에서 영재를 정의할 수 있는 객관적인 기준을 가지고 있다고 제안할 수 없다. 우리는 내부의 생리적인 기준보다는 외부의 문화에 따라 결정된 기준을 제안하고자 한다.

요약하자면, 영재성의 암묵적 이론은 명시적 이론의 연구를 통하여 얻을 수 없는 이해의 차원을 제공하기 때문에 중요한 것이다. 우리의 제안은 명시적 이론이 중요하지 않다는 것을 의미하는 것이 아니다. 오히려 두 종류의 이론이 모두 필요하고, 서로 조합하여 연구해야 한다. 암묵적 이론은 영재성의 정의에 대한 형식이나 구조를 제공한다. 명시적 이론은 형식이나 구조 내에 감추어진 내용을 제공한다.

영재성에 대한 오각형의 암묵적 이론

영재성에 대한 오각형의 암묵적 이론의 목적은 무엇이 영재를 만드는지에 대한 사람의 직관을 파악하고 체계화하는 데 있다. 암묵적 이론은 영재성 자체보다는, 오히려 영재성에 대한 객관적인 사람의 개념 그 자체를 대상으로 하기 때문이다. 일반적으로 암묵적 이론은 '옳음'을 필요로 하지 않는다는 것이 중요하다. 한때 대부분의 사람이 해가 지구의 주위를 돈다고 믿었다. 이 시대 사람의 암묵적 이론은 틀렸다. 그러나 영재성이 미와 같다는 범주로 생각하면, 그것에는 옳고 그름이 없다. 단지 어떤 척도에서 사람이 더 좋고 더 나쁘고, 또는 더 높고 더 낮다고 받아들일 수 있다. 그 이론을 [그림 2-1]과 같이 요약할 수 있는데, 영재로 언급되려면 다음 다섯 가지 기준에 적합해야 한다. (a) 수월성 기준, (b) 희귀성 기준, (c) 생산성 기준, (d) 검증 가능성 기준, (e) 가치 기준이다. 이러한 다섯 가지 기준은 사람에 따라서 영재

영재성의 정의와 개념

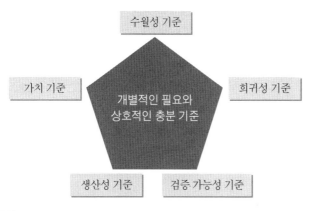

[그림 2-1] 영재성에 대한 오각형의 암묵적 이론의 다섯 가지 개별적인 필요와 상
호적인 충분 기준

라고 여겨지는 직관적인 평가와 영재가 일반적으로 가지는 완벽한 속성을
판단한 내용에 따라 평가되었다. 따라서 영재성의 정의는 개별적으로도 필
요하고 상호적으로도 충분해야 받아들여질 수 있다. 우리의 이 다섯 가지 기
준은 Tannenbaum[2](1986)의 주장과 같은 영재성에 대한 다른 이론과도 관
련이 있다(Sternberg & Davidson, 1986 참조).

수월성 기준

  수월성(Excellence)의 기준은 개인이 **어떤 영역 또는 어떤 차원에서** 동료와
비교하여 우위를 차지하는 것이다. 영재가 되려면 어떤 부분이 특별하게 뛰
어나야 한다. 심리학 전문용어에 따르면, 판단하려는 어떤 차원 또는 차원들
내에서 높다는 것을 말한다. '매우 높다'는 것은 맥락에 따라 매우 다양하게
다를 수 있지만, 영재는 항상 창의성, 지혜 또는 다른 기술이나 구성개념이
든지 간에 풍부하다고 인식된다. 현재의 관점에서 동료와의 관계에서의 수
월성은 영재라고 명명되는 데 필수 조건이다.

---

2) 역자 주: Tannenbaum은 영재의 성취에 대한 심리 사회적 구성요소를 (1) 일반 지능, (2) 뛰어
   난 특수 적성, (3) 비인지적 촉진제, (4) 환경의 영향, (5) 기회 또는 행운이라고 하였다.

'동료와의 비교'의 질은 필수적이다. 왜냐하면, 수월성의 지정은 판단되어야 하는 사람과 비교된 전문성에 의존하기 때문이다. 지능검사에서 10세 아이가 받은 낮은 점수는 동료 아동과 비교하면 매우 높은 점수이지만, 5세 연상의 아동과 비교하면 제외될 수 있다. 이와 유사하게, 8세 아이가 학교에서 단지 일주일 레슨을 받고 연주를 했다는 것은 매우 놀라운 음악적 재능이지만, 4세부터 음악학교에서 훈련을 받은 같은 8세의 아이와 비교하면 크게 뛰어나지 않다.

희귀성 기준

희귀성(Rarity)의 기준은 영재를 구별하기 위하여 언급된 것인데, 영재는 반드시 **동료와 비교하여 높은 수준**이라고 할 수 있는 희귀한 기준을 가져야만 한다. 희귀성의 기준은 수월성의 특징을 보완할 때 필요할 수도 있다. 왜냐하면, 어떤 개인이 천부적인 특성의 풍부함을 보여 주었는데 이 특성에 높은 평가가 이루어졌을지라도 희귀하다고 판단되지 않는다면 그 사람을 영재라고 볼 수 없기 때문이다. 좋은 대학교에 다니는 4학년 학생을 대상으로 영어에 대한 기초 숙달 검사를 한다고 가정해 보자. 모두 검사에서 높은 점수를 얻을 것이다. 하지만 그가 완벽한 점수를 받았더라도, 우리는 그를 영재라고 하지는 않을 것이다. 따라서 누군가 수월한 측면을 보여 주었지만, 만일 이와 같은 수월함이 희귀하지 않다면 그를 영재라고 볼 수 없을 것이다.

생산성 기준

생산성(Productivity)의 기준은 **우수하다고 평가된 개인이 반드시 또는 잠재적으로 생산성을 이끌어야만 한다는 차원**을 말한다. 미인 대회의 참가자를 다시 생각해 보자. 왜 그들은 외모에만 의존하는 것이 아니라 오늘날의 사회적인 문제에 대한 질문에 대답해야만 하는가? 아마 외모는 그 대회에서 중요한 결정 요소가 될 것이다. 그렇다면 왜 그것으로 충분하지 않은가? 미인

영재성의 정의와 개념

대회라는 사실에도 불구하고, 미 자체는 생산적이거나 잠재적인 생산성으로 인식되지 않기 때문이다. 참가자는 자신이 무언가를 할 수 있다는 것을 증명할 필요가 있다. 이와 반대로, 과학경시대회의 참가자는 개인의 외모와 같은 다른 특성으로 판단될 필요가 없다. 왜냐하면, 과학적인 업적 그 자체가—대회의 기본—생산적으로 보이기 때문이다.

생산성의 기준은 누가 영재인가에 대한 의견 차이를 분명히 가져온다. 예를 들면, 어떤 사람은 지능검사에서 높은 점수를 받은 사람을 영재로 보기에는 충분하지 않다고 하였다(예, Gardner, 1983). 이런 사람은 높은 점수를 보인 사람이 무언가를 할 수 있다는 것을 보여 주지 않았기 때문에 그 검사는 의미가 없다고 본다. 또 어떤 사람은 훌륭한 점수를 얻은 사람이 다른 것도 역시 잘한다고 하였다. 최악의 경우에 높은 점수가 생산성의 가능성을 보여 준다는 것이다.

물론 어렸을 때는 생산성이 없어도 영재로 여겨질 수 있다. 사실 아동에 대해서는 실질적인 생산성보다는 잠재력으로 더 많이 판단 내리기 때문이다. 그러나 사람은 나이가 들어감에 따라 잠재력에 대한 상대적 가중치와 실제적인 잠재력의 변화, 그리고 실제적인 생산성을 더 많이 강조하게 된다. 많은 영재가 기대와는 다른 어른이 되기도 하는 것이다. Renzulli(1986)는 이러한 어른을 "학교—집 영재(school-house gifted)"라고 하였다.

어떤 생산적인 작업을 통하여 자신의 가능성을 깨닫지 못한 사람은 여전히 자격을 지닌 영재로 불린다. 그들은 자신의 영재성을 발현하는 데 실패한 영재성을 지닌 사람이라고 불린다. 자격이 없이 '영재'라고 불리기 위해서는 그 사람은 무언가를 반드시 이루어야만 할 것이다.

검증 가능성 기준

검증 가능성(Demonstrability)의 기준은 **영재성을 결정하는 차원에서 개인의 탁월성(superiority)이 하나 이상의 타당한 검사를 통해서 검증되어야만 한다**

는 것을 의미한다. 개인은 한 가지 방법 또는 그 밖의 방법으로 검증될 필요가 있는데, 개인에게 영재성을 가졌다는 판단을 이끌어 내는 능력이나 성취력이 있어야만 한다. 단순하게 영재성이라고 주장하는 것으로는 충분하지 못하다. 따라서 모든 평가에서 매우 낮은 점수를 받고 다른 대안적인 방식으로 검증되지 못했다면, 특별한 능력을 가지고 있더라도 영재라고 하지 않을 것이다.

하지만 사용되는 평가도구는 반드시 타당해야 한다. 타당성은 각 도구가 측정하고자 하는 것을 제대로 측정한다고 믿을 수 있는 것이다. 예를 들어, 만일 새로운 지능검사에서 높은 점수를 받은 아동을 i′라고 표시한다면, 그 결과는 타당하지 않을 것이다. i′라고 점이 찍힌 지능의 측정은 받아들여지지 않는다. 혹은 구직자가 설득력 있게 이야기를 하고, 연구와 프리젠테이션에서 비상한 영재성을 보여 주었다고 가정해 보자. 그러나 그에게 내용에 대하여 질문했을 때 그가 심지어 단순한 질문조차도 대답을 하지 못하였다면, 청중(면접관)은 프레젠테이션의 내용이 구직자를 도와준 어떤 사람이 사전 조작한 것이라고 결론지을 것이다. 사실상 그는 자신이 무엇에 대하여 이야기하였는지 아무런 생각이 없다. 면접이 지원자를 측정하는 데 가치가 없을 수도 있는데, 이는 그의 재능을 실질적으로 반영하지 않았기 때문이다(또는 부족하기 때문이다.).

타당성에 관련된 쟁점은 최근에 지적 영재의 판별에 매우 중요하다. 과거에 많은 학교는 표준화된 지능검사에 만족했고, 학교에서의 점수와 성취검사 점수를 지적 영재를 판별하는 바탕으로 이용한 경우가 많았다. 그러나 검사의 중점이 수행과 산출물에 기초한 평가를 강조하는 쪽으로 점차 변해 감에 따라, 전통적인 측정의 타당성에 의문을 갖게 되었다(예, Gardner, 1983; Renzulli, 1986). 전통적인 측정도구를 사용해 영재라고 판별된 아동이 지금은 영재가 아닐 수도 있다. 영재성의 암묵적 이론은 변하지 않을 수 있지만, 영재성에 대한 검증 가능성으로 무엇이 타당한가 하는 것은 변할 수 있다.

가치 기준

가치(Value) 기준으로 영재라고 하는 것은 **개인이 사회의 가치를 두는 차원에서 최고의 수행을 보여 주어야 한다**는 것을 말한다. 가치 기준은 영재성과 관련하여 가치를 부여할 수 있는 특성을 영재성이라고 제한한다. FBI 체포 리스트의 1순위에 있는 사람은 하나 이상의 차원에서 최고일 것이고, 특히 악의적인 행위를 하는 능력은 희귀할 것이며, 요구한다면 증명해 보일 수 있을 것이다. 심지어 범죄 방법에서도 높은 생산성을 가지고 있을 것이다. 하지만 그가 매우 잘하는 것이 사회에서 가치 있는 것으로 여겨지지 않기 때문에, 대중은 그를 영재라고 여기지 않는다. 하지만 범죄자의 무리는 그를 영재라고 할 가능성이 높다. 오각형의 이론에서는 영재성의 기초로 높이 평가되는 것이 어떤 문화 또는 심지어 하위의 다른 문화에서는 다를 수 있다.

어찌되었건, 누가 영재성을 판단할 자격이 있는가? 모든 암묵적 이론이 좋다고는 할 수 없지만, 어느 누구나 할 수 있다는 것이다. 오각형 이론은 다른 장소나 다른 시대의 사람이 인간의 영재성 평가를 다르게 할 수 있다고 하였다. 만일 그렇다면, 우리는 영재가 누구인지를 정의하는 것에 대하여 특권의 위치를 주장하고 있는 것이 사실이다. 우리는 다른 것이 잘못되었기 때문에 또는 이러한 다른 것이 우리가 현재 가진 정보로 얻은 것이 아니기 때문에 우리의 가치가 옳다고 주장한다. 이러한 경우에 우리는 판단하기 위한 상위의 특권을 주장한다. 우리가 반드시 깨달아야 하는 것은 다른 시간 또는 장소에 있는 다른 사람도 같은 측면을 겪게 될 것이라는 것이다.

본질에 따른 암묵적 이론은 상대적이다. 사람의 개인적인 가치가 시간과 공간을 통해서 맞아 떨어질 것이라는 확실함이 없다. 하지만 암묵적 이론은 위에서 언급하였듯이, 영재로 정의하기 위한 최상의 실제적인 형식이나 구조를 제공한다. 엄격한 기준에 따라 판단을 하기 위하여 암묵적 이론에 내용의 추가가 필요하다. 이것이 명시적 이론의 역할이다.

명시적 이론의 역할

암묵적 이론은 분명히 상대적이다. 그 이유는 어느 특정 시간이나 장소의 가치에 기초하여 영재로 인식되기 때문이다. 사실상, 인식된다는 것은 시간과 문화에 달려 있다. 명시적 이론은 수월성, 희귀성, 생산성, 검증 가능성, 그리고 사회적 가치 척도에 대한 내용을 기술하고 있다. 따라서 명시적 이론은 영재가 무엇을 의미하는지에 대한 내용으로 되어 있다.

예를 들어, 지능을 생각해 보자. 우리는 암묵적 이론의 연구를 통해 어떤 사람이 지능이 높다는 것이 시간과 공간에 따라 차이가 있다는 것을 알았다(Berry, 1984; Serpell, 1974; Wober, 1974). 따라서 지능 때문에 영재라고 불리는 것은 시간과 장소에 달려 있다.

지능에 대한 명시적 이론은 단지 지능이 무엇인지를 기술하고, 사람이 실지로 지능적인가를 (주어진 명시된 이론에 따라) 측정된 개인의 기준에 따르게 될 것이다. 그러므로 '주어진 명시된 이론에 따라' 자격을 주는 사람이 중요하다. 판단은 명시적 이론과 관련되어 지금도 이루어지고 있고, 우리가 알고 있듯이, 이러한 이론은 다르다.

예를 들어, Gardner[3](1983)와 Sternberg[4](1985a)의 두 개의 현대적인 지능이론을 생각하여 보자. Gardner에 따르면, 음악 능력이 매우 뛰어난 개인은 음악 능력의 우월성에 따른 지적 영재다. Sternberg에 따르면, 음악에 재

---

3) 역자 주: Gardner는 인간의 지능은 똑같이 타고나지 않았으며 8가지의 서로 다른 지능이 개인별로 따로 존재한다는 다중지능이론을 제시하였다. 8가지 지능에는 언어지능, 음악지능, 논리–수학지능, 공간지능, 신체운동지능, 개인내적지능, 대인관계지능, 자연관찰지능이 있다. 그는 영재성이 8가지 지능마다 별도로 존재한다고 보았다.
4) 역자 주: Sternberg는 영재성을 자신이 제시한 성공지능(Succesful Intelligence)에 바탕을 두어 정의하였다. 성공지능은 분석지능, 창의지능, 실제지능으로 구성되어 있는데, 그는 이러한 지능이 어떻게 조합되는가에 따라 여러 가지 형태의 영재성이 나타날 수 있으며, 영재성이란 여러 지능이 조화를 잘 이룬 상태라고 정의하였다. 그리고 지금까지는 분석지능의 영재가 중심이었다면, 앞으로의 사회에서는 창의지능의 영재가 더 필요해질 것이라고 하였다.

영재성의 정의와 개념

능이 있는 사람이나, 혹은 누군가 특별한 능력에 대해 영재성이라는 용어를 사용하기를 바란다면, 비록 음악 영재가 더 많은 정보에 기초하여 개인적으로 지적 영재가 될지는 모르겠지만, 탁월한 음악 능력에 따른 지적 영재는 아니라는 것이다.

요약하면, 명시적 이론은 내용의 정의를 제공한다. 그러나 우리는 명시적 이론으로 도출한 판단이 여전히 남아 있다. 문제는 인간의 **영재성**을 이해하는 과학에서 우리에게 확실한 것이 없다는 것이다. 절대적으로 옳은 명시적 이론은 없고, 미래를 예견하는 것 또한 없다.

비록 확실하지는 않더라도, 암묵적 이론과 명시적 이론의 조화는 사람이 직관적으로 어떤 개인을 영재라고 명명할 때 사용하는 구조와 그들이 명명할 때 부여하는 객관적인 내용(또는 특별한 척도) 모두를 이해하는 데 도움을 줄 것이다. 그런데 이러한 내용의 척도는 반드시 능력만이 아니다. 예를 들어, Renzulli(1986)와 Feldhusen(1986)은 둘 다 영재성의 개념에 동기를 포함하였다.

자 료

오각형의 암묵적 이론은 영재성에 대한 사람의 직관을 실제적으로 파악하는가? 사람은 진짜로 다른 사람을 평가하는 데 이러한 기준들을 사용할까? 우리는 이 점을 살펴보기로 하였다. 우리의 연구방법은 두 부류의 연구대상자에게 암묵적 이론의 오각형의 개념에 대하여 검증하는 것이다. 다른 암묵적 이론의 연구(Sternberg et al., 1981)는 앞의 개념을 검증해 보지 않고, 연구대상자에게 고유의 범주를 만들어 보라고 요청하면서 오히려 모두 귀납적 방법으로 수행하였다. 연구의 올바른 접근방법은 없지만, 사람들의 암묵적 이론을 도출하기 위한 다양한 대안적 방법이기도 하다.

우리는 연구대상자에게 그들의 판단에 기여하는 암묵적 이론의 각 변수의 정도, 그리고 다양한 학교가 영재를 판별하는 데 사용하는 판단이라고 인식하는 것에 점수를 매기도록 하였다. 연구대상자는 아동의 사례연구 기술지를 받았고, 이러한 아동에게서 추정되는 영재성을 평가하였다. 이 연구는 사람이 오각형의 암묵적 이론에서 지정한 변수에 대해 가중치만을 평가하였다. 그리고 다른 대안적인 암묵적 이론에 따라 다른 변수들에 대해서는 평가하지 않았다. 오각형의 암묵적 이론은 영재로서 개인을 판단하는 데 사용된 모든 기준이 중요한 가중치를 제공할 것으로 예측하였다.

연구방법

두 집단의 연구대상자를 조사하였다. 첫 번째는 예일 대학교에서 지능이 높아 선발된 24명의 학생이 연구에 참여하였고, 1992년 봄에 연구가 이루어졌다. 연구대상자의 반은 남자였고, 반은 여자였다(남자와 여자의 집단에서 집단마다 반씩 나누어 남자와 여자를 평가하도록 하였다). 두 번째는 코네티컷에 사는 영재의 부모 39명에게 우편을 통해 조사하였다. 21명의 여학생과 18명의 남학생을 평가하였는데 이들에게는 아래와 같은 지시문이 제시되었다.

이 연구는 일반적인 사람이 영재에 대하여 어떻게 판단하는지를 살펴보는 것입니다. 영재를 위한 국가적인 프로그램이 곧 실행될 것이라고 상상하고 각 학교에서는 이 프로그램에 참여하기 위한 학생을 선발한다고 가정해 봅시다. 학교는 서로 다른 검사도구를 사용하고, 그들이 사용하는 검사에 대하여 얼마나 좋은지에 대해 다른 느낌을 가지고 있을 것입니다. 또한 학생이 제출한 독립된 프로젝트에 얼마만큼의 가치를 부여할 것인지의 기준도 다양할 것입니다. 아래의 짧은 묘사는 다른 고등학교의 같은 학년의 여학생/남학생입니다. 각각의 기술문은 6개의 정보를 포함하고 있습니다.
각각의 여학생/남학생은 국가적인 표준화 검사를 받았습니다. 국가적으로 이 검사의 점수는 '좋음' '아주 좋음' '중간' 등으로 기술됩니다. 두 번째 정보는 여학생/남학생의 학교에서의 학생과 비교된 각 학생의 위치입니다. 따라서 검사 결과 여학생/남학생의 학교에서는 상위 10% 안에 들어갈 수 있으나, 국가적으로는 50% 안에 들어갈 수밖에 없습니다. 또한 당신은 각 학생의 성취에 대한 정보를 받게 됩니다. 학생은 그들의 개별 프로젝트를 제출할 것을 요구받았습니다. 이러한 개별 프로젝트는 매우 높은 양질의 것만이 제출받기 위하여 사전에 질적으로 차단되었습니다. 제공된 숫자는 0에서 5까지 다양합니다. 당신은 이 지침서를 읽고 난 뒤 아래에 기술된 범위의 숫자를 선택하고, 주어진 삽입구 안에 써 주십시오. 두 개 세트의 삽입구는 아래에 각각 기술되어 있습니다.

첫 번째 삽입구에서는 '**학교의 판단**'이란 단어가 나오는데, **학교**에서 영재를 판별하는 것이 당신이 생각하는 것과 **얼마나 유사한지**를 평가하여 숫자를 적어 주세요. 두 번째 삽입구에서는 '**나의 판단**'이란 단어가 나오는데, **당신이 개인적으로** 영재를 판별하는 것이 **얼마나 가능한지**를 평가하여 숫자를 적어 주세요. 기준에 대한 당신의 평가가 학교의 기준과는 일치하거나 일치하지 않을 수 있기 때문에, 당신의 판단이 학교의 판단과는 일치할 수도 일치하지 않을 수도 있습니다.

범위: 1 = 거의 확실히 아님
2 = 아마도 아님
3 = 어쩌면 아님
4 = 어쩌면 맞음
5 = 아마도 맞음
6 = 거의 확실히 맞음

여기에 사례 문항이 있습니다.
1. Bader 창의성 검사에서 버나다인의 점수는 좋았다.
2. 이 점수는 그녀의 학교에서 상위 20% 안에 든다.
3. Bader 창의성 검사는 학생의 영재성의 성취를 예언하는 데 40%로 정확하다.
4. 학교는 Bader 창의성 검사가 영재성을 측정하는 데 보통 정도라고 생각한다.
5. 버나다인은 4개의 개별 프로젝트를 제출하였다.
6. 학교는 개인 프로젝트가 영재성 측정을 매우 훌륭하게 한다고 믿고 있다.

학교의 판단 (4), 나의 판단 (6)

각 학생은 학교의 관점과 여학생/남학생의 고유의 관점, 즉 두 개의 관점에서 평가된다는 것을 주의하여야 한다. 또한 기술된 것들은 이름을 제외하고는 남학생과 여학생에 대해서 항목이 일치한다.

Bader 창의성 검사에는 모든 항목이 포함되지 않았다. 사실상, 각각의 항목은 다른 검사에 포함된다. 비록 검사의 이름이 다를지라도, 단지 6개의 구성요인이 포함되어 각 항목이 똑같이 균형을 이루었다. 창의성, 지능(예, the Hunter Intelligence Test), 사회적 기술(예, the Perkins Social Skills Test), 동기부여(예, the Bradeley Motivation Test), 그리고 성취(예, the Swanson Achievement Test)로 되어 있다. 모든 검사의 이름은 새로 만들어졌다(즉, 진짜 검사와 일치하지 않는다.).

이러한 실험은 각각의 기술문의 6가지 독립 변인에서 영재로 판별되는 학생(종속 변인)의 가능성에 대한 평점을 예측하기 위하여 중다회귀분석이 사용되도록 설계되었다. 오각형의 암묵적 이론에 기초하여, 6가지 독립 변인은 (a) 수월성(문장 1), (b) 희귀성(문장 2), (c) 생산성(문장 5), (d) 검증 가능성(즉, 타당성) (문장 3), (e) 가치(문장 4, 6)에 있다. 따라서 어떤 기준에 대한 유의한 회귀계수는 영재성의 판단에 사용할 수 있다는 것을 의미한다.

표 2-1 중다회귀분석 요약: 학생 연구대상자

평점(기술문)	β (표준화 회귀계수)			
	여학생 – 학교	여학생 – 자기	남학생 – 학교	남학생 – 자기
수월성(1)	.32***	.73***	.28***	.55***
희귀성(2)	.45***	.38***	.25**	.23***
생산성(5)	.37***	.22***	.44***	.58***
검증 가능성(3)	.00	.13**	.03	.28***
가치(4)	.49***	.26***	.50***	.19***
가치(6)	.26***	.10*	.28***	.07
R^2	.78***	.91**	.68***	.87***
RMS 오차	.46	.33	.60	.38

*$p < .05$, **$p < .01$, ***$p < .001$
($N = 24$ 학생 평가, 여학생 21명, 남학생 18명)

표 2-2 중다회귀분석 요약: 부모 연구대상자

평점(기술문)	β (표준화 회귀계수)			
	여학생 – 학교	여학생 – 자기	남학생 – 학교	남학생 – 자기
수월성(1)	.33***	.53***	.34***	.49***
희귀성(2)	.29***	.35***	.24**	.37***
생산성(5)	.34***	.50***	.44***	.67***
검증 가능성(3)	.02	.25***	.00	.11**
가치(4)	.50***	.28***	.43***	.18***
가치(6)	.44***	.20***	.35***	.13**
R^2	.76***	.90***	.68***	.91***
RMS 오차	.49	.33	.66	.26

*$p < .05$, **$p < .01$, ***$p < .001$
($N = 39$ 부모 평가, 여학생 21명, 남학생 18명)

연구결과

24명의 학생 연구대상자의 6점 척도에 대한 전체 평균은 여학생이 4.26(학교 평점), 4.13(자기 평점), 남학생은 4.15(학교 평점), 4.15(자기 평점)이다. 남학생과 여학생의 평균은 유의한 차이는 없었다. 39명의 부모 연구대상자의 경우 비교 평균은 각각 3.99, 4.18, 3.85, 4.08이었다. 그러나 여기에서 가장 흥미로운 것은 중다회귀분석의 결과다. 결과는 〈표 2-1〉과 〈표 2-2〉에 잘 정리되어 있다. 실질적으로 두 연구대상자의 결과는 유사하다.

중다회귀분석은 오각형의 모형이 자료에 적합한지에 대한 검증이다. (a) R^2(오각형의 암묵적 이론에서 각각의 독립 변인과 영재성의 평점이 제곱된 다중상관) 값이 범주(0~1까지의 범위) 안에서 높았고 통계적으로도 유의하다. (b) 각 독립 변인에 대응하여 β 가중치가 통계적으로 유의하다. 유의하지 않은 β 가중치는 오각형의 암묵적 이론에 대한 판단 변인이라고 설명될 수 없다.

수월성, 희귀성, 생산성 그리고 검사의 가치는 모든 중다회귀분석에서 통계적으로 유의한 회귀가중치를 보여 주고 있다. 개인의 프로젝트에 대한 가치가중치는 하나의 회귀를 제외하고 모두 통계적으로 유의하였다. 남학생과 여학생의 평가에 대한 가중치의 패턴은 유사했다. 흥미롭게도 연구대상자는 그들의 평가에 대해서는 타당(검증 가능성)하다고 하였으나, 학교는 그렇지 못하다고 하였다. 또한 연구대상자는 학교보다 수월성을 더 많이 고려하였고, 반면에 가치에 대한 학교 체제는 연구대상자가 평점을 하는 것보다 학교가 가치를 더 중요하게 여기고 있음이 분명했다.

전체적으로 예언 수준은 설명계수가 .68(다중상관 .82에 비하여)~ .91(다중상관 .95에 비하여)로 매우 높았다. 이러한 수준은 학교 평점보다 자기 평점이 약간 더 높았다는 것이고, 이는 연구대상자가 학교에 대한 암묵적 이론보다는 자신의 암묵적 이론을 더 잘 알고 있다는 것을 의미한다.

이러한 결과는 일반적으로 오각형의 암묵적 이론과 일치한다. 이는 평가할 때 이론의 5가지 관점에서 고려할 것을 제안하고, 학교에서는 검사도구의 타당성(검증 가능성)을 제외한 모든 관점을 고려해야 함을 의미한다. 물론 피험자의 인원이 제한되었으며, 우리는 다른 연구원과 함께 후속 연구를 계획하고 있다.

교육 실제에 대한 함의

오각형 이론이 명시적 이론과 조합하여 영재교육에 대하여 제기되는 판별과 교육에 대한 표준적인 질문에 얼마나 도움이 되는지를 고려해야 한다. 오각형의 이론은 이러한 질문에 직접적으로 답을 주지는 않으나, 답의 방향을 제시하여 준다. 오각형의 암묵적 이론과 특별한 명시적 이론 간의 결합의 사용을 원하는 사람은 그렇게 하는 것을 원하겠지만, 정확히 어떠한 접근법을 취해야 하는지에 대한 것은 이 논문의 목적이 아니다. 영재성의 존재에 대한 명시적 이론은 많이 있는데, Gardner의 다중지능이론(1983)부터 Sternberg의 삼원이론(1985a), 그리고 Stanley의 속진모형(1976)부터

Renzulli의 심화모형(1977)까지 있는데, 이러한 명시적 이론은 추후에 Sternberg와 Davidson(1986)이 논의하였다.

몇 퍼센트의 아동이 영재로 판별되어야만 할까?

이러한 질문은 하나의 옳은 답이 있음에도 불구하고 자주 제기된다. 물론 정답은 없다. 오각형의 이론은 종종 혼동되는 개념이기는 하지만, 반드시 구분되어야 하는 두 가지 구성개념인 수월성과 희귀성이 이러한 질문에 도움이 된다.

기준에 기초한 측정의 사용, 즉 실제적으로 두 개가 동등하게 사용되는 점은 우리를 혼란스럽게 만든다. 우리는 1년간 우수반에서 학생을 가르쳤고 대부분의 많은 학생이 매우 높은 수준의 성취를 하였다. 그 다른 해에는 열등반을 가르쳤으며, 소수만이 성취를 잘하였다. 기준에 기초한 측정은 수월성과 희귀성의 혼란을 피할 수 있게 한다. 우리는 판별의 '옳은' 퍼센트에 대한 질문에 대답하기 위해 기준에 기초한 용어를 생각해 볼 필요가 있다.

오각형의 이론을 사용하는 하나의 방법은 미리 설정된 수월성의 기준을 충족시키기 위해 어떤 기준상의 성취를 한 학생의 몇 퍼센트가 영재로 판별되는지와 누구에게 특별한 서비스를 제공해야 하는지에 대한 자원을 제시하는 것이다. 이것으로 우리는 학생의 능력뿐만 아니라, 이러한 학생에게 서비스를 제공하는 우리의 능력에도 영향을 미칠 판별의 제한점을 알게 될 것이다.

우리는 희귀성과 별도로 수월성을 고려해야 하며, 실제로 매우 잠재력이 높은 학생 모두에게 서비스를 제공할 능력이 없기 때문에, 부분적으로는 희귀성을 찾아야 한다는 것을 알아야 할 것이다.

영재를 판별할 때 어떤 구성개념이나 측정을 사용해야 할까?

오각형 이론에서 옳은 구성개념 또는 측정이 없다는 것, 심지어 우리가 사용해야 하는 구성개념이나 측정의 세트조차도 없다는 것이 명백해졌다. 오히려 우리가 그동안 이런 식으로 해 온 방식 때문에 단순히 그렇게 한다는 것보다는, 우리가 가치 있게 생각하는 것과 이유를 명시적으로 기술할 책임이 있다. 만일 우리가 생산적인 방식으로 자신과 타인, 사회에 기여할 수 있는 개인적 잠재력을 고려한다면, 잠재적으로 생산적인 개인의 판별에 사용할 수 있는 측정도구를 정의해야 한다.

가장 최소한으로 상위인지적으로 인식하는 영재 프로그램의 개발자는 과거에 영재를 판별하는 데 사용했던 어떠한 측정도구를 단순히 계속 사용하는데, 이는 성찰과 자기인식의 부족 때문이다. 그것을 단계 Ⅰ 프로그래머라고 부른다. 단계 Ⅱ 프로그래머는 이론과 과정을 좀 더 인식하고, 영재성에 대한 어떤 특별한 명시적 이론에 의존하여 사용할 수 있으며, 권위적인 이론가의 말을 인용할 수 있다. 이러한 프로그래머는 다른 대안적인 것을 고려한다. 단계 Ⅲ 프로그래머는 더욱 상위인지적으로 인식하고, 왜 그들이 특별한 이론이나 전통적인 기법을 사용하는지에 대해서 어떤 이론에 기초하여 명백하지는 않지만 변론할 수 있다. 하지만 가장 사려 깊은 단계 Ⅳ의 프로그래머는 단순하게 주변에서 일어나는 어떠한 것에도 의존하지 않으며, 정당화하여(또는 정당화하지 않고) 그들이 진정으로 가치를 두는 개념을 가지게 되고, 가치들의 체계화를 인식하는 것을 돕기 위하여 명시적 이론이나 이러한 이론의 조합을 찾을 것이다. 단계 Ⅳ 프로그래머는 영재를 자동적으로 판별하게 도와주는 명시적 이론의 사용의 이론이나 이론들(지능이나 창의성과 같은)의 구성개념뿐만 아니라 판별을 결정하는 사람의 가치가 무엇인지에 대하여 도움이 된다는 것을 알고 있다.

어떤 종류의 교육 프로그램이 영재에게 이상적일까?

오각형 이론의 관점에서 살펴볼 때, 영재를 위한 최고의 프로그램에 대한 논쟁은 다른 성격이다. 어떤 종류의 프로그램이 최고인가에 대한 질문에 정답은 없다. 오히려 우리가 가치를 두는 것이 무엇인가에 대해 다시 질문해야 한다. 우리가 속진학습에 가치를 둔다면 속진학습자가 사회에 기여할 수 있는 높은 위치에 있게 될 것으로 믿을 것이다. 그렇게 된다면 속진학습은 이해가 된다. 만일 우리가 학습한 것을 증명하기 위해 깊이 있는 심화를 고려한다면, 심화학습이 더 바람직할 것이다. 만일 두 개 모두가 가치가 있는 것이라면 우리는 두 개의 조합을 사용할 것이다. 우리가 무엇을 하든지, 교육적인 프로그램 안에서 표현되는 가치는 판별 프로그램에서 표현되는 가치와 같아야 한다. 만일 우리가 속진학습자를 선택하였다면 우리는 그와 같이 학습시켜야 한다. 우리의 가치가 무엇인지를 확실하게 하면, 우리는 그것에 맞추어서 행동해야 한다.

결론적으로 오각형의 암묵적 이론은 영재성을 어떻게 명명하는지에 대한 이해의 기초를 제공한다. 암묵적 이론은 이러한 판단을 지원하는 구조를 제공한다. 명시적 이론은 가능하고 대안적인 내용으로 채워져 있다. 명시적 이론과 마찬가지로 암묵적 이론을 이해함으로써, 우리는 영재성의 의미에 대해 보다 잘 이해할 수 있으며, 심리학 또는 교육학 이론가가 강조하는 것뿐만 아니라 영재성에 대하여 일상적인 결정을 하는 사람을 이해할 수 있다. 교육자는 역시 이론가이고, 그들은 우리의 삶과 어린이의 삶에 많은 영향을 미친다.

🖉 참고문헌

Berry, J. W. (1984). Towards a universal psychology of cognitive competence. In P. S. Fry (Ed.). *Changing conceptions of intelligence and intellectual functioning* (pp. 35-61). Amsterdam: North-Holland.

Duck, S. (1991). *Understanding relationships*. New York: Guilford.

Feldhusen, J. F. (1986). *A conception of giftedness*. In R. J. Sternberg & J. E. Davidson (Eds.). *Conceptions of giftedness* (pp. 112-127). New York: Cambridge University Press.

Gardner, H. (1983). *Frames of mind: The theory of multiple intelligences.* New York: Basic Bools.

Renzulli, J. S. (1977). The enrichment triad model: A guide for developing defensible programs for the gifted and talented. Mansfield Center. CT: Creative Learning Press.

Renzulli, J. S. (1986). The three-ring conception of giftedness: A developmental model for creative productivity. In R. J. Sternberg & J. E. Davidson (Eds.), *Conceptions of giftedness* (pp. 53-92). New York: Cambridge University Press.

Serpell, R. (1974). Aspects of intelligence in a developing country. *African Social Research, 17,* 576-596.

Stanley, J. C. (1976). The case for extreme educational acceleration of intellectually brilliant youth. *Gifted Child Quarterly, 20,* 66-75.

Sternberg, R. J. (1985a). *Beyond IQ: A triarchic theory of human intelligence.* New York: Cambridge University Press.

Sternberg, R. J. (1985b). Implicit theories of intelligence, creativity, and wisdom. *Journal of Personality and Social Psychology, 49,* 607-627.

Sternberg, R. J., Conway, B. E., Ketron, J. L., & Bernstein, M. (1981). People's conception of intelligence. *Journal of Personality and Social Psychology, 41,* 37-55.

Sternberg, R. J., & Davidson, J. E. (Eds.). (1986). *Conceptions of giftedness.* New York: Cambridge University Press.

Tannenbaum, A. J. (1986). Giftedness: A Psychosocial approach. In R. J. Sternberg & J. E. Davidson (Eds.), *Conceptions of giftedness* (pp. 21-52). New York: Cambridge University Press.

Wober, M. (1974). Towards an understanding of the Kiganda concept of intelligence. In J. W. Berry & P. R. Dasen (Eds.), *Culture and cognition: Readings in cross-cultural psychology* (pp. 261-280). London: Methuen.

주류로의 이동?
영재성 연구에 대한 반성[1]

Nancy Ewald Jackson(University of Iowa)

이 연구는 영재성에 대한 연구와 주류의 심리학적 · 교육학적 연구를 더 많이 연계시키기 위한 노력에 대한 요구다. 대부분의 주류 연구자는 영재성에 대한 문헌에 큰 관심을 보이지 않았으며, 또한 이 분야의 학술지에도 무관심해 왔다. 그러나 지금까지 영재성에 대한 연구들은 주류 이론에 기여해 왔으며, 또한 주류 이론의 발전에도 특별한 역할을 하였다. 주류 연구와 추후 통합을 위한 장애물을 극복하기 위한 전략이 제시되었다.

오랫동안 영재성 연구를 해 온 우리는 우리 연구에 대한 관심이 확대되는 것에 대해 기뻐하는 이유가 있다. 미국심리학회는 영재성에 관련된 일련의 학회와 책을 후원해 왔다(Horowitz & O'Brien, 1985). 『Journal of Educational Psychology』(1990)의 한 장에서는 우리 분야의 연구에 관심을 기울였다. 또한 우리는 몇몇 저명한 동료 연구자의 관심을 끌어 왔다. 1970년대 초반에 Julian Stanley가 제시한 추세에 따르면, 다른 분야에서 현저한 성과를 올린

---

1) 편저자 주: Jackson, N. E. (1993). Moving into the mainstream? Reflections on the study of giftedness. *Gifted Child Quarterly, 37*(1), 46-50. ⓒ 1993 National Association for Gifted Children. 필자 승인 후 재인쇄.

탁월한 연구자가 영재성 연구로 전향해 가는 경향이 있다고 하였다. 예를 들어, Robert Sternberg(Sternberg & Davidson, 1986), Frances Horowitz (Horowitz & O'Brien, 1985) 그리고 John Burkowski(Burkowski & Day, 1987) 등의 학자의 연구는 영재성 분야의 연구에 크게 영향을 주었다. 이는 그들 연구의 질 때문만이 아니라 이 학자들의 국가적이고 세계적인 탁월성이 심리학과 교육학의 주류 학회지와 여러 기관 단체의 목소리를 우리에게 전달해 주었기 때문이다(예, Horowitz & O'Brien, 1989; Sternberg & Davidson, 1983). 하지만 영재성 분야는 아직도 우리가 연구자로서, 학자로서, 그리고 학술회원으로서 몸담고 있는 큰 규모의 과학 공동체에 대한 주변부의 한 분야일 뿐이다. 따라서 이 논문의 목적은 우리 연구를 더욱 크게 통합하여 주류로 나아가는 것이 바람직하다는 것을 제안하고, 이러한 통합을 방해하는 장애물을 극복할 수 있는 방법을 검증하는 것을 제언하고자 한다.

우리는 아직도 침체 상태인가?

영재성에 관한 심리학·교육학적 연구는 정신지체나 학습장애에 관한 연구에 비해 지위가 낮다. 이는 John Burkowski와 Jeanne Day가 이 세 분야(정신지체, 학습장애, 영재성)의 문헌을 통합적으로 고찰하여 발행한 두 권의 책에 명백히 드러나 있다(Burkowski & Day, 1987; Day & Burkowski, 1987; Jackson, 1988). 이 책의 각 장을 쓴 대부분의 저자는 정신지체나 학습장애에 관한 전문가였으나, 편집자는 모든 저자에게 위 세 분야의 문헌을 종합하여 집필하라고 하였다. 영재성에 관한 글을 한 번도 집필해 본 경험이 없었던 저자는 이 주제에 관해 피상적이고 부분적인 정보만을 제공했을 뿐이다. 두 권의 책에 제시된 총 14개의 장에 수록된 방대한 양의 참고문헌 목록 중, 『Gifted Child Quarterly』와 같은 영재성에 관한 저널에서는 오직 11개의 논문만이 인용되었다. 반면 대조적으로 『American Journal on Mental

Retardation(이전 명칭: American Journal on Mental Deficiency)』과
『American Journal of Learning Disabilities』와 같이 정신지체나 학습장애에 초점을 맞춘 저널에서는 셀 수 없을 정도로 많은 논문들이 인용되었다.

또한 최근 발행되고 있는 경험적 연구를 다룬 주류 저널에서도 영재성에 관한 저널의 인용은 매우 드물다. 예를 들면, Swanson(1990)이 영재와 일반 학생의 상위인지적 지식과 문제해결 능력을 비교한 연구에서는 영재성에 관련된 논문이나 학술지를 하나도 인용하지 않았다. 또한 영재와 평재, 그리고 수학적 장애아동의 인지적 덧셈에 관한 Geary와 Brown(1991)의 연구에서도 Horowitz와 O'Brien(1985), 그리고 Sternberg와 Davidson(1986)의 책에 포함된 여러 장에 대한 언급은 세 번이나 있었지만, 영재성에 관한 저널에 대한 언급은 전혀 없었다.

영재성 분야가 아직도 부수적인 학문 분야로 주변적인 지위를 갖고 있다는 것을 드러내 주는 또 하나의 신호는, 영재성 분야를 연구하고 있을 것으로 여겨지는 몇몇 사람이 영재성 분야 관련 저널이 발행되고 있는지, 심지어 자신이 영재성에 대해 관심이 있는지조차 인식하지 못한다는 것이다. 최근에 영재성 연구에 심혈을 기울이고 있는 한 학회에서 Dean Simonton이라는 한 발표자는 자신을 영재성(giftedness)이 아닌 탁월성(eminence)을 연구하고 있는 주변 사람이라고 소개했다(Simonton, 1992). 이러한 자기지각과 일관되게, Simonton은 자신의 논문 「The Child Parents the Adult: On Getting Genius From Giftedness」에 수록된 68개의 참고문헌 중 『Gifted Child Quarterly』에 게재된 논문(자신의 것)에서 오직 1개의 인용문만을, 또한 『Journal of Creative Behavior』에서 3개(이 중 2개는 그의 논문)의 인용문만을 포함하고 있다. Simonton은 아마도 자신의 연구를 영재성의 발달과 관련된 훌륭한 연구로서의 역할보다는 주류 심리학적 연구와의 관련성을 강조하면, 더욱 광범위하고 좀 더 지지적인 독자층을 확보할 것이라고 생각했을 것이다.

영재성에 관한 몇 가지 연구는 다른 연구보다 주류 학자가 수용하기에 더

욱 용이할지도 모른다. Simonton의 탁월성 발달에 관한 연구에서는 탁월한 과학자와 예술가의 직업적 생산성과 같은 현상을 다루었는데, 이는 내적으로 흥미롭기 때문에 큰 호감을 샀다. 하지만 Borkowski와 Day가 그들의 통합적 고찰이 담긴 책에서 제기한 좀 더 근본적인 논쟁은 주류 학자가 수용하기에 어려울지도 모른다(Borkowski & Day, 1987). Borkowski와 Day는 다른 사람(Jacson & Butterfield, 1986; VanTassel-Baska, 1991)과 같이, 특별한 영재성을 지닌 아동에 관한 연구에서 종합적인 이론이 파생될 수 있는 다양한 특수 집단을 다룬 문헌의 본질적인 요소를 고찰해 봐야 한다고 제안하였다.

영재성 연구를 통해 일반적 원리 또는 다른 특수 집단에 대해서도 학습할 수 있다는 우리의 주장은 상당한 회의론과 맞닥뜨릴 수도 있다. 예를 들면, 나와 한 동료는 최근에 우리가 『Exceptional Children』의 출판을 위해 제출했던 한 조숙한 독자에 대한 어떤 사례연구(Jackson & Henderson, 1991)에 관해서 사려 깊고 건설적인 비평을 받았다. 그 익명의 비평가는 특수 영재 학습자에 관한 연구가 학습의 개인차의 모든 범위를 설명해 주는 일반적 원리를 이해하는 데 공헌을 할 수 있다는 우리의 주장에 대해 의혹을 품었다. 오히려 이 비평가는 다음과 같이 주장하였다. "일반적으로 발달에 관해 알려진 '일반론'은 거의 없지만, 수학, 음악, 운동능력 또는 이러한 영역 특수적인 능력의 발달상 성숙도가 높은 아동들에 관한 체계적인 연구는 많이 있다…. 하지만 무엇보다도 슬픈 사실은 우리가 인간의 발달과 지능의 난해성과 복잡성에 대한 올바른 인식을 강화해 나가는 동안, 조숙(precocity)에 관한 연구가 사회 공통적으로 나타나는 흥미로운 현상에 관한 연구라는 점이 거의 드러나지 못했다는 점이다." 유사하게도, 주류 개발 저널(development journal)의 비평가 또한 조숙한 독자와 평범한 독자 간의 차이를 이해하는 것이, 우리가 부진하거나 장애를 지닌 독자를 이해하는 것을 도와줄 것이라는 주장을 부인하면서 다음과 같이 말했다. "만약 어떤 사람이 부진한 독자를 이해하고자 한다면, 그 사람은 부진한 독자를 직접 연구해 봐야 한다."

영재성의 정의와 개념

우리가 공헌한 것

영재성에 관한 연구와 주류 이론의 잠재적인 큰 연관성을 인식하는 데 실패한 초보 연구자나 숙련된 연구자는 행동과학의 생명력을 위협하는 근시안적인 안목을 채택함으로써 중요한 연관성을 인식하지 못하고 놓쳐 버렸다(Bevan, 1991). 영재와 영재의 수행에 관한 연구는 모든 인간행동을 설명하기 위한 목적을 지닌 이론에서 개인차의 검증은 언제나 적절하다. Cronbach(1975)와 Underwood(1975)는 만약 우리가 우리의 이론이 평균적인 행동양상과 개인차 모두를 설명할 수 있다는 것을 보여 주기만 한다면, 우리는 심리학적 현상에 대한 우리의 이해에 대해 더 큰 자신감을 가질 수 있다고 강력하게 주장했다. 몇몇 지능과 성취에 관한 연구자는 이 주장에 대해 즉각적인 반응을 제기해 왔다. 예를 들면, Sternberg(1985), Gardner(1983), 그리고 Csikszentmihalyi와 Robinson(1986)과 같은 학자는 영재성의 분석에 크게 영향을 미치는 지능과 동기에 관한 일반적인 이론을 제안하였다.

영재성 연구는 이론이 검증되는 집단의 다양성을 증가시키는 다른 방법을 제안하기보다 오히려 영재성에 관한 이론을 주류로 통합시키는 것을 제안한다. 영재와 영재의 수행에 대한 특별한 속성은 영재성을 연구하는 연구자에게 다음과 같은 어떤 특별 기회를 제공해 준다.

영재와 영재의 성취는 문서로 잘 정리되어 있으며 접근이 용이하다. 탁월한 사람의 직업 궤도에 관한 Simonton(1992)의 연구는 영재 집단을 대상으로 하는 연구에 한 가지 중요한 이점을 예시해 주었으며, 심지어 전 생애 직업 생산성(life-span career productivity)과 같이 흥미로운 현상 또한 그 집단 전체와 관련성을 지닌다는 것을 설명해 주었다. 영재의 뛰어난 성취 업적은 공적인 기록이나 위인전 또는 자서전 등에 문서화되는 경향이 있다. 그러므로 우리는 위와 같은 자료를 통해 별로 이례적이지 않게 성공한 사람에 대한 비용 효율적인 내성법적 연구에서처럼 대답될 수 없는, 탁월한 개인의 삶에 대한 질문에 답할 수 있게 된다. 탁월성에 대한 연구에서 파생된 직업 발달에 관한 이론은 보편적으로 사람에게 일반화되기 전에 또 다른 검증이 요구된다. 반면, 일생이 잘 문서화된 집단을 대상으로 이론을 발전시켜 나간다면 막대한 비용과 노력을 절약할 수 있을 것이다.

심지어 탁월성을 획득하지는 못한 영재 또한 협조적이고 충실한 경향을 보이며, 추적 가능한 연구대상자다. 그러므로 영재 집단에 관한 장기간 종단 연구를 통해 수집된 자료는 연구 참여자의 손실에 따른 왜곡이 비교적 적기 때문에 특별한 가치를 지니는 경향이 있다. 예를 들면, Terman의 연구는 초기(Terman & Oden, 1947)에서 후기 성인기(예, Tomlinson-Keasey & Little, 1990)를 표본 대상으로 하여 다른 집단으로의 일반화를 위해 검증될 수 있는 초기 가족 환경과 후기 생산성과의 관계를 제시했다.

오직 영재 집단에서만 가장 극적으로 발생하는 몇 가지 현상이 있다. Dweck와 동료들(1986)이 수행한 성취동기의 **성차에 관한 연구**는 일반적으로 이론적이고 실질적인 관심에 대한 현상, 예를 들어 부적응적인 귀인 패턴 같은 현상이 어떻게 영재 집단에서 가장 극적으로 명백히 드러나는지에 대한 연구를 통해 가능한 많은 사례 중 하나를 제공하였다. 여성 영재가 성취 상황에서 무기력한 학습 양상을 보여 주는 경향은 그 자체로도 매우 강력한 영향력을 지니는 현상이지만, 이는 또한 영재성에 관한 어떤 종합적인 이론 내에서 설명되어야만 한다. 여성 영재가 과거의 높은 성취 경험에도 불구하고 미래의 성공에 대한 자신감이 결여되어 있을지도 모른다는 연구결과의 보고는 성취동기의 발달에서 사회적 피드백과 인지적 요인이 얼마나 중요한가에 대하여 광범위한 관심을 불러일으킨다. 유사하게, 영재의 수학적 성취에서의 성차에 관한 Benbow(1988)의 연구에서도 남성 영재가 학습 프로그램에서 중도탈락할 위험성이 항상 더 큰 것이 아님을 증명하였다.

영재성의 정의와 개념

영재성 연구는 성공적인 성취의 필요 조건에 대한 가설을 검증할 수 있다.
유년기의 영재성은 종종 조숙한 성취를 의미하는데, 영재에 관한 연구는 성숙기의 한계 범위 또는 경험적 조건에 관한 가설과 양립할 수 없는 성취의 존재를 증명함으로써 발달심리 연구 내에서 특별한 역할을 수행해 왔기 때문이다. 예를 들면, 어린 체스 신동과 체스를 전혀 접해 보지 않은 어른을 대상으로 체스 말의 위치를 기억해 내는 암기력을 비교연구한 Chi(1978)의 연구는 발달심리학이나 교육심리학의 모든 교과서에서 언급되고 있다. Chi는 어떤 정보를 잘 회상하기 위해서 반드시 성숙한 어른이 될 필요는 없다고 하였다. 단지 그 사람이 암기하도록 요구받은 어떤 종류의 정보를 잘 다룰 줄 아는 것이 필요하다고 하였다. 그녀의 연구는 모든 능력 수준의 학습자에 대한 교육을 교대로 촉진시키는 기억과 이해에 관한 이론의 필수적인 연구다.

조숙한 읽기의 발달에 관한 연구 또한 성공적인 수행을 위한 필수 조건 또는 필수 기술의 필연적 관계에 관한 가설을 수반하는 종합적인 이론에 대해 영재성 연구가 어떻게 공헌할 수 있는지에 대한 실례를 제공해 준다. 그 증거가 여러 문헌이나 논문(예, Healy, 1982; Scarborough, 1990)에 걸쳐 분산되어 있음에도 불구하고, 읽기과 말하기(oral language)의 능숙함은 종종 서로 가깝게 연결되어 있는 총체적인 능력으로 표출된다(예, Smith, 1971).

하지만 Crain-Thoreson과 Dale(1992)은 2세 때 말하기 능력에서 조숙함을 나타낸 아동이 4세 때 조숙한 독자가 되는 경향을 보이지 않는다는 점을 밝혀냈다. 이와 유사하게, 굉장히 어린 시기에 독서를 시작한 아이가 때로는 언어적 지능(Verbal intelligence)에서 중간 또는 평균 이하인 경우도 있었다 (Jackson, 1992; 인쇄 중).

영재와 평재의 비교는 평재와 둔재의 차이의 의미를 명확히 설명한다. 아동 발달의 개인차 연구는 종종 평재와 둔재 간의 차이에 초점을 맞춰 왔다. 하지만 이처럼 능력의 연속선상에서 오직 하위의 차이점만을 규명하는 것은 그 차이의 발생 원인과 본질에 관한 많은 의문을 노출시킨 채 방치하는 것이다. 개인차의 연구 범위가 상위 수준의 능력까지 확장되는 것은 특별히 유용하다. 왜냐하면, 낮은 성공적 수행과 적당한 성공적 수행을 구별짓는 요인은 적당한 성공적 수행과 영재의 수행을 구별 짓는 요인과 서로 같거나 다를 수도 있기 때문이다. 이러한 패턴을 아는 것은 장애와 영재성을 이해하는 데 중요할 것이다.

여러 연구자가 제기한 질문 중 하나는(Jackson, 인쇄 중) 어떻게 조숙한 독자의 특별한 강점이 읽기 장애를 지닌 사람에게서 규명된 약점과 연관이 있는가다(예, Rack, Snowling, & Olson, 1992; Scarborough, 1990). 조숙한 독자의 강점이 읽기 장애를 보이는 사람의 결함을 완벽히 반영하는가? 아니면 능력의 전 범위에 걸쳐 나타나는 개인차의 패턴은 좀 더 복잡한 것인가? 그 패턴이 함축하고 있는 점이 무엇이든, 읽기 장애를 좀 더 넓은 맥락 속에서 고려하는 것이 읽기 장애를 지닌 사람의 결함에 대한 가능성 있는 원인과 그 의미를 명백히 하는 데 도움이 될 것이다. 예를 들면, 부진한 독자는 종종 읽는 속도가 특히 느리다는 것이 발견되었다(Breznitz, 1987). 이러한 기술 부족이 읽기 장애를 지닌 사람이 다른 모든 독자와 질적으로 현저하게 다르게 나타나도록 만드는 그 무엇인가(Stanovich, Nathan, & Zolman, 1988)? 아니면 읽기 장애를 지닌 사람이 받은 어떤 종류의 읽기 학습교육의 결과인가? 현저하게 느린 읽기 속도가 전체적으로 읽기 장애를 지닌 사람의 문제점에 대해 어느 정도 기여하는가? 조숙한 독자에 대한 직접적인 연구만으로는 이러한 질문에 대답할 수 없다. 하지만 만약 어떤 사람이 조숙한 독자의 책 읽는 속도가 현저하게 빠르다는 사실을 인지한다면, 이 문제의 해결에 대한 색다른 서광이 비칠 것이다(Jackson, 인쇄 중). 조숙한 독자에 대한 이러한 연구결과는 지문을 읽는 속도가 개인차의 전 범위에 걸쳐 나타나는 읽기의 발달과 중요한 상관관계를 지닌다는 것을 시사하며, 간접적으로는 읽기 능력이 부족하거나 읽기 장애를 지닌 사람은 읽기 속도를 향상시키기 위해 도움을 받는 방식의 교육을 받아야 한다는 주장을 지지한다(Breznitz, 1987).

보다 강력한 연계를 위한 장애물 제거하기

위에서 논의된 반증의 사례는 영재성 연구가 일반적인 현상에 대해 실로 조금밖에 밝혀내지 못했다는 주장을 약화시킨다. 그러나 안타깝게도, 일반적인 이론 발달에 관한 우리 연구의 효과에 대한 부정적인 평가가 완전히 잘못된 것만은 아니다. 우리의 메시지를 잘 수용하지 않으려는 잠재적인 독자를 비난할 수는 있지만, 만약 우리의 메시지가 중요하다고 인식한다면 우리 자신이 먼저 그 메시지를 경청할 수 있도록 더욱 부단히 노력해야 한다.

도전을 수용하라. 『Gifted Child Quarterly』에서 종종 논문 심사를 하는 어느 친구가 말하길, 자신은 발달이나 인지에 관련하여 몇몇 일반적인 의문을 제기하는 '집단'으로 영재를 연구대상으로 삼는 연구자의 논문을 탈락시키는 경향이 있다고 하였다. 그녀는 영재를 위와 같은 방식으로 연구하는 것은 영재의 특별함을 다소 떨어뜨리는 것 같은 느낌을 받는다고 하였다. 영재 집단과 함께 작업하는 많은 사람은 지적 재능 또는 다른 뛰어난 재능을 지닌 아동의 특수한 요구를 잘 인식하기 위해 노력해야 한다고 느낀다. 이와는 대조적으로 정신지체자에 대한 연구자들은 오랫동안 이중적 시각을 지니고 연구를 해 왔다. 이들은 학습과 인지에서의 지능과 개인차의 본질을 연구하기 위해 설계된 비교연구에서 정신지체자를 포함시키는 동시에, 그 집단의 특수한 특성과 요구에 대해서도 연구한다(예, Butterfield & Ferretti, 1987).

아마도 우리 분야는 다양한 영재 집단의 특수한 특성에 초점을 맞추어야 할 뿐만 아니라, 우선적으로 그들을 하나의 인격체로 고려하도록 우리의 생각과 언어를 변화시켜야 할 필요성이 있음을 인정해야 할 시점에 이른 듯하다. 그렇게 함으로써 우리 자신과 우리 연구를 접하는 잠재적 독자에게 영재에 관한 연구를 통해 우리가 알게 된 것과, 다른 연구자가 다른 집단에 대한 연구에서 알게 된 것 사이에는 공통성이 존재해야 한다는 점을 일깨워 줄 수 있을 것이다.

언어는 태도를 반영한다. 다른 특수 집단과 함께 작업하는 연구자와 현장 전문가는 어떤 특성을 지닌 전인적 인간이라는 용어보다는 특성만을 강조한 용어의 사용을 거부해 왔다. 우리는 현재 '지체자' '장애 아동'이라는 표현 대신 '정신지체를 가진 사람(persons with a mental retardation)' '신체적 장애를 가진 아동(children with physical disabilities)'으로 표현한다. 이런 식의 명칭을 사용하는 취지는 특수한 특성을 지닌 개개인의 공통적인 인간임을 강조하기 위함이다. 또한 이런 식의 명칭 사용은 『American Journal on Mental Retardation』과 같은 저널을 발행하는 모든 사람에게 요구된다. 반면 우리는 '수학적 재능을 가진 청소년(youth with mathematical talent)'이라는 용어를 거의 사용하지 않으며, '일반적인 지적 영재성을 가진 아동(children with general intellectual giftedness)'이라는 말은 심지어 사용 가능한 말처럼 들리지도 않는다. 아마도 개인이 무능력할 때보다는 현저하게 무엇인가를 잘할 수 있을 때, '개인을 우선으로 하는' 적절한 시기일 것이다.

현 주류 이론 내에서 영재성 연구의 기반을 다져라. 만약 특별히 뛰어난 재능을 지닌 아동이나 성인에 관한 연구가 개념화되어 실행되고 보고되어, 일반적 원리와 다른 집단을 이해하는 것에 서로 잠재적인 연관성이 있다는 사실이 명백해진다면, 주류 이론에 대해 좀 더 영향력을 행사할 수 있을 것이다. 주류 연구자에게 Chi의 체스 신동의 회상 수행 능력에 관한 연구보고와 위에서 언급한 다른 영향력 있는 연구는 서로 연관성이 있다. 이들 연구는 주류 사상에서 중요하게 제기된 논쟁이나 이론적 틀에서 탈피했기 때문이다. 『Gifted Child Quarterly』의 최근 저널과 영재성에 관한 최근 학술지는 사회 전반적으로 관심을 보이는 최신 이론과 유사한 기반을 둔 몇몇 연구가 포함되어 있다. 주류 문헌은 개관 논문에서 명백히 드러난다. 하지만 『Gifted Child Quarterly』와 『Journal of Creative Behavior』의 1,989개 발행물에서 인용문을 분석해 본 결과, 대부분의 인용문은 최신보다는 조금 오래된 주류 문헌과 영재교육 분야에 속하는 출판물이 큰 비중을 차지하는 것으로 밝혀졌다(Vockell & Canard, 1992). 우리 분야의 많은 이론은 발달, 교육 또는 인지에 관한 최신 주류 이론과 최소한 연관되어 있다. 이러한 점은 이론가가 그들이 연구하는 현상에 대한 인식의 기반을 다지기에 유익하다(Bevan, 1991). 하지만 지적으로 뛰어난 영재성을 지닌 아동의 높은 성취의 본질에 관한 이론과 영재성의 발달, 또는 사회 정서적·교육적 요구는 우리 분야의 이론이 현 주류 이론과 연구 속을 깊게 파고들어야만 강화될 수 있다.

영재성에 관한 과목을 가르치고 이 분야의 학술지를 고찰하는 우리는 동료가 최신 정보를 제공받을 수 있도록 도와줄 수 있다. 우리는 주류 연구에서 나온 영재성 분야와 관련된 최신 논문을 대학원 과정을 위한 필독 도서에 포함시키는 정책을 만들 수도 있다. 이 논문 중 몇몇은 뛰어난 영재성을 지닌 집단에 관한 연구보고서일 수도 있다. 하지만 또 다른 논문은 영재성에 관련된 몇몇 과정을 이해하기 위한 배경 지식을 제공해 주는 이론적, 경험적 논문일 수도 있다. 영재교육에 관한 학위를 받고 조언자적 역할을 할 수 있는 학생에게 우리는 인지발달이나 학습 또는 동기심리학과 같이 빠르게 변화하는 분야에 관한 새로운 수업 과정을 주장할 수도 있다. 또한 출판 검토 중인 논문의 저자가 현 주류 이론과 경험적 연구결과를 적절히 사용하고 있는지의 여부를 고찰하는 특별한 노력을 기울일 수도 있다.

영재성에 관련된 학술지가 역할을 명백히 해야 한다. 우리가 연구결과를 분명히 전달해야만, 영재성에 대한 우리의 관심사를 공유하는 동료와 몇몇 전략적으로 중요한 문제를 지닌 좀 더 광범위한 학술 단체 모두에게 전달될 수 있다. 현재 주류 문헌의 인용문 양식을 보면, 영재성에 관한 정보를 찾는 다른 분야의 학자가 Horowitz와 O'brien(1985), Sternberg와 Davidson (1986)이 편집한 책을 제일 선호하는 경향이 있음을 알 수 있다. 이러한 책뿐만 아니라 다른 책 또한 우리가 광범위한 독자층을 확보할 수 있도록 도움을 준다. 하지만 이러한 책은 기본적인 연구 발견의 저장고로서의 기록이라고 할 수 있는 저널을 대신할 수는 없다.

『Gifted Child Quarterly』는 우리 분야의 주요 학술지로 높은 지위를 얻기 위한 경쟁에서 몇 가지 이점을 지닌다. 영재성 연구가 최초로 발표되었고, 이들 중 몇몇은 학문적 기초가 튼튼하고 중요하며 이론적으로나 전문적으로 모두 정교하다. 하지만『Journal of Educational Psychology』와 같은 저널을 정기적으로 읽는 주류 연구자는 영재교육 분야의 학자나 현장 전문가의 흥미를 끌 수 있는 비평이나 프로그램에 관한 설명, 그리고 정리된 경험적 논문을 한데 모아 구색을 갖춘 이 저널에 대해 관심을 보이지 않을 수도 있다.

우리의 모든 저널은 다양한 독자층을 대상으로 쓰였다. 이는 아마도 경쟁 단체가 다양한 많은 학술지를 발행했기 때문이기도 하고, 다른 분야의 출판물이 규정한 대상 독자층이나 목적에 대한 구분을 명확히 하지 않았기 때문이기도 하다. 그러므로 우리 저널의 편집자는 주류 학술지의 독자에게 종종 요구되는 방법론적·이론적 정교화의 수준을 아무도 추측할 수 없다. 복잡한 연구 논문은 주로 현장 전문가를 위해 쓰인 논문과 균형을 맞추게 된다. 『Gifted Child Quarterly』의 연구 내용을 강화하기 위한 노력은 몇몇 반대 세력을 자극한 것으로 보인다(Feldhusen, 1991). 하지만 우리 저널에 대해 좀 더 뚜렷이 초점을 맞추고 읽어 나간다면, 우리 분야의 연구자뿐만 아니라 타 분야의 연구자 모두가 우리 분야의 문헌을 더욱 생산성 있게 사용할 수 있도록 도와줄 것이다.

결론

과학은 '공동사회의 기업(communal enterprise)'이다. 그리고 개인의 연구 가치는 학술 단체에 공헌하는 정도에 의존한다. 영재성에 대한 관심을 지닌 학자의 작은 단체도 우리 모두에게 중요하지만, 우리의 연구가 심리학자와

영재성의 정의와 개념

교육학자가 참여하는 큰 규모의 학술 단체의 연구 속으로 깊숙이 파고든다면 우리의 연구는 좀 더 강한 설득력을 지닐 수 있을 것이다. 우리의 학술적 연구를 위해 더 광범위한 독자층을 확보하는 것 또한 우리가 영재교육에 대한 지지를 구할 때 신뢰를 증진시킬 수 있을 것이다(VanTassel-Baska, 1991). 그러므로 우리는 우리의 연구가 기본적인 심리학적, 교육학적 원리의 일반화에 거의 기여하지 못했다는 평가를 자진해서 수용하지 말고, 이런 부정적 평가가 지지받을 수 없고 성공할 수 없도록 연구해야 할 것이다.

📝 참고문헌

Benbow, C. P. (1988). Sex differences in mathematical reasoning ability in intellectually talented preadolescents: Their nature, effects, and possible causes. *Behavior and Brain Sciences, 11*, 169-183.

Bevan, w. (1991). Contemporary psychology: A tour inside the opinion. *American, Psychologist, 46*, 475-483.

Borkowski, J. G., & Day. J. D. (Eds.). (1987). *Cognition in special children. Comparative approaches.* Norwood, NJ: Ablex.

Breznitz, Z. (1987). Increasing first grader's reading accuracy and comprehension by accelerating their reading rates. *Journal of Educational Psychology, 79*, 236-242.

Butterfield, E. C., & Ferretti, R. P. (1987). Toward a theoretical integration of cognitive hypotheses about intellectual differences among children. In J. G. Borkowski & J. B. Day (Eds.), *Cognition in special children: Comparative approach* (pp. 195-234). Norwood, NJ: Ablex.

Crain-Thoreson, C., & Dale, P. S. (1992). Do early talkers become early readers? Linguistic precocity, preschool language, and emergent literacy. *Developmental Psychology, 28*, 421-429.

Chi, M. T. H. (1978). Knowledge structures and memory development. In R. S. Siegler (Ed.), *Children's thinking: What develops?* (pp. 73-96).

Hillsdale, NJ: Erbaum.

Cronbach, L. J. (1975). Beyond the two disciplines of scientific psychology *American Psychologist, 30,* 116-127.

Csikszentmihalyi, M., & Robinson, R. E. (1986). Culture, time, and the development of talent. In R. J. Sternberg & J. E. Davidson (Eds.), *Conceptions of giftedness* (pp. 264-284). New York: Cambridge University Press.

Day, J. D., & Borkowski, J. G. (Eds.) (1987). *Intelligence and exceptionality: New directions for theory, assessment, and instructional practices.* Norwood. NJ: Ablex.

Dweck, C. (1986). Motivational processes affecting learning. *American Psychologist, 41,* 1040-1048.

Feldhusen, J. (1991). From the editor: Gifted education needs reform. *Gifted Child Quarterly, 35,* 115.

Gardner, H. (1983). *Frames of mind.* New York: Basic Books.

Geary, D. C., & Brown, S. C. (1991). Cognitive addition: Strategy choice and speed-of-processing differences in gifted, normal, and mathematically disabled children. *Developmental Psychology, 27,* 398-406.

Healy, J. (1982). The enigma of hyperlexia. *Reading Research Quarterly, 17,* 319-338.

Horowitz, F. D., & O'Brien, M. (Eds.) (1985). *The gifted and talented: Developmental perspectives.* Washington, DC: American Psychology Association.

Horowitz, F. D., & O'Brien, M. (1989). In the interest of the nation. A reflective essay on the state of our knowledge and the challenges before us. *American Psychologist, 44,* 441-445.

Jackson, N. E. (1988). An exceptional approach to exceptionality. *Contemporary Psychology, 33,* 976-977.

Jackson, N. E. (1992). Understanding giftedness in young children: Lessons from the study of precocious reading. In N. Colangelo, S. G. Assouline, & D. L. Ambroson (Eds.), *Talent development: Proceedings form the 1991 Henry B. and Jocelyn Wallace National Research Symposium on*

영재성의 정의와 개념

Talent Development (pp. 163-179). Unionville, NY: Trillium Press.

Jackson, N. E. (in press). Precocious reading of English: Sources, structure, and predictive significance. In P. Klein & A. J. Tannenbaum (Eds.), *To be young and gifted.* Norwood, NJ: Ablex.

Jackson, N. E., & Butterfield, E. C. (1986). A conception of giftedness designed to promote research. In R. J. Sternberg & J. E. Davidson (Eds.), *Conceptions of giftedness* (pp. 151-181). New York: Cambridge University Press.

Jackson, N. E., & Henderson, S. (1991, April). *Early development of language and literacy skills of an extremely precocious reader.* Paper presented at the biennial meeting of the Society for Research in Child Development, Seattle, WA.

Rack, J. R., Snowling, M. J., & Olson, R. K. (1992). The nonword deficit in developmental dyslexia: A review. *Reading Research Quarterly, 27,* 28-53.

Scarborough, H. (1990). Very early language deficits in dyslexic children. *Child Development, 61,* 1718-1743.

Simonton, D. K. (1992). The child parents the adult: On getting genius from giftedness. In N. Colangelo, S. G. Assouline, & D. L Ambroson (Eds.), *Talent development: Procedings from the 1991 Henry B. and Jocelyn Wallace Research Symposium on Talent Development* (pp. 267-286). Unionville, NY: Trillium Press.

Smith, F. (1971). *Understanding reading.* New York: Holt.

Stanovich, K. E., Nathan, R. G., & Zolman, J. E. (1988). The development lag hypothesis in reading: Longitudinal and matched reading-level comparisons. *Child Development, 59,* 71-86.

Sternberg, R. J. (1985). *Beyond IQ.* New York: Cambridge University Press.

Sternberg, R. J., & Davidson, J. E. (1983). Insight in the gifted. *Educational Psychologist, 18,* 51-57.

Sternberg, R. J., & Davidson, J. E. (Eds.) (1986). *Conceptions of giftedness.* New York: Cambridge University Press.

Swanson, H. L. (1990). Influence of metacognitive knowledge and aptitude on problem solving. *Journal of Educational Psychology, 82,* 306-314.

Terman, L. M. & Oden, M., H. (1947). *The gifted child grows up. Genetic studies of genius* (Vol. 4). Palo Alto, CA: Stanford University Press.

Tomlinson-Keasey, C., & Little, T. D. (1990). Predicting educational attainment, occupational achievement, intellectual skill, and personal adjustment among gifted men and women. *Journal of Educational Psychology, 82,* 442-455.

Underwood, B. J. (1975). Individual differences as a crucible in theory construction. *American Psychologist, 30,* 128-134.

VanTassel-Baska, J. (1991). Gifted education in the balance: Building relationships with general education. *Gifted Child Quarterly, 35,* 20-25.

Vockell, E. L., & Canard, R. (1992). Sources of information in gifted education literature. *Gifted Child Quarterly, 36,* 17-18.

영재성의 정의와 개념

상위인지, 지능 그리고 영재성[1]

Bruce M. Shore, Arlene C. Dover(McGill University)

영재성을 보다 더 잘 이해하기 위하여 상위인지(metacognition)가 기여하는 측면을 탐구한다. 이러한 탐구는 예일 대학교의 Sternberg와 그의 동료들이 제안한 삼원지능이론과 통찰에 대한 하위이론의 맥락에서 이루어진다. 그리고 능력과 사고양식의 유연성 간의 상호작용 연구와, 상위인지적 지식과 기법에 대한 연구와 관련이 있다. 영재성을 보다 잘 설명하기 위해 삼원지능이론의 요소(상위 요소, 수행 요소, 지식-획득 요소) 간의 상호작용의 중요성이 제시되었다. 마지막으로, 지능에 대한 하위이론으로서의 영재성에 대한 이론보다는 반대의 위계를 고려해 보는 것이 더 나을지도 모른다.

상위인지란 자신의 인지과정을 인식하고 아는 것이며(Flavell, 1976), 자신의 사고를 관찰하고 평가하며 통제하는 것이다(Brown, 1978). 이 개념이 다소 모호할지라도(Bracewell, 1983 참조), 상위인지의 개념은 영재와 평재의 사고 간에 존재하는 질적인 차이점을 검증하기 위해 잠재적으로 유용한 틀을 제공한다.

상위인지의 과정은 각 개인이 사고를 잘 통제하여 더욱 효율적이고 융통

---

1) 편저자 주: Shore, B. M., & Dover, A. C. (1987). Metacognition, intelligence and giftedness. *Gifted Child Quarterly, 31*(1), 37-39. ⓒ 1987 National Association for Gifted Children. 필자 승인 후 재인쇄.

성 있는 학습자가 되게 한다. 상위인지에 대한 연구는 발달심리학자와 과정 지향적인 심리학자들 사이에서 널리 연구되어 왔고, 인지행동조절(Meichen-baum, 1980), 교육적 기술(Gagné, 1980)과 지능이론을 서로 연결하는 가교 역할을 한다(예, Sternberg, 1979).

행동의 두 가지 유형의 특징은 보통 상위인지(지식과 기법)를 포함하는 것 이다. 상위인지적 지식은 학습의 특징, 지식의 상태, 또는 일반적으로 어떤 사람의 성취에 영향을 준 과제의 특징에 대하여 언어화된 것을 통해 평가된 다. 상위인지적 기법의 개념을 조작하는 데는 다양한 기준이 사용되어 왔다. 이러한 기준에는 체크, 계획, 선택과 관찰(Brown & Campione, 1980), 자기- 질문과 반성(Brown, 1978), 지금 경험하고 있는 것에 대한 관찰 또는 해석이 포함된다(Flavell & Wellman, 1977). Bracewell(1983)은 상위인지적 지식과 기 법의 차이점이 부분적으로 유용할 수도 있다고 주장하였다.

상위인지가 학습증진 전략과 정신적 활동 전반을 통제하는 것이라는 의 미에서 본다면, 전반적으로 이 개념은 특히 교육과 관련이 있다. 아마도 학 습 전략과 능력에 대한 지식이 많은 학생일수록 새로운 지식과 기법을 보다 쉽게 터득할 수 있을 것이다. 최근 들어 연구자는 학생이 사고자(thinker)로 서 자신에 대하여 무엇을 알고 있는지, 그리고 그 지식을 학습 상황에서 어 떻게 적용하는지를 포함하여 영재와 평재 간의 학습과 사고의 차이점을 탐 구하기 시작하였다.

이론적 배경

관찰한 것이 이론적 맥락에 적합한지를 연구하면서 영재성과 상위인지의 관계를 연구한 두 연구팀이 있다. 예일 대학교의 Sternberg 등(1980, 1984a, 1984b, 1985)은 '삼원이론'이라는 지능이론을 발전시켜 왔다. 이 이론은 지능 의 요소에 대한 세 가지 유형을 포함한다. (a) 상위 요소(Metacomponents) -

어떤 사람의 정보처리과정 계획, 모니터링, 평가에 사용되는 실제적인 과정, (b) 수행 요소(Performance components)―어떤 일이나 실제적인 수행에 사용되는 과정, (c) 지식―획득 요소(Knowledge-acquisition components)―어떤 일의 성취에 관련된 능력과, 전문가 대 초보자의 수행에서 관심 있는 것과 관련된 능력을 포함한다. Sternberg는 이 세 개의 요소를 포함하고 있는 일은 "과제 수행에 대한 새로움 또는 자동화를 수행하는 지능의 범위를 측정하게 될 것이다."라고 하면서 삼원지능이론의 두 가지 측면에서 하위 이론을 개념화하였다. 이 모형에 따르면, 영재성은 인지과정의 세 가지 유형을 모두 사용하고, 새로운 일을 다루는 능력으로 특징지어지며(Sternberg & Davidson, 1983), 이것을 소위 '통찰(다른 맥락에서 사용되는 통찰에 대한 '아하(aha)' 유형과 혼돈할 필요가 없다.)'이라고 하였다. 특히 통찰은 세 개의 중요한 선택 과정(선택적인 부호화, 결합, 비교)으로 구성되어 있다.

Sternberg와 동료들은 지난 5~6년간 이론을 이끌어 낸 중요한 세 가지 주제를 다루어 왔다. 첫 번째는 지능검사도구의 적절성에 대해 불만을 표출하였다. 두 번째는 매우 높은 능력을 잘 설명할 수 있는 삼원지능이론의 발달을 기술하였다. 세 번째는 통찰과 영재성을 다루었다. 그러나 1984년 봄 컬럼비아 대학교의 심포지엄에서 Sternberg는 자신의 연구를 요약, 정리하면서 영재와 성공한 사람이 조성하는 환경에 영향을 주는 흥미로운 발표를 하였다. 그들은 반드시 지능지수가 높은 것도 아니고, 그들의 환경을 완전히 변화시키거나 적응하는 것도 아니라는 것이다. Piaget 학설에서 말하는 적응과 조절이라는 단어는 Piaget에 대한 중요한 해석어(interpreter)이면서, 상위인지에 대하여 기술할 때도 제일 중요한 단어다. 이것은 상위인지와 영재성에 대한 우리의 연구에 좋은 연결을 제공한다.

우리는 다른 이론적인 기반에 양립될 수 있는 결론에 도달하였다. 지난 10년간 우리의 관심은 지능이론보다 교육과 교육 욕구를 조화하는 학습양식에 있었다. Sternberg의 연구는 몇몇 연구(Shore, 1982 요약)에서 온 것인데, 이 연구는 단일한 인지양식이 아니라 사고양식에 대한 융통성이나 적절성이 성공적인 대학교 또는 높은 수준의 학습자에게 아주 중요하고 본질적인 요소라고 하였다.

우리는 일반적인 가설을 발전시켰다(이것은 이론으로 간주되기보다는 Sternberg 모형에서 말해지는 것이다.). 그 가설이란 상위인지의 수준과 인지양식에서의 가용성와 융통성의 상호작용이 영재성의 중요한 특징이라는 것이다. 이러한 특징이 중요하다는 것이 증명된다면, 첫 번째로, 우리는 상위인지적 기법보다는 지식에 대해 보다 특별히 말할 수 있을 것이다. 두 번째로, 상위인지적 기법이 기술된 사고양식의 개념과 중요하게 구분되는 것인지에 대해 말할 수 있을 것이다. 이러한 내용에 대해 탐구적 연구가 곧 이루어질 것이다. 우리의 연구에서는 인지양식의 많은 레퍼토리에서 융통성과 적합성의 결합인 상위인지의 높은 수준이 영재를 판별할 것인지에 대해 논의할 것이다. 좀 더 자세히 설명하자면, 말하거나 어떤 과제를 학습할 때 접근방법의 레퍼토리가 없는 사람과, 그것의 수행을 모니터하지 않는 사람은 영재로 간주되지 않는다는 것이다. 접근 방식과 과정의 전략을 활용하고 증진시킬 수 있는 사람은 실제 '다양한 상황'에서 더 많은 수행을 할 수 있을 것이다. 가장 높은 수준은 대안적인 전략이 유용하고 상위인지적 과정이 개인적인 전략 내에서 단지 수행만이 아닌, 과정의 변화를 통제할 때 획득되는 것이다(우리가 추후연구에서 탐구할 흥미로운 하위 질문은 최소한 학습장애 영재에게 이러한 논의가 적용할 수 있는지를 살펴보는 것이다.). 최근의 몇몇 연구는 이러한 아이디어를 지지해 왔다.

상위인지와 영재성에 대한 최근의 연구

Hannafen과 J. O. Carey(1981)는 학업성취가 높은 학생이 자신의 학습전략에 대해 더 잘 설명할 수 있음을 알았다. 반면에 이것은 그들의 상위인지 능력보다는 오히려 월등한 언어 솜씨나 동기 때문이었을 수도 있다. 낮

영재성의 정의와 개념

은 성취자는 자신의 학습 전략을 설명할 수 없을 수도 있다. 어떠한 것을 체계적으로 사용한 경우가 없었기 때문이다. Chatman과 Williford(1982)는 문제를 해결하는 동안 4학년 영재학생의 의식과 인지적 전략의 사용을 연구하였다. 의식을 평가하기 위해 비구조화된 면담을 사용한 연구자는 연구대상자 중 어느 누구도 사고과정을 말로 표현하지 못한다는 것을 알았다. 동일한 연구대상자로 구성된 두 번째 실험에서, 그들은 아동에게 특별한 전략이 문제해결에 도움이 될 수 있는가를 질문하였다. 많은 학생은 어떠한 특별한 전략이 도움이 될 수 있다는 것을 이해하였음에도 불구하고, 그것을 사용하였다고 실제로 보고한 학생은 소수였다. Chatman과 Williford의 연구는 영재가 상위인지적인 지식을 갖추고 있어도 적절히 사용하지 않는다는 점을 시사한다.

몇 년 전 우리는 장의존과 장독립 분야를 평가하기 위해 사용되는 막대와 틀(rod-and-frame) 평가도구인 소위 공간적 연구과제에 대한 점수를 보고하였다. 특히 공간적 능력이 뛰어난 청소년을 위해서 공간적인 요인을 실었고, 언어적으로 뛰어난 사람을 위해서는 언어적 요인을 실었다(Shore, Hymovitch, & Lajoie, 1982). 전자는 대개 소년에게 해당되었고, 후자는 소녀에게 해당되었다. 그러나 이들 성차는 우리의 관심 사항이 아니었다. 이 연구결과는 언어 능력이나 공간 능력의 성차에 관련해 연구한 Maccoby와 Jacklin(1974)의 연구결과와 일치한다.

흥미로운 것은 막대와 틀(rod-and-frame) 과제의 수행은 공간적으로 뛰어난 사람에게는 공간적 능력과 관련이 있고, 언어적으로 뛰어난 사람에게는 언어적 능력과 관계가 있었다는 점이다. 즉, 이러한 관계는 양 집단 간에 가장 적합한 것이었다. Sternberg와 Weil(1980)은 인지적 과제에서 적성-전략 상호작용(aptitude-strategy interaction)을 발표하였고, Mathews, Hunt 및 MacLeod(1980)는 언어-그림(verbal-pictorial) 과제에 대한 효과를 보고하였다.

우리는 언어 능력이 뛰어난 연구대상자에게 과제를 주었을 때, 그것을 보다 잘 수행하기 위해 과제를 다시 언어로 재정의한다는 가설을 검증했다. 이는 언어적, 공간적으로 우수한 연구대상자에게 과제를 수행할 때 언어화하라고 요청함으로써 이루어졌다(Shore & Carey, 1984). 문제해결 과정에 대한 의식적인 통제는 연구대상자의 언어적인 보고에 따라 제시되었다. 이것은 그들이 과제를 수행하기 위하여 자신의 지식을 적극적으로 모니터링하고 자신의 전략을 목록으로 만든다는 것을 나타낸다. 예상한 것처럼, 언어적 능력이 뛰어난 연구대상자는 과제를 수행하기 위해 시각적 이미지를 사용하기보다는 과제에 대한 의사결정을 통제하기 위해 언어적 전략의 사용을 통해 '이야기된 자신의 방법'을 사용하였다. 유사하게, 우월한 공간적 능력을 가진 연구대상자는 공간적 · 전략적 방법을 자주 사용하였다.

또 다른 연구에서, Dover(1983)는 학문적 영재가 그들의 상위인지 능력에 따라 차별화될 수 있다는 주장을 지지하였다. 영재 25등급의 5명과 평재 25등급의 6명의 아동을 대상으로 Luchins(1942)의 아인스텔룽(Einstellung)의 물병 과제 실험을 수행하였다. 집단은 융통성, 정확성, 속도로 비교되었고, 상위인지 지식의 측정은 문제해결 과정에 대한 구조화된 면담으로 평가되어 비교되었다. 예상한 대로 영재는 신속히 과제를 수행하였다. 또한 그들은 그것이 유용할 때 대안적인 해결책을 제시하였다. 그리고 우월한 문제해결 기술, 해결과정에 대한 더 큰 인식, 그리고 더 효과적인 모니터링 기술을 보여 주었다.

이론적인 함의

이들 두 계열의 연구는 같은 쟁점을 논하고 있으며 통합될 수 있는 유용한 연구다. 얼핏 보기에 우리의 연구는 Sternberg의 상위 요소 내의 일반적 지향에 적합한 것처럼 보이지만, 지식 획득과 수행에 대해서도 잘 설명하고 있다. 두 국면을 나타내는 하위 이론과 관련하여, 적응행동에 대한 요구를

영재성의 정의와 개념

결정하는 상황에서 그것이 새롭다는 새로움의 요소와 관련된다는 것이 확실하다. 그런데 하나의 가능성은 우리가 새로움이나 통찰에 대한 아이디어를 Sternberg가 하였던 하위이론 수준의 한 부분으로 단순히 정교화하고 있다는 것이다. 그것이 우리의 공헌이라면, 어떤 개념적 공간의 여지가 있는 이론에 유용한 추가 사항이 될 수도 있을 것이다(Sternberg, 1984a, 본 문제에 관한 다른 이론가의 여러 의견을 포함).

또한 우리는 우리의 접근방법이 중복된다는 가능성에 직면하여야 한다. Sternberg(혹은 다른 사람)의 이론이 우리가 설명하려는 모든 것을 설명하고 있는가? 거기에는 상당한 양립성이 있는 반면, 그 자체로 두 가지의 접근방법이 보장되면서도, 그것은 우리가 제안한 한 가지 요소가 삼원지능이론과 영재성에 대한 우리의 이해를 확대하는 것처럼 보인다. 즉, 영재성에 기여하는 가용한 상위인지와 전략의 교대가 조화를 이룬 증거를 제공한다. 이것이 삼원이론의 중요한 요소의 확장이다. 세 가지 구성요소가 존재하는 것만이 아니라 상호작용을 한다는 것이다. 이러한 상호작용은 Sternberg (1980, 1985)의 연구에서 예기되지만, 지금까지 이론의 발전에서는 상대적으로 작은 역할을 했다. 우리는 상위 요소와 수행 요소 간의 상호작용을, 그리고 덜 확장해서 작게는 상위 요소와 학습 획득 간의 상호작용을 연구하였다고 할 수 있다. 그리고 이러한 상호작용이 아마도 더 큰 가중치를 더해 준다는 것으로도 여겨질 수 있다.

이것은 우리에게 의문으로 남겨져 있다. 통찰은 단순한 하위 요소, 하위이론의 일부가 아니라 지능이론에 대한 좀 더 일반적 수준에서 하나의 요소이며, 우리가 검증하는 상호작용의 추가가 가능한 것인가? 우리가 영재성이라고 부르는 능력, 기법, 지식의 군집이 지능의 부분집합인가? 혹은 그 반대인가? 가장 자연스러운 관심의 본질 때문에 창의성 연구자도 똑같은 질문을할 것이다. 지능의 본질을 영재성의 좋은 이론에서 찾을 수 없는가? Sternberg의 삼원지능이론과 영재성의 뚜렷한 특징으로서의 새로움과 통찰에 관한 정의로 시작하는 것은, 다음 단계가 영재성의 배치를 밝히기 위한 이론의 미시적 확장이라기보다 오히려 거시적 확장으로 나아가려는 것임이 분명하다. 마지막으로, 이러한 견해가 사실이라면 그때는 연구를 계획하고 실행에 대한 함의를 고려하면서 탄탄한 이론적 기초에서 연구하기보다는 그 자체를 발휘하는 영재성을 연구하는 사람이 더 중요한 책임을 저야 할 것이다.

🖋 참고문헌

Bracewell, R. J. (1983). Investigating the control of writing skills. In Mosenthal, P., Tamor, L., & Walmsely, S. A. (Eds), *Research on Writing: Principles and methods.* New York: Longman.

Brown, A. L. (1978). Knowing when, where, and how to remember: A problem of metacognition. In R. Glaser (Ed.), *Advances in Instructional psychology.* Vol. 1. Hillsdale, NJ: Erlbaum.

Brown, A. L., & Campione, J. C. (1980). *Inducing flexible thinking: A problem of access.* University of Illinois, Urbana, Center for the Study of Reading Technical Report No. 189. Cambridge, MA: Bolt, Beranek & Newman.

Chatman, S. P., & Williford, J. N. (1982). The gifted student's awareness and use of cognitive strategies in academic tasks: An exploratory study. Paper presented at the annual meeting of the National Association for Gifted Children, New Orleans.

Dover, A. C., (1983). *Metacognition and problem solving in gifted children.* Unpublished master's thesis in Educational Psychology, McGill University, Montreal.

Flavell, J. H. (1976). Metacognitive aspects of problem solving. In L. B. Resnick (Ed.), *The nature of intelligence.* Hillsdale, NJ: Erlbaum.

Flavell, J. H., & Wellman, H. M. (1977). Metamemory. In R. V. Kail & J. W. Hagen (Eds.), *Perspectives on the development of memory and cognition.* Hillsdale, NJ: Erlbaum.

영재성의 정의와 개념

Gagné. R. M. (1980). Is educational technology in phase? *Educational Technology, 20*(2), 7-14.

Hannafen, M. J., & Carey, J. O. (1981). Research in progress: Toward a procedure to identify the spontaneous memory strategies of children. Paper presented at the annual meeting of the Association for Educational Communication and Technology, Philadelphia.

Luchins, A. S. (1942). Mechanization in problem solving. *Psychological Monographs, 54*(6) (Whole No. 248).

Maccoby, E. E., & Jacklin, C. (1974). *The psychology of sex differences.* Stanford, CA: Stanford University Press.

Mathews, N. N., Hunt, E. B., & MacLeod, C. M. (1980). Strategy choice and strategy training in sentence-picture verification. *Journal of Verbal Learning and Verbal Behavior, 19,* 531-548.

Meichenbaum, D. A. (1980). A cognitive-behavioral perspective on intelligence. *Intelligence, 4*(4), 271-283.

Shore, B. M. (1982). Developing a framework for the study of learning style in high level learning. In J. W. Keefe (ED.), *Student learning style and brain behavior: Programs, instrumentation, research.* Reston, VA: National Association of Secondary School Principals.

Shore, B. M., & Carey, S. M. (1984). Verbal ability and spatial task. *Perceptual and Motor Skills, 59,* 255-259.

Shore, B. M., Hymovitch, J., & Lajoie, S. P. (1982). Processing differences in relations between ability and field independence. *Psychological Reports, 50,* 391-395.

Sternberg, R. J. (1979). The nature of mental abilities. *American Psychologist, 34*(3), 214-230.

Sternberg, R. J. (1980). Sketch of a componential subtheory of human intelligence. *Behavioral and Brain Sciences, 3,* 573-584.

Sternberg, R. J. (1984a). Toward a triarchic theory of human intelligence. *Behavioral and Brain Sciences, 7,* 269-315.

Sternberg, R. J. (1984b). What should intelligence tests test? Implications for a triarchic theory of intelligence for intelligence testing. *Educational*

Researcher, 13 (1), 5-15.

Sternberg, R. J. (1985). *Beyond IQ: A triarchic theory of human intelligence.* Cambridge, MA: Cambridge University Press.

Sternberg, R. J., & Davidson, J. E. (1983). Insight in the gifted. *Educational Psychologist, 18* (1), 51-57.

Sternberg, R. J., & Weil, E. M. (1980). An aptitude-strategy interaction in linear syllogistic reasoning. *Journal of Educational Psychology, 72,* 226-234.

영재성의 정의와 개념

확산적 사고, 창의성 그리고 영재성[1]

Mark A. Runco(California State University, Fullerton)

창의성은 영재성의 중요한 측면이다. 그러나 창의성은 정의하기도 어렵고 측정하기도 어렵다. 잠재적인 창의적 사고력은 측정할 수 있는데, 이 측정을 위해 확산적 사고력 검사가 종종 사용되어 왔다. 과거 몇 년간 확산적 사고의 향상과 측정을 위한 기술은 극적으로 변화하였다. 이 논문은 확산적 사고에 대해 가장 최근에 이루어진 연구를 검토한 것이다. 느슨한 기준 혹은 엄격한 기준을 적용하여 채점하는 방법, 아이디어 은행을 이용하는 방법, 아이디어의 질적 측면을 평가하는 방법과 같은 몇몇 새로운 측정 기법을 검토하였다. 어느 정도 높은 예언타당도를 보고한 최근의 연구도 검토할 것이다. 확산적 사고과정에서 문제 정의와 문제 확인이 어떤 역할을 하는지, 그리고 평가와 가치 부여가 어떤 역할을 하는지 살펴볼 것이다. 특별히 이 논문 전반에 걸쳐 영재아동의 창의성에 대해 논의할 것이며, 결론 부분에서 영재아동의 확산적 사고에 관한 후속 연구를 위해 구체적인 방향을 제안할 것이다.

[1] 편저자 주: Runco, M. A. (1993). Divergent thinking, creativity, and giftedness. *Gifted Child Quarterly, 37*(1), 16-22. ⓒ 1993 National Association for Gifted Children. 필자 승인 후 재인쇄.

확산적 사고, 창의성 그리고 영재성

은유, 과학적 투자, 창의성에 대한 최근의 논쟁에서 Runco(1991a), Stern-berg와 Lubart(1991)는 한 가지 사실에 의견이 일치하였다. 그동안 이어져 오던 확산적 사고에 관한 연구의 가치를 발견한 것이다. 이 점은 창의성을 연구해 온 많은 연구자들이 그동안 확산적 사고의 연구(예, Weisberg, 1986)에 대해 매우 비판적이었기 때문에 중요하다. 비판은 대체로 중간 정도밖에 안 되는 확산적 사고력 검사의 예언타당도와, 자연적 환경에서 발생하는 창의성과의 모호한 연관성에 관한 것이었다.

이러한 비판은 지금도 계속되고 있는 확산적 사고에 대한 연구에 매우 좋은 밑거름이 되었다. 예를 들면, 이러한 비판이 있었기에 추가 연구가 필요한 영역을 발견할 수 있었던 것이다. 또한 이런 비판을 통하여 창의적 과정에서 확산적 사고가 어떤 역할을 하는지 제대로 이해할 수 있게 되었다. 확산적 사고와 창의성은 같은 것이 아니며 확산적 사고력 검사의 타당도가 우리가 기대하는 것만큼 높은 것도 아니다. 사실 10, 15, 20년 전에 보고된 예언타당도는 매우 낮았다. 아직도 확산적 사고는 창의성의 중요한 요소이며 최근의 연구들은 매우 높은 예언타당도를 보고하였다(Okuda, Runco, & Berger, 1991; Sawyers & Canestaro, 1989). 지금부터 이런 연구들을 검토할 것이다.

확산적 사고를 중요하지 않은 것으로 간주하고 배척하던 이론가들은 최근에 나온 경험적인 연구를 무시하였다. 이런 사실은 그들의 연구를 검토해 보면 분명해진다. 이 연구들은 1980년대와 1990년대에 나온 경험적인 확산적 연구를 인용하지 않았다. 그뿐만 아니라 어떤 비평가는 확산적 사고로부터 너무 많은 것을 기대한다. 다시 말하지만, 확산적 사고는 창의성과 동의어가 아니다. 그러나 확산적 사고는 창의적 사고의 잠재적인 측면을 측정할 수 있는 좋은 대안이다. 확산적 사고에서 높은 점수를 받는 것은 자연스러운 상황에서의 탁월한 수행력을 보장하지는 않을지라도 누가 탁월할지 그 가능성을 예측해 준다. Hong과 Milgram(1991)이 설명하였듯이 확산적 사고는 창의적 능력보다는 독창적 사고를 예측해 준다.

확산적 사고와 영재아동

확산적 사고에 대한 연구는 영재아동에 대한 관심 때문에 특히 중요하다. 창의성은 영재성에 활기를 불어넣는 요소이며(Albert & Runco, 1986, 1989; Feldhusen & Treffinger, 1990; Renzulli, 1978; Runco & Okuda, 인쇄 중), 수년 동안 아동의 창의성은 확산적 사고력 검사로 측정되지 않은 그 이상의 것이었다. 확산적 사고는 학업적 성공에 중요한 역할을 하고(Feldhusen, Bahlke, & Treffinger, 1969), 정신건강과 연관이 있기 때문에 중요한 주제다(Runco, Ebersole, & Mraz, 1991; Schotte & Clum, 1987).

Runco(1991b, 1992a)는 확산적 사고에 관한 연구들을 검토하였다. 그러나 출판은 지체되었고 최근 들어 창의성에 관한 연구가 봇물처럼 쏟아지면서 그는 매우 중요한 연구들을 포함시키지 못했다. 이런 연유로 이 논문은 초기 연구를 개관한 자료의 부록편이라 할 수 있다. 느슨한 기준 혹은 엄격한 기준을 적용하여 채점하는 기법, 아이디어 은행(수검자가 내놓은 아이디어 전체)을 이용하는 기법, 아이디어의 질적 측면을 평가하는 기법을 포함하여 몇몇 새로운 측정 기법을 검토하였다. 어느 정도 높은 예언타당도를 보고한 최근의 연구도 검토할 것이다. 확산적 사고과정에서 문제 정의와 문제 확인이 어떤 역할을 하는지, 그리고 평가와 가치매김(valuation)이 어떤 역할을 하는지도 살펴볼 것이다. 이 논문이 의도하는 것은 포괄적 개관도 아니고 영재성에 중요한 역할을 하는 창의성에 관한 새로운 이론을 소개하기 위한 것도 아니다. 앞에서 언급했듯이 이 논문은 다른 논문을 보완하는 것이다(Runco, 1991b, 1992a 참조). 창의성과 영재성의 연관성은 Albert와 Runco (1986), Feldhusen과 Treffinger(1990), Milgram(1990), Renzulli(1978)의 논문에 상세히 논의되어 있다. 영재아동의 창의성을 위해 특별히 고려할 점은 이 논문의 전반에 걸쳐 논의되어 있다. 그리고 영재아동의 창의성과 관련하여 기대할 만한 특별한 사항에 대해서는 확산적 사고에 대한 후속 연구의 방향과 함께 이 논문의 결론 부분에 제시되어 있다.

연구의 활용도

영재아동들은 확산적 사고를 필요로 하는 과제를 접했을 때 일반적으로 유창성, 독창성, 융통성이 많은 아이디어를 내놓는다. 그러나 영재교육자들은 최근에 중요성이 확인된 아이디어의 기괴함(idiosyncracies)도 고려해야 한다. 이런 것들은 아이디어의 내용 면에서 질적 수준이 높고 명백할 것이다. 예를 들어, 영재아동은 개방형 문제를 풀 때 비범한 주제를 생각하거나 독특한 주제를 따라가며 아이디어를 내놓는다. 영재교육자들은 아동의 문제 확인 기술과 문제 정의 기술을 고려해야 한다. 이 두 가지 기술은 문제해결 전에 특수한 문제를 찾아내고 정의해야 하는, 수정된 확산적 사고과제를 가지고 측정할 수도 있고 훈련시킬 수도 있다. 문제해결과 구분되는 문제발견은 안에서 자발적으로 우러나온 사고를 촉발시킨다. 또한 문제발견 기술은 자연스러운 환경에서의 수행력에도 결정적인 역할을 한다.

영재와 함께 작업하고 있는 사람은 아이디어의 독창성과 유용성을 평가할 수 있는 아동의 능력을 인식해야 한다. 그 다음에 아동들에게 독창적이고 유용한 아이디어를 선택하도록 연습할 기회를 제공해야 한다. 더욱이 성인은 아동이 내놓은 아이디어를 짐작으로 판단하는 문제점을 피하기 위해 자신의 평가를 항상 점검해야 한다. 이 연구는 성인의 판단이 종종 부정확하고, 이런 판단이 특정 연령에 도달한 아동의 창의적 사고를 떨어뜨리는 원인이 된다고 제안한다. 이 점을 염두에 두면 비판적 평가보다 가치를 평가하는 것이 영재아동과 부모와 교사에게 더 중요하다는 사실을 발견할 수 있다.

확산적 사고력 검사

확산적 사고력 검사의 타당도를 높이기 위한 노력이 계속되는 가운데 이 검사는 과거 몇 년간에 걸쳐 변화를 겪었다. 이 검사는 Runco(1991b)가 말한 사고과정을 평가하는 기법이다. 이런 연구의 한 예를 들어 보면, Milgram (1990; Hong & Milgram, 1991)은 **느슨한 기준**(lenient solution standards)[2]을 적용하여 채점하는 검사와 **엄격한 기준**(stringent solution standards)[3]을 적용하여 채점하는 검사 사이에 중요한 차이가 있음을 발견하였다. 대부분의 확산적 사고력 검사는 느슨한 기준을 사용하였으며 1960년대와 1970년대에 개발되었다. Hong과 Milgram(1991)은 엄격한 기준을 적용하는 검사는 적어도 학교 아동에게 유용하다고 주장하였다.

Hong과 Milgram(1991)은 일반적인 반응과 독창적인 반응을 느슨한 기준으로 채점한 것과 엄격한 기준으로 채점한 것을 비교하였다. Hong과 Milgram은 취학 전 아동을 대상으로 한 연구에서 의자와 오렌지에 대한 아동의 생각을 느슨한 기준을 적용하여 채점하였다. 어떤 의자에 대해 아동들에게 다음과 같은 말을 들려 주었다.

> 탁자에서 그림을 그리고 있는 친구 옆에 가서 여러분이 앉으려고 하는데 한 개밖에 없는 빈 의자가 부서져서 다리가 3개밖에 없어요(평가자가 아동에게 다리가 3개밖에 없는 의자를 보여 준다.). 여러분이 친구 옆에 가서 앉으려면 그 의자를 가지고 어떻게 해야 할까요?

이러한 지시문과 함께 검사자는 아동에게 흙으로 가득 찬 꽃병, 쓰레기통, 막대기, 원반 모양의 둥근 고리 등의 물건을 제시한다.

아동은 의자, 오렌지 문제에 다양한 아이디어를 내놓는다. Hong과 Milgram은 아동의 반응을 대중적인 것(또래 대부분의 아동에게서 나올 수 있는 것)과 독창적인 것(소수의 몇 명에게서만 나올 수 있는 것)으로 구분하였다. 중첩되는 부분이 있는 유창성과 독창성을 기준으로 채점하는 기존의 방식과 달리 독특한 지수를 사용하기 때문에 이 검사의 채점 방식에 주목할 필요

---

2) 역자 주: 실제로 어떤 자극은 문제로 해석되고, 어떤 반응은 잠정적인 해결로 보이기도 한다.
3) 역자 주: 문제와 해결 모두 명확하게 정의된다.

가 있다(Hocevar, 1979; Runco & Albert, 1985 참조). 대부분의 채점 체계에서 한 아이디어가 유창성과 독창성 점수 모두에 영향을 줄 수 있다. 그러나 대중성과 독창성 점수는 그렇지 않다.

Hong과 Milgram(1991)은 몇 가지 엄격한 기준을 적용하던 채점 방식을 조정하였다. 예를 들면, '깡통 속의 실린더' '상자'와 같은 문제가 있다. 이러한 문제에서 평가자는 각각의 답이 실제로 문제해결에 유용한 것인지 판단할 수 있다. 비교연구에 따르면, 느슨한 기준을 적용하거나 엄격한 기준을 적용하여 반응을 채점한 점수는 IQ와 상관관계가 없었다. 이것은 아이디어 검사가 단순히 일반적인 지능만을 측정하지 않았음을 입증해 준다. 그리고 느슨한 기준을 사용한 검사에서 아동이 내놓은 독창적인 반응은, 엄격한 기준을 사용한 검사에서의 독창적인 반응과 중간 정도의 상관관계만 있었다. 또한 느슨한 기준을 사용한 검사에서의 대중적 반응도 엄격한 기준을 사용한 검사에서의 대중적 반응과 중간 정도의 상관관계(취학 전 아동은 .3, 초등학생은 .5)가 있었을 뿐이다. 이러한 상관은 통계적으로 유의미할지라도 공변량(취학 전 아동의 경우는 9%, 초등학생의 경우는 25%)이 많지 않았다. 그러므로 두 검사에서 나타난 아동의 수행력은 비교적 독립적인 것으로 보인다. 행동적 용어로 말하자면, 두 검사가 측정하는 기술은 서로 다른 것일 가능성이 높다. 엄격한 기준을 사용하는 검사는 자연스러운 환경에서 만날 수 있는 문제와 유사한 것 같다(Hong & Milgram, 1991).

이것은 실제 세계의 수행력에 대한 새로운 관점이다. Hong과 Milgram처럼 Okuda와 동료들(1991)도 확산적 사고력 검사가 아동이 학교와 집에서 접할 수 있는 문제로 구성되어 있다면 실생활에서의 수행력을 잘 예측해 준다고 제안하였다. 이 주장이 완전히 새로운 것은 아니다(예, Renzulli, 1982). 그러나 Okuda와 동료들은 전형적인 확산적 사고력 검사를 현실 세계의 문제와 경험적으로 비교하였다. Okuda와 동료들은 확산적 사고력 검사를 제시형과 발견형으로 나누고 이것을 비교하였다.

Okuda와 동료들(1991)은 77명의 4, 5, 6학년 아동―이들 중 상당수는 지

영재성의 정의와 개념

능이 높은 아동이었다─에게 현실 세계의 문제로 구성된 확산적 사고력 검사를 실시하였다. 이 검사에서 아동들에게 다음과 같은 제시형 문제를 들려주었다.

> 여러분의 친구인 테디가 교실에서 여러분 옆자리에 앉아 있어요. 테디는 여러분이 공부를 하고 있을 때 말을 걸거나 방해하는 것을 좋아해요. 간혹 잡담을 했다고 선생님한테 여러분이 야단맞기도 해요. 테디의 방해 때문에 여러분이 해야 할 일을 끝내지 못할 때가 많아요. 여러분은 어떻게 해야 할까요?

발견형 문제에서는 아동들이 아이디어를 내놓기 전에 문제를 정의하는 것이 가능하다. 한 가지 예를 들어보면, 다음과 같다.

> 자, 이제 학교(혹은 가정)에서 여러분에게 중요한 문제가 무엇인지 생각해 보세요. 학교, 선생님, 규칙, 학급 동료(혹은 부모님, 형제자매, 집안일, 규칙)와 관련된 문제를 적어 보세요. 가능한 한 많은 문제를 천천히 생각해 보고 적어 보세요.

Okuda와 동료들은 현실 세계 문제에 대한 반응이 실생활에서의 창의적 활동과 성취(창의적 활동과 성취는 자기보고 체크리스트로 평가한다.[4])를 가장 잘 예언해 준다는 사실을 발견하였다. 결과적으로 현실 세계 문제로 구성된 확산적 사고력 검사는 확산적 사고에 관한 연구 중에서 예언타당도가 가장 높았다. 더욱이 위계적인 중다회귀분석을 돌린 결과, 전형적인 확산적 사고력 검사보다 창의적 활동과 성취에 대한 예언력이 더 높았다. Okuda와 동

---

[4] 이 체크리스트에 대해 언급할 것이 있다. 이것은 Wallach와 Wing(1969)이 사용한 준거와 유사하고, 몇 개 영역(미술, 음악, 수학)에 대한 활동 리스트와 성취가 포함되어 있다. 아동은 각각의 활동을 얼마나 자주 하는지 표시만 하였다. Runco(1987)는 (a) 아동 스스로 자신의 활동에 대해 가장 잘 알고 있으며, (b) 여러 영역의 활동을 표집하는 것이기 때문에 이런 유형의 체크리스트가 유용하다고 주장하였다. 자기보고식 방법에서 점수는 정직성과 기억의 영향을 받을 수 있다. 그 반면에 Runco, Noble 및 Luptak(1990)은 평정자 간 신뢰도를 암시하는, 아동의 자기보고와 부모 보고 사이에서 일치점을 발견하였다.

료들의 연구는 인위적 검사(예, 정사각형이라고 생각하는 사물의 이름을 모두 말해 보시오.)와 현실적인 문제를 구분할 필요가 있다고 주장하였다. 또한 이 연구는 문제발견과 문제해결(Runco, 인쇄 중-b)의 차이점을 지적하였다. 이런 차이점에 대해서는 이 장의 뒷부분에서 논의할 것이다.

Sawyers와 Canestaro(1989)도 아이디어 검사(ideational tests)의 높은 예언타당도를 보고하였다. 이들은 다차원적 자극 유창성 검사(Multidimensional Stimulus Fluency Measure; MSFM)를 인테리어 디자인 과정에 등록한 학생에게 실시하였으며, 디자인 과정의 학점과 마지막 프로젝트에서의 창의성에 관한 자료를 수집하였다. MSFM은 Wallach과 Kogan(1965)의 검사를 차용한 것이다. Sawyers와 Canestaro의 연구는 대학생을 대상으로 한 것이지만 MSFM은 거의 모든 연령의 아동에게도 사용할 수 있다(예, Goble, Moran, & Bomba, 1991; Tegano & Moran, 1989). Sawyers와 Canestaro의 연구(1989)는 검사도구의 예언타당도(대략 .45)가 높았을 뿐만 아니라 특정 영역에 국한된—이 경우, 인테리어 디자인—창의성을 연구한 것이기 때문에 매우 중요하다. Runco(1987)는 영재아동과 영역 특수성의 연관성을 기술하였다(Csikszentmihalyi, 1990 참조).

Tegano와 Moran(1989)은 취학 전 아동, 초등학교 1학년과 3학년에게 MSFM을 사용하였다. 이 연구에서 주목할 만한 성별 차이는 발견되지 않았다. 취학 전 아동에게서는 성별 차이가 발견되지 않았으나 3학년에서 남아의 독창성과 대중성(popular) 점수가 더 높았다. Tegano와 Moran의 연구에서 동조성, 동화 전략, 사회화가 3학년 남아와 여아가 보여 준 수행 수준에 영향을 준 것으로 나타났다.

아이디어 지수

확산적 사고력의 평가 부문에서 나타난 변화 중에는 채점 기법의 혁신적 변화도 포함된다. 한 가지 혁신적인 변화는 앞에서 언급했듯이 대중성과 독창성 점수를 사용한 것이다(Goble et al., 1991; Hong & Milgram, 1991; Sawyers & Canestaro, 1989; Tegano & Moran, 1989). 두 번째 변화에 대해서는 Runco 와 Mraz(1992)가 기술하였다. 이들은 확산적 사고력 검사가, 피검사자가 내놓은 전체 아이디어를 점수화하는 데 초점을 맞춤으로써 정확하게 수량화할 수 있어야 한다―그리고 적은 노력으로 채점할 수 있어야 한다―고 제안하였다.

확산적 사고력 검사에 대해 아동들은 각 질문에 대해 서로 무관한 반응을 보이고 독창성, 융통성 등을 판단하기 위해서는 각각의 아이디어를 서로 비교해 보아야 한다. 이런 방법을 사용할 때 각 아이디어에 주어진 점수를 합한 것이 개별 아동의 점수가 된다. 그러므로 한 아동이 열 가지의 아이디어를 내놓았을 때, 그중 다섯 가지가 그 아동 혼자만이 내놓은 아이디어였다면 유창성 점수는 10이 되고 독창성 점수는 5가 된다(독창성은 단일한 아이디어라기보다 특이함의 차원에서 평가된다. 그러나 아직도 하나의 아이디어를 강조한다.). Runco와 Mraz(1992)는 평가자가 수검자의 아이디어 은행을 고려하는 다른 접근법을 택하였다. 여기에서 말하는 수검자의 다양한 아이디어는 서로 별개의 것이 아니다. 수검자가 아이디어를 내놓은 그대로―즉, (말을 그대로 받아 적은 후에) 일련의 리스트나 세트 형태로―평가자에게 제시될 것이다. 평가자는 각 아이디어 은행에 하나의 점수(예, 창의성 점수)를 부여하기만 하면 된다. 다시 말해, 평가자는 아이디어를 하나씩 평가하기보다는 일련의 아이디어로 구성된 전체를 평가해야 한다.

아이디어 은행을 점수화하는 것은 수검자가 사용한 패턴이 실제로는 연결되어 있기 때문에 유용하다. 아동이 내놓은 그대로 아이디어를 점수화할 수 있다. 아이디어 은행을 사용하는 장점은 Rossman과 Gollob(1975)의 연구를 통해 지지되었다. 이들은 다른 검사를 사용하여 정보가 많다면 평가자의 평가가 대체로 정확함을 보여 주었다. 이것이 Runco와 Mraz(1992)가, 각 수검자가 내놓은 전체 아이디어를 평가한 이유다. 평가자가 수검자의 아이디어 은행을 들여다보면, 한 아동이 얼마나 많은 아이디어를 내놓을 수 있고 서로 연결되어 있는 패턴이나 전략을 사용한 아동의 아이디어가 얼마나 특이한 것인지 등등을 알 수 있다. Runco와 Mraz는 수검자가 내놓은 전체 아이디어를 토대로 한 점수가 신뢰도가 높다는 사실을 발견하였다. 평점자 간 신뢰도도 .90 이상으로 매우 높았다. 항목 간의 신뢰도 계수도 대략 .62로 높았다.

실용적인 차원에서 아이디어 은행 평가 기법은 전통적인 기법보다 시간이 절약되기 때문에 매력적이다. 새로운 평가 체계에서는 다양한 아이디어를 서로 비교하고 분류(시간이 많이 걸리고 주관적인 판단을 요하는 과정이다.)한다. 그 밖에도 이 기법에 대한 후속 연구가 필요하다. 예를 들어, Runco와 Mraz(1992)는 연구대상자를 평가하기 위한 준거를 갖고 있지 않았으며 따라서 검사도구의 예언타당도를 구할 수 없었다. 또한 이들은 독창성보다는 창의성에 관한 점수를 구하였다. 이들은 선행연구에서 평가자들이 창의성을 구체적으로 정확하게 점수화해야 한다고 제안하였기 때문에 이렇게 한 것이다(Amabile, 1990; Runco, 1989 참조). 불행하게도 Runco와 Mraz(1992)는 창의성 점수와 지능(아이디어 은행에서 나옴)의 상관관계를 발견하였다. 그렇다면 평가자는 아동이 언제 창의적이고 언제 총명한지를 구분할 수 없는 것이다. 창의성 연구에서 변별 타당도의 문제는 긴 역사를 갖고 있다(예, Getzels & Jackson, 1962). 그러나 평가자들에게 쉽게 정의할 수 있는 관련된 어떤 것—독창성처럼—을 평가했다면 변별 타당도의 문제를 벗어난 것이다.

문제 확인

Chand와 Runco(인쇄 중)는 Okuda와 동료들(1991)의 연구를 확장하고 더 나아가 문제발견 검사를 개발하였다. 이들은 Runco와 Okuda(1988)의 제시형과 발견형 문제를 사용하였으며 여기에 새로운 검사를 한 가지 추가하였다. 새로 추가된 검사는 발견과 해결 검사로 수검자는 문제 중에서 자신이 생각해 본 것을 하나 선택하고 그 문제에 대한 해결책을 생각한다. Chand와

Runco는 문제발견 검사가 문제 생성 검사(problem generation tests)로 가장 좋은 검사라고 주장하였으며, 수검자들이 스스로 문제를 선택하게 함으로써 수행에 대한 내적 동기를 자극할 수 있다고 제안하였다. 이것은 내적 동기가 영재성을 극대화하고(Amabile, 1990; Hennessey, 1989; MacKinnon, 1983) 창의성의 중요한 측면(Renzulli, 1978)이기 때문에 중요하다.

발견과 해결 검사라는 새로운 확산적 사고력 검사를 개발한 것 이외에도 이 연구의 가장 중요한 측면—특히 영재아동에게 관심을 갖고 있는 연구자들에게—은 명확한 지시가 다양한 검사에서 다른 결과를 가져온다는 사실을 증명한 것이다. 종종 수행력을 극대화하거나 모든 수검자들이 문제를 동일하게 바라볼 수 있게 만들 때 명확한 지시를 사용한다(Harrington, 1975). 명확한 지시를 통하여 어떻게 검사에 임할 것인가에 대한 구체적인 정보를 제공할 수도 있다. 예를 들어, 수검자가 "다른 사람이 전혀 생각하지 않은 아이디어를 생각해 보세요."라고 말했다면 이것은 독창성을 극대화하기 위한 노력이다. 이러한 명확한 지시를 통하여 각각의 수검자들은 같은 목표를 공유할 수 있고 적절한 전략(어느 누구도 생각해 보지 않은 아이디어를 찾아보는 것)을 구사할 수 있을 것이다. 이보다 먼저 수행된 연구에서 Runco(1986)는 명확한 지시를 받은 후에 영재학생과 평재 학생의 독창성이 증가하였다고 보고하였으며, Runco와 Okuda(인쇄 중)는 명확한 지시를 많이 사용할 때 융통성 점수가 높아진다는 사실을 발견하였다. Chand와 Runco(인쇄 중)가 사용한 지시문은 독창성을 높이기 위해 고안된 것이다.

Chand와 Runco(인쇄 중)는 지시 조건(즉, 명확한 지시 대 보기 제시)과 문제 유형(즉, 문제발견 검사, 문제 생성 검사, 혹은 발견과 해결 검사) 간의 상호작용을 발견하였다. 명확한 지시를 사용할 때 문제발견 검사와 발견과 해결 검사에서 더 높은 점수가 나왔으나 문제 생성 검사에서는 별 효과가 없었다. 이러한 발견에 따르면, 명확한 지시는 사고전략—사고의 융통성과 독창성을 향상시키는 전략—을 가르치기 위해 사용될 수 있으나 특정 검사에서만 유용하였다. 인지심리학에서 쓰이는 용어를 사용하면, 명확한 지시는 아동의 상위인지(metacognition)를 강화하는 것 같다. 이 시점에서 영재아동이 특이한 상위인지 능력을 갖고 있음을 다시 한 번 생각해 보아야 할 것이다 (Davidson & Sternberg, 1984; Runco, 1986).

평가기술

Runco(1992b)는 평가기술과 가치화(valuative) 기술 모두 확산적 사고와 창의성에 포함된다고 주장하였다. Runco의 관점에서 보면, 평가는 개인이 아이디어들을 선택하고 가장 창의적이고 가장 유용한 해결책이나 반응을 찾으려고 노력할 때 발생한다. 아이디어들은 아마도 무작위로 떠오르지는 않을 것이다(Runco, 1992b; Simonton, 1988). 그러나 사람은 이 아이디어들을 평가한 후에 기록하고 적용하고 고려할 것이다. 현실적으로 아이디어들은 평가라기보다 가치가 부여된 다음에 선택된다. 가치화(valuation)는 아이디어의 가치와 적합성을 발견하려는 특수한 노력에 가장 잘 어울리는 명칭이다. 평가는 아동(혹은 부모나 교사)이 옳은 것보다는 틀린 것을 찾는 비판적인 활동을 말한다.

Runco(1992b)는 어떤 아동들은 무엇인가를 보았을 때 창의적 아이디어를 생각해 내지만 어떤 아이들은 그렇지 못하다는 점을 지적하였다. 또한 평가적 기술이 아이디어를 내놓는 능력, 즉 확산적 사고 능력과 중간 정도의 상관이 있다는 사실을 발견하였다. 이 상관관계는 아이디어 산출 능력이 평가기술에 종속되어 있으며 두 기술이 서로 중첩되는 것을 의미한다. 이것은 발달적 상호작용을 암시한다. 즉, 확산적 사고가 뛰어난 아동들은 아마도 아이디어를 평가하는 훈련을 더 많이 받았을 것이다. 실용적 차원에서 말한다면, 확산적 사고를 평가할 때마다 평가와 가치화도 평가해야 할 것이다.

Runco와 Vega(1990)는 부모와 교사의 평가 능력에 차이가 있다고 보고하였다. 이 연구에 따르면, 일부 부모와 교사만이 아이디어가 창의적인지 아닌지를 알고 있었다. 놀랍게도 부모와 교사의 평가는 정확성의 차원에서 차이가 있었다. 이런 결과는 부모와 교사가 다른 경험을 갖고 있고 그러한 경험의 차이가 평가의 불일치로 이어질 가능성이 높기 때문에 기대와 상반된 것이었다. 그러나 여러 명의 자녀를 둔 부모들은 자녀 수가 적은 부모보다 더 정확하게 창의적 아이디어를 찾아내었다. 이것은 단지 경험의 효과일 뿐이다.

평가기술에 대한 이런 연구는 중요한 교육적 시사점을 제공한다. 예를 들어, 부모와 교사가 평가와 가치판단의 기술을 향상시켜 준다면 아동이 인습적 사고의 압력을 받더라도 적절하게 선택적으로 받아들일 것이다. 이런 식으로 아동의 평가기술이 향상되면 4학년에 발생하는 창의성의 슬럼프는 최소화될 것이다(Torrance, 1968). 이 슬럼프에 대해서는 나중에 다시 논의할 것이다. 지금의 요점은 평가와 가치화가 중요한 교육 목표가 될 수 있다는 것이다. 평가기술에 대한 좀 더 많은 연구가 필요하다.

대인간 평가와 개인내적 평가를 비교해야 하듯이 평가 전략의 훈련에 대한 연구도 필요하다(Runco & Basadur, 1990 참조). Runco와 Smith(1991)는 대인간 평가와 개인내적 평가의 정확성에서 유의미한 차이가 있음을 발견하였다. 그러나 이 연구에서 사용한 표본에는 아동, 부모, 교사가 포함되어 있지 않았다. 부모 혹은 교사가 자녀나 학생의 아이디어를 평가할 때 대인간 평가기술을 사용하고 아동이 자신의 아이디어를 평가할 때는 개인내적 평가기술을 사용하기 때문에 이 두 가지 기술에 대해서는 좀 더 심층적인 연구가 필요하다.

질적으로 우수한 더 높은 수준의 확산적 사고 요인들

문제발견과 평가기술에 대한 연구는 창의적 사고가 다차원이라는 주장과 일치한다. Guilford의 자료 중 하나를 재분석한 Michael과 Bachelor (1990)는 창의적 사고가 다차원이라는 쟁점을 경험적으로 규명하였다. Michael과 Bachelor는 특히 Guilford의 지능구조검사(Guilford's structure of intellect test; SOI) 중에서 상위 수준에 속하는 확산적 산출 요인에 관심을 기울였다. 이들은 다양한 모형을 검토하고 가장 적합한 것(설명된 변량의 차원에서)이 아홉 가지의 사고 요인으로 구성된 모형이라고 보고하였다. 이들은 고차원적인 요인들이 포함된 한 모형을 발견하였으며 "창의성을 측정하기 위한 확산적 사고력 검사가 고차원적인 지적 요인을 유의미하게, 그리고 경제적으로 개념화할 수 있다."(1990, p.71)라고 말하는 단계에 도달하였다. 이 발견의 가장 중요한 측면은 이 연구가 Guilford의 지능모형을 이용했다는 점이다(1990, p.71). 다시 말해, 그 유명한 Guilford의 모형에서 제안하였듯이 다양한 확산적 사고력 검사들은 상당 부분 중첩된다. Bachelor와 Michael(인쇄 중)은 Guilford의 모형을 포괄적으로 재검토하였다.

확산적 사고에 대한 전통적 관점을 수정한 또 다른 연구는 관념화(ideation)를 질적으로 해석한 것이다. Dudek과 Verreault(1989), Urban(1991)은 확산적 사고력 검사를 이용하여 아동의 정서 상태에 대한 정보를 얻어 낼 수 있다고 보고하였다. Dudek과 Verreault(1989)는 Torrance의 창의적 사고력 검사에서 양적·질적으로 창의적이라고 판명된 아동과 비창의적인 아동을 비교하였다. Dudek과 Verreault는 사고의 일차적 과정을 반영하는 질적인 측정치에 특히 관심을 기울였다. 그들은 다음과 같이 말하였다.

> 우리의 주장은, 확산적 사고력이 우수한 아동은 규칙도 없고 전례가 없는 혼돈스러운 일차적 과정을 거쳐 사고한다는 것이다. 이런 사고과정은 기괴한 발상과 관련이 있다(1989, p. 80).

Dudek과 Verreault는 관념화 점수를 '방어적 요구(Defense Demand)' '방어적 효율성(Defense Effectiveness)' '자아로의 퇴행(Regression in the Service of the Ego)'이라고 명명하였으며, 매우 창의적인 아동과 그렇지 않은 아동 사이에서 유의미한 차이점을 발견하였다. 예를 들어, 창의적 아동

---

5) 역자 주: 여기에서 확산적 사고에 방어, 퇴행이라는 용어가 사용되고 있는 것은 자기중심적이

의 반응(예, 반응이 조잡함)에는 퇴행의 증거와 방어적 요구가 유의미하게 더 많이 포함되어 있었다.[5]

창의성의 정서적인 요소가 점차 중요시되고 있기 때문에 확산적 사고의 질적 측면은 중요시되고 있다(예, Shaw & Runco, 인쇄 중). 창의성은 인지기술 이상의 것을 요구한다. 또한 창의성에는 정서적 경향과 민감성이 요구된다. 이것이 창의성을 문제해결 기술과 동일하게 취급하지 않는 이유다. 창의성은 빠르게 아이디어를 내놓거나 문제를 잘 푸는 능력을 의미하지만 또한 많은 욕구나 느낌(예, 자기표현)을 반영한다. 이것은 영재성의 조작적 정의에 동기가 포함되어야 하는 이유이기도 하다(Albert & Runco, 1986; Feldhusen & Treffinger, 1990; Milgram, 1990; Renzulli, 1978).

실용적인 차원에서 말하면, Dudek과 Verreault(1989)의 연구는 더 이상 유창성 같은 아이디어의 양적 측면만을 들여다보면 안 된다고 제안한다. 우리는 영재가 아닌, 그리고 산출 반응의 수가 특별히 많지 않은 아동을 만날 수 있다. 그러나 반응의 특수한 측면을 세심하게 살펴보면 예외적인 재능을 알려 주는 지표를 만날 수 있을 것이다.[6] Dudek과 Verreault(1989)의 용어를 사용하면, "유창성이 낮은 것은… 검사 동기가 낮거나 불안한 상황에 대응하는 의식적 저항 때문일 수도 있다."(p. 81) 이것은 주목할 만한 창의성이나 영재성을 갖고 있는 아동을 간과할 수 있음을 의미한다. 그 이유는 아동이 독창적인 아이디어를 내놓는 데 관심이 없거나 의욕이 없을 수도 있기 때문이다. 확산적 사고의 질적 측면을 면밀히 검토한다면 특정 영역에서 영재성을 갖고 있는 아동을 발견할 수 있을 것이다(Gruber, 1985; Runco, 1987). Gruber는 도덕적인 영역에서의 영재성이라는 개념을 제안하였다.

Urban(1991)은 확산적 사고의 두 번째 질적 측면을 연구하였다. 그의 검사는 독일에서 개발되었고, 창의적 사고 그림 산출 검사(Test zum schop-

---

고 환상적인 전조작기와 오이디푸스 이전 단계가 창의성에 중요한 역할을 하기 때문이다.
6) 이것은 어떤 의미에서 질적·양적 쟁점을 들여다보는 또 다른 길일 수 있다(Hong & Milgram, 1991; Runco, 1987 참조).

ferischen Denken Zeichnerisch)라고 부른다. 그러나 여기에서 나는 이 검사를 창의적 사고의 그림 산출 검사(Drawing Production Test of Creative Thinking; DPTCT)라고 부르겠다. DPTCT에 대해 Urban(1991)은 다음과 같이 말했다.

> 독일어로 schopferisch는 모양, 산출, 창의적 생산물의 최종적인 게슈탈트를 의미한다. 이 검사의 목적은 확산적인 사고의 양뿐만 아니라 질적인 측면, 내용, 게슈탈트, 정교함을 고려하는 것이다(p. 109).

분명히 Dudek과 Verreault(1989)처럼 Urban도 창의적 사고의 질적 측면 평가에 관심을 가졌다. DPTCT에서는 아동에게 선을 사용하여 그림을 완성하라고 한다. 이 검사는 산출의 경향성을 점수화한다(예, 새로운 요소, 주제와의 연관성, 유머, 비인습성).

Urban(1991)은 질적 지표를 사용한 연구에서 6세 때 창의성이 슬럼프에 빠지는 것을 발견하였다. 이것은 Torrance가 말한 초등학교 4학년의 슬럼프와 쌍벽을 이룬다. 슬럼프 시기는 Gardner(1982)의 말에 따르면 문자 단계(literal stage)이고, Rosenblatt과 Winner(1988)가 말한 학령기의 인습적 기호 단계다. 이것은 학자 간에 의견이 일치하는 주목할 만한 중요한 개념이다. 또한 영재아동의 창의성에 관심을 기울이는 사람에게는 실용적으로 가치 있는 개념이다. 예컨대, 부모와 교사는 초등학교에서 아동이 겪는 창의성의 슬럼프 시기를 잘 알고 있어야 한다. 또한 부모와 교사는 문자를 통한 사고와 슬럼프의 연관성을 인식해야 한다. 부모와 교사가 아동의 비문자적인 사고를 강화하고 격려하고 시범을 보여 준다면 확산적 사고가 줄어드는 것을 최소화할 수 있을 것이다. 더욱이 부모와 교육자들은 4학년 때의 슬럼프에 영향을 줄지라도 문자를 통한 사고가 인습적 사고, 적절한 규칙과 행동의 습득을 돕는다는 사실도 알고 있어야 한다. 청소년기의 가설적 사고(Elkind, 1980)와 마찬가지로, 문자적 사고에도 득과 실이 있으며 어른은 득과 실 모두를 잘 알고 있어야 한다. 문자적 사고는 아동의 확산적 사고를 방해하지만 동시에 이런 사고를 통하여 아동은 언어와 다양한 상징을 효율적으로 사용할 수 있다.

결 론

이 논문에서 검토한 연구들은 그동안 확산적 사고—그리고 창의적 잠재력—에 대한 우리의 이해가 계속 발전해 왔다고 제안하고 있다. 이 분야의 발전은 끝이 없을 것이다. 영재의 수행에 창의성이 매우 중요한 역할을 한다고 가정할 때, 확산적 사고의 패러다임의 진화는 영재성에 관심을 갖고 있는 사람에게 매우 중요하다(Albert & Runco, 1986; Feldhusen & Treffinger, 1990; Milgram, 1990; Renzulli, 1978). 최근의 연구에 따르면, 영재아동임을 판별할 때 더 이상 일반적인 확산적 사고만을 고려해서는 안 된다. 확산성, 그 자체가 관심거리가 아니라면 확산적 사고는 잘못 붙인 명칭이다. 영재아동은 유창성, 독창성, 융통성이 우수하다고 기대할 수 있으나 교육자들은 정서적 측면과 함께 (a) 아이디어의 질적 측면, (b) 문제를 정의하고 발견할 수 있는 아동의 능력, (c) 가치화와 평가기술을 고려해야 한다.

확산적 사고에 대한 연구는 계속 발전되어 왔지만 이론적 발전은 지체되어 있다. 예를 들어, 확산적 사고에 대한 대부분의 기술은 수동적인 연상(associative) 과정을 사용한다고 가정하는 것 같다. 문제는 사고가 수동적 과정이 아니라는 데 있다. 정보처리는 개인이 주의를 기울여 능동적으로 참여하고 어떤 정보를 기억하고 조작해야 할 것인지 판단하는 선택적인 과정이다(Runco, 인쇄 중-a). 선택은 평가적 기술, 문제 정의, 전략이 필요한 활동이다. 능동성과 인지를 강조하는 사고과정에 대한 새로운 모형이 필요하다.

또한 자연스러운 환경에서 요구되는 능동적 기술을 포함한 다양한 기술을 측정하는 검사도구가 필요하다. 이 논문의 앞에서 언급했듯이, 이러한 방향으로의 발전이 있었다(Hong & Milgram, 1991; Okuda et al., 1991). 효율적인 질적 측정을 통해 영재를 확인하고(Michael & Bachelor, 1990; Runco & Mraz, 1992), 아이디어의 질적 측면을 이해하기 위한 발전이 있었다(Dudek & Verreault, 1989; Urban, 1991). 확산적 사고는 생산성과 아이디어의 유창성, 그 이상의 것이다. 어떤 아동이 얼마나 유창한지 알려면 정말로 알아야 하는 것은 무엇일까? 확산적 사고를 하는 아동은 아이디어만 많이 내놓을 뿐이다. 창의적 아동을 이해하기 위해 우리는 많은 다른 것들―두 가지만 예를 들면, 흥미를 갖고 있는 분야, 정서적인 경향성―을 알아야만 한다. 이것은 특히 창의적 영재아동에게 필요하다(Runco & Okuda, 인쇄 중).

확산적 사고의 다른 측면에 관심을 갖고 있는 독자들은 Cropley(1992), Khire(인쇄 중), Runco(1991b; Runco & Okuda, 인쇄 중)를 참고해야 한다. Runco(1991b, chap. 20; Runco & Okuda, 인쇄 중)와 Cropley(1992)는 구체적으로 확산적 사고 연구의 교육적인 시사점에 초점을 맞추었다. 근래에 Parnes-Osborn은 경험적 조사를 통하여 중학생에게 효율적인 검사를 개발하였다(Baer, 1988). 부모와의 분리와 확산적 사고력 사이에서(Jenkins, Hedlund, & Ripple, 1988), 그리고 형제간의 연령차와 확산적 사고력 사이에서(Radio Gaynor & Runco, 1992) 상관관계가 발견되었으며, 언어 유창성과 사회적 능력과 확산적 사고 사이에서도 상관관계가 발견되었다(Kagan, 1988).

지금까지 검토해 본 몇몇 연구는 평재 아동을 대상으로 한 것이었다. 그러나 창의적 영재성이 정상 분포한다면, 다른 아동에게서 발견된 것이 영재 아동을 이해하는 데 어떤 도움을 줄까? 평재 집단에서 나온 결과를 영재 집단에 일반화시킬 수 있는지를 살펴본 연구가 있다(예, Albert & Runco, 1989; Milgram & Milgram, 1976; Moran & Lion, 1982; Runco, 1985, 1986, 1987; Runco & Albert, 1985, 1986). 그리고 그중에서 느슨한 기준을 사용하는 검사 대 엄격한 기준을 사용하는 검사, 실생활에서의 문제를 이용한 검사, 평가적 사고와 가치화 사고를 측정하는 검사, 아이디어의 질적 측면을 측정하는 검

사는 다른 연구를 통한 지지를 받았고, 영재아동 표본에서도 타당성이 입증
되었다. 실제로 이 연구에서 실시한 문헌 연구는 창의적 영재성에 관한 후
속 연구를 위해 구체적인 방향을 제시해 줄 것이다.

참고문헌

Albert, R. S., & Runco, M. A. (1986). The achievement of eminence: A model of exceptionally gifted boys and their families. In R. J. Sternberg & J. E. Davidson (Eds.), *Conceptions of giftedness* (pp. 332-357). New York: Cambridge University Press.

Albert, R. S., & Runco, M. A. (1989). Independence and cognitive ability in gifted and exceptionally gifted boys. *Journal of Youth and Adolescence, 18*, 221-230.

Amabile, T. M. (1990). Within you, without you: A social psychology of creativity and beyond. In M. A. Runco & R. S. Albert (Eds.), *Theories of creativity* (pp. 61-91). Newbury Park, CA: Sage.

Bachelor, P. A., & Michael, W. B. (in press). The structure of intellect model revisited. In M. A. Runco (Ed.), *Creativity research handbook*. Cresskill, NJ: Hampton.

Baer, J. M. (1988). Long-term effects of creativity training with middle school students. *Journal of Early Adolescence, 8*, 183-193.

Chand, I., & Runco, M. A. (in press). Problem finding skills as components in the creative process. *Personality and Individual Differences.*

Cropley, A. J. (1992). *More ways than one: Fostering creativity.* Norwood, NJ: Ablex.

Csikszentmihalyi, M. (1990). The domain of creativity. In M. A. Runco & R. S. Albert (Eds.), *Theories of creativity* (pp. 190-212). Newbury Park, CA: Sage.

Davidson, J. E., & Sternberg, R. J. (1984). The role of insight in intellectual giftedness. *Gifted Child Quarterly, 28*, 58-64.

Dudek, S. Z., & Verreault, R. (1989). The creative thinking and ego functioning of children. *Creativity Research Journal, 2,* 64-86.

Elkind, D. (1980). *Children and adolescents.* New York: Oxford University Press.

Feldhusen, J. F., Bahlke, S. J., & Treffinger, D. J. (1969). Teaching creative thinking. *Elementary School Journal,* 70, 48-53.

Feldhusen, J., & Treffinger, D. (1990). *Creative thinking and problem solving in gifted education* (3rd ed.), Dubuque, IA: Kendall-Hunt.

Gardner, H. (1982). *Art, mind, and brain: A cognitive approach to creativity.* New York: Basic Books.

Getzels, J. W., & Jackson, P. W. (1962). *Creativity and intelligence Exploration with gifted students.* New York: Wiley.

Goble, C., Moran, J. D., & Bomba, A. K. (1991). Maternal teaching techniques and preschool children's ideational fluency. *Creativity Research Journal, 4,* 278-280.

Gruber, H. E. (1985). Giftedness and moral responsibility: Creative thinking and human survival. In F. D. Horowitz & M. O'Brien (Eds.), *The gifted and talented: Developmental perspectives* (pp. 301-330). Washington, DC: American Psychological Association.

Harrington, D. M. (1975). Effects of explicit instructions to "be creative" on the psychological meaning of divergent thinking test scores. *Journal of Personality, 43,* 434-454.

Hennessey, B. (1989). The effect of extrinsic constraint on children's creativity while using a computer. *Creativity Research Journal, 2,* 151-108.

Hocevar, D. (1979). Ideational fluency as a confounding factor in the measurement of originality. *Journal of Educational Psychology, 71,* 191-196.

Hong, E., & Milgram, R. M. (1991). Original thinking in preschool children: A validation of ideational fluency measures. *Creativity Research Journal, 5,* 253-260.

Jenkins, J. E., Hedlund, D. E., & Ripple, R. E. (1988). Parental separation effects on children's divergent thinking abilities and creative potential. *Child Study Journal, 18,* 149-159.

Kagan, D. N. (1988). Measurements of divergent and complex thinking. *Educational and Psychological Measurement, 48*, 873-884.

Khire, U. (in press). Guilford's SOI model and behavioral intelligence with special reference to creative behavioral abilities. In S. G. Isaksen, M. C. Murdock, R. I. Firestien, & D. J. Treffinger (Eds.), *Understanding and recognizing creativity.* Norwood, NJ: Ablex.

MacKinnon, D. W. (1983). The highly effective individual. In R. S. Albert (Ed.), *Genius and eminence: The social psychology of creativity and exceptional achievement* (pp. 114-127). Oxford: Pergamon. (Original work published 1960.)

Michael, W. B., & Bachelor, P. A. (1990). Higher order structure-of-intellect creativity factors in divergent production tests: Reanalysis of a Guilford data base. *Creativity Research Journal, 3*, 58-74.

Milgram, R. M. (1990). Creativity: An idea whose time has come and gone? In M. A. Runco & R. S. Albert (Eds.), *Theories of creativity* (pp. 215-233). Newbury Park, CA: Sage.

Milgram, R. M., & Milgram, N. A. (1976). Group versus individual administration in the measurement of creative thinking in gifted and nongifted children. *Child Development, 47*, 563-565.

Moran, J. D., & Lion, E. Y. Y. (1982). Effects of reward on creativity in college students of two levels of ability. *Perceptual and Motor Skills, 54*, 43-48.

Nicholls, J. G. (1983). Creativity in the person who will never produce anything original or useful. In R. S. Albert (Ed.), *Genius and eminence: The social psychology of creativity and exceptional achievement* (pp. 265-279). Oxford: Pergamon.

Okuda, S. M., Runco, M. A., & Berger, D. E. (1991). Creativity and the finding and solving of real world problems. *Journal of psychoeducational Assessment, 9*, 45-53.

Radio Gaynor, J. I., & Runco, M. A. (1992). Family size, birth order, age-interval, and the creativity of children. *Journal of Creative Behavior, 26*, 108-118.

Renzulli, J. S. (1978). What makes giftedness? Re-examining a definition. *Phi

Delta Kappan, 60, 180-184.

Renzulli, J. S. (1982). What makes a problem real: Stalking the illusive meaning of qualitative differences in gifted education. *Gifted Child Quarterly,* 26, 147-156.

Rosenblatt, E., & Winner, E. (1988). The art of children's drawing. In H. Gardner & D. Perkins (Eds.), *Art, mind, And education* (pp. 3-16). Urbana, IL: University of Chicago Press.

Rossman, B. B., & Gollob, H. F. (1975). Comparison of social judgements of creativity and intelligence. *Journal of Personality and Social Psychology, 31,* 271-281.

Runco, M. A. (1985). Reliability and convergent validity of ideational flexibility as a function of academic achievement. *Perceptual and Motor Skills, 61,* 1075-1081.

Runco, M. A. (1986). Maximal performance on divergent thinking tests by gifted, talented, and nongifted children. *Psychology in the Schools, 23,* 308-315.

Runco, M. A. (1987). The generality of creative performance in gifted and nongifted children. *Gifted Child Quarterly, 31,* 121-125.

Runco, M. A. (1989). The creativity of children's art. *Child Study Journal, 19,* 177-189.

Runco, M. A. (1991a). Comment on investment and economic theories of creativity: A reply to Sternberg and Lubart. *Creativity Research Journal, 4,* 202-205.

Runco, M. A. (1991b). *Divergent thinking.* Norwood, NJ: Ablex.

Runco, M. A. (1992a). Children's divergent thinking and creative ideation. *Development Review, 12,* 223-264.

Runco, M. A. (1992b). The evaluative, valuative, and divergent thinking of children. *Journal of Creative Behavior, 25,* 311-319.

Runco, M. A. (in press-a). Creativity, cognition, and their educational implications. In J. C. Houtz (Ed.), *The educational psychology of creativity.* New York: Fordham University Press.

Runco, M. A. (Ed.). (in press-b). *Problem finding, problem solving, and*

영재성의 정의와 개념

creativity. Norwood, NJ: Ablex.

Runco, M. A., & Albert, R. S. (1985). The reliability and validity of ideational originality in the divergent thinking of academically gifted and nongifted children. *Educational and Psychological Measurement, 45,* 483-501.

Runco, M. A., & Albert, R. S. (1986). Exceptional giftedness in early adolescence and intrafamilial divergent thinking. *Journal of Youth and Adolescence, 15,* 333-342.

Runco, M. A., & Basadur, M. (1990). *Assessing ideational and evaluative skills and creative styles and attitudes.* Paper presented at the International Engineering Management Conference. San Jose, CA.

Runco, M. A., Ebersole, P., & Mraz, W. (1991). Self-actualization and creativity. *Journal of Social Behavior and Personality, 6,* 161-167.

Runco, M. A., & Mraz, W. (1992). Scoring divergent thinking tests using total ideational output and a creativity index. *Educational and Psychological Measurement, 52,* 213-221.

Runco, M. A., Noble, E. P., & Luptak, Y. (1990). Agreement between mothers and sons on ratings of creative activity. *Educational and Psychological Measurement, 50,* 673-680.

Runco, M. A., & Okuda, S. M. (1988). Problem discovery, divergent thinking, and the creative process. *Journal of Youth and Adolescence, 17,* 211-220.

Runco, M. A., & Okuda, S. M. (in press). Reaching creatively gifted children through their learning styles. In R. M. Milgram & R. Dunn (Eds.), *Teaching the gifted and talented through their learning styles.* New York Praeger.

Runco, M. A., & Smith W. R. (1991). Interpersonal and intrapersonal evaluations of ideas *Personality and Individual Difference, 13,* 295-302.

Runco, M. A., & Vega, L. (1990). Evaluating the creativity of children's ideas. *Journal of Social Behavior and Personality, 5,* 439-452.

Sawyers, J. K., & Canestaro, N. C. (1989). Creativity and achievement in design coursework. *Creativity Research Journal, 2,* 126-133.

Schotte, D. E., & Clum, G. A. (1987). Problem-solving skills in suicidal psychiatric patients. *Journal of Consulting and Clinical Psychology, 55,* 49-54.

Shaw, M., & Runco, M. A. (Eds.). (in press). Creativity and affect. Norwood, NJ: Ablex.

Simonton, D. K. (1988). *Scientific genius: A psychology of science*. New York: Cambridge University Press.

Sternberg, R. J., & Lubart, T. I. (1991). Short selling the investment theory of creativity: A reply to Runco. *Creativity Research Journal, 4*, 200-202.

Torrance, E. P. (1968). A longitudinal examination of the fourth-grade slump in creativity. *Gifted Child Quarterly, 12*, 195-199.

Tegano, D. W., & Moran, J. D. (1989). Sex differences in the originality of preschool and elementary school children. *Creativity Research Journal, 2*, 102-110.

Urban, K. K. (1991). On the development of creativity in children. *Creativity Research Journal, 4*, 177-191.

Wallach, M. A., & Kogan, N. (1965). *Modes of thinking in children*. New York: Holt, Rinehart & Winston.

Wallach, M. A., & Wing, C. (1969). *The talented student*. New York: Holt, Rinehart & Winston.

Weisberg, R. W. (1986). *Creativity, genius, and other myths*. New York: Freeman.

06

영재성으로의 지혜[1]

Robert J. Sternberg(Yale University)

이 논문은 지금까지 홀대받던 영재성의 중요한 종류인 지혜에 대하여 기술하였다. 첫째, 최근에 영재성이 어떻게 정의되고 있는지를 논의하였다. 둘째, 균형이론(balance theory)에 기초하여 지혜에 대한 대안적인 관점을 제시하였다. 왜 이 이론이 지혜를 개념화하는 유용한 방법을 제공하는지에 대하여 보여 준다. 마지막으로, 이 논문은 영재성의 한 형태로서 지혜를 인식하고 발달시키기 위해 강한 동기를 가져야 함을 강조하면서 마무리하였다.

만약 우리가 20세기의 뛰어난 4명의 영재인 마하트마 간디, 마더 테레사, 마틴 루터 킹, 넬슨 만델라를 판별할 것을 요구받는다면 전통적인 지능검사로 측정될 수 있는 영재성의 종류가 아니라고 결론지을 수 있을 것이다. 이러한 개인이 공유하는 영재성의 종류는 지능의 광범위한 이론으로는 판별조차 되지 않는다. 예를 들어, 이 사람들은 대인간(interpersonal)지능에서 모두 높을 것이라고 가정할 수 있다(Gardner, 1983). 그러나 히틀러도 그런 사람이었다. 히틀러는 대중을 확실히 선동할 수 있었고, 자신의 의지를 사람에게 주입시키는 데 능숙하였다. 이러한 사람이 공유하는 영재성은 사회적 지

---

1) 편저자 주: Sternberg, R. J. (2000). Wisdom as a form of giftedness. *Gifted Child Quarterly, 44*(4), 252-260. © 2000. National Association for Gifted Children. 필자 승인 후 재인쇄.

능(Cantor & Kihlstrom, 1987)과도 다르고 감성지능(Goleman, 1995; Salovey & Mayer, 1990)과도 다르다. 실제적 지능과 같이 이러한 종류의 지능은 타인의 실제적 지능을 배제하거나, 심지어 체계적으로 타인의 이익을 무시하면서 자신의 이익만을 고려하여 사용되는 지능이다.

나의 삼원지능이론과 지적 영재성에서도 이러한 4명의 영재를 구분하지 못했다(Sternberg, 1984, 1985, 1997, 1999b). 그들을 분석적으로 살펴보면 지능이 뛰어나다고 볼 수 있다. 아마도 아이작 뉴턴, 존 스튜어트 밀, 알버트 아인슈타인과 같은 영재보다는 지능지수가 떨어지겠지만 그들 모두 창의적일 것이다(Renzulli[1984]가 명명한 '창의적-생산적 영재성'). 그러나 문학에서의 제프리 초서와 빅토르 위고, 음악에서의 루드비히 반 베토벤과 페테르 차이코프스키, 자연과학에서의 찰스 다윈과 루이스 파스퇴르 등과 비교할 만한 뚜렷한 업적을 남기지도 않았다. 그들은 문학, 음악, 과학, 철학 분야에서 놀랄 만한 성과물을 남기지 않았다. 그들은 실제적인 면에서 영재일 수 있

연구의 활용도

교육의 주요 목표는 학생에게 성공적이고 만족스러운 삶을 준비하도록 하는 것이다. 그러나 종종 '만족'보다는 '성공'을 강조하는 것 같다. 학생은 만족에 대한 경로를 학습하지 않고 성공의 경로를 학습한다. 지혜를 가르치는 것은 학생을 보다 행복하게 만들고, 보다 생산적인 삶으로 인도한다. 그리고 보다 훌륭한 시민으로 가는 최선의 길이다. 예컨대, 학생은 문답식 사고법, 자신보다 타인의 관점에서 이해하기, 그리고 자신만의 이익이 아닌 타인과 사회의 이익을 위해 사고하는 법을 학습할 필요가 있다. 이러한 주제들은 미국과 같이 개인주의가 높은 사회, 타인을 배려하고 집단적 책임감을 덜 중요시하는 사회에서 보다 중요할 것이다. 학생에게 그들 자신의 선보다 공공의 선에 초점을 두는 교육을 하지 않는 한, 학생은 이런 종류의 사고법을 결코 학습하지 못할 것이다. 또한 그들은 다른 사람처럼 장기적 목적보다 단기적 이익을 추구하는 시민이 될 것이다. 지혜를 가르치려는 우리의 현재 연구는 자이언트 기금을 받았으며, 중학생에게 이 논문에 기술된 원리의 훈련법을 가르치는 것이다.

으나 권력을 유지할 수 있는 법을 고안하고 수많은 정적을 절대적으로 통제한 사악한 인물인 후세인과 같은 인물과 견줄 수 없다. 실제적 지능이란 자신의 목적을 달성하기 위해 사용될 수 있는 것에만 한정될 수 있거나, 이러한 사람의 목적과 밀접하게 관련되어 있을 때만 사용되는 지능이다. 지혜는 이러한 방법으로 결코 사용될 수 없다. 높은 수준의 실제적 지능은 전통적 규범에 일치하여 일생의 성공을 이끌 수 있으나, 지혜는 자신이 정한 규범을 따르는 인생에서 성취 목표의 만족과 달성에 관한 열쇠일 수 있다.

마하트마 간디, 마더 테레사, 마틴 루터 킹, 넬슨 만델라와 같은 사람이 공통적으로 가지고 있는 영재성의 종류는 전통적인 정의나 최신의 이론에서 정의하는 지능이라기보다는 지혜로 보인다.

지혜의 본질

지혜는 '지식, 경험, 이해력 등에 기초해서 올바르게 판단하고 건전한 행동 노선을 따르는 힘'으로 정의된다(Neufeldt & Guralnik, 1997, p. 1533). 그러나 보통 사전적 정의는 심리학적 이해에 충분한 설명을 하지 못한다. 많은 학자는 철학적이고(Robinson, 1990), 심리학적인 여러 관점에서 지혜에 대한 연구를 시도하여 왔다. Sternberg(1990, 1998), Baltes와 Staudinger(인쇄 중)와 같은 학자는 또 다른 접근방법을 요약 정리하였다. Guilford(1967)와 Bloom(1985)과 같은 지능과 학습 이론가는 평가 기능의 중요성에 역점을 두거나 지능의 수준에 영재성을 부여하였는데, 이러한 논의는 지능과 지혜를 관계짓는 영재성의 또 다른 분류를 제공해 줄 수 있다.

Sternberg(1998)는 여기서 지혜에 대한 접근방법을 제안하였다. 지혜에 대한 이러한 개념 정립은 자신, 타인, 맥락적 상황에 대한 암묵적 지식(Polanyi, 1976)의 구성과 함께 시작되었다. 암묵적 지식은 명시적으로 가르쳐지지 않고 종종 언어로 표현되지 않는 인생의 교훈으로 구성되었다(Sternberg,

Wagner, Williams, & Horvath, 1995). 암묵적 지식은 3가지 주요 특징을 가지는데, (a) 절차적이고, (b) 사람이 가치를 두는 목적의 성취와 관련되며, (3) 직접적인 교실 학습이나 교재 학습으로 획득되기보다는 경험이나 훌륭한 조언을 받음으로써 획득된다.

암묵적 지식은 실제적 지능의 본질적인 성분을 구성한다. 여기서 인용된 암묵적 지식의 특별한 개념은 삼원지능이론에서 추출되었다(Sternberg, 1985, 1997). 제안된 이론의 장점은 지능이론(삼원지능이론)과 관련되며, 동시에 지혜가 지능의 3개 요소(분석지능, 창의적 지능, 실제적 지능)와 어떻게 구분되는지를 설명하고 있다.

암묵적 지식은 영역 내에서 획득되지만, Csikszentmihalyi(1988, 1996)가 구분한 분야에 보다 전형적으로 적용된다. Csikszentmihalyi는 사회적으로 정의된 분야의 형식 지식으로 분야를 언급하였다. 예를 들어, 실험 결과 구성법, 시행법, 분석법을 아는 것은 실험심리학의 영역에서 중요한 지식이 될 수 있다. 그러나 그 결과에 대해 설득력 있게 말하는 것, 결과를 발표하는 것, 결과를 다음의 더 큰 실험 목적을 설정하는 데 사용해야 하는지를 아는 것은 '분야'의 지식을 구성한다고 볼 수 있다. 따라서 일반적인 의미의 실제적 지능과 특별한 의미의 지혜가 분야에서 우선적으로 적용되는 것과는 달리, 학문적 지능은 영역에서 먼저 적용되는 것으로 보인다. 분야가 영역의 사회적 조직을 대표하기 때문에 개인내적, 대인간, 외부 대인간에 상호작용이 일어나는 분야에서 우선적으로 존재한다.

영역보다 분야의 중요성이 더 클수록 지혜에 대한 설명에서 왜 암묵적 지식이 명시적 형식 지식보다 명확성을 더하는지가 지혜를 설명하는 바탕이 된다. 학문의 본질적 문제에 대한 형식 지식은 해당 학문 분야의 전문가에게 필수적이다(Chi, Glaser, & Farr, 1988; Hoffman, 1992). 그러나 영역에 기초한 전문가에게 지혜는 필요하지도 충분하지도 않다. 우리는 현명하지 않은 영역에 기초한 전문가를 알고 있다. 우리는 정식 교육을 거의 받지 않은 지혜로운 사람 또한 알고 있다. 그들은 '인생의 학교'에서 암묵적 지식을 획득

영재성의 정의와 개념

하였다.

지능은 영재성에도 중요하지만 지혜에도 중요하다. 아이디어를 떠올릴 수 있는 창의적인 능력이 필요하고 아이디어의 좋고 나쁨을 결정하기 위한 분석 능력도 필요하다. 자신의 아이디어를 기능적으로 전환하고 이 아이디어의 가치를 다른 사람에게 설득할 실질적인 능력도 필요하다. 그러나 장단기적인 관점에서 자신만이 아닌, 타인 그리고 다른 기관과 관련된 아이디어의 효과를 균형 잡기 위해서는 지혜가 필요하다.

지혜의 균형이론

균형 잡힌 이익을 위한 암묵적 지식으로서의 지혜

여기서 제안된 지혜의 정의([그림 6-1] 참조)는 앞서 기술한 암묵적 지식의 개념과 균형의 개념에서 추출되었다. 특별히, 지혜는 다중이익[(a) 개인내적, (b) 대인간, (c) 외부 대인간], 그리고 장단기적으로 환경적인 맥락[(a) 현존하는 환경적 맥락에 적응, (b) 현존하는 환경적 맥락의 조성, (c) 새로운 환경적 맥락의 선택]에 대한 반응을 성취하기 위하여 균형을 통한 공공의 선을 달성할 목적으로 한 가치에 따라 중재되는 암묵적 지식의 적용으로 정의된다.

이 이론에서 공공의 선은 가족이나 친구, 친한 집단의 구성원과 같은 특정 집단을 위해서가 아니라 모든 사람에게 공통적으로 이로운 것을 말한다. 그래서 자신의 목적이나 다른 사람을 희생양으로 삼아 특정 집단의 목적 달성을 극대화하기 위한 독재자는 공공의 선을 극대화하지 않는다.

따라서 실제적 지능이 개인이든 집단이든 간에 일련의 이익 극대화를 위해 적용될 수 있는 반면, 지혜는 대인간의 균형을 위해 적용된다. 실제적 지능은 이해관계의 균형과 관련되지 않을 수도 있으나, 지혜는 이익의 균형과 반드시 관련되어야만 한다. 지혜의 결과는 보통 다른 사람에게 주는 충고의

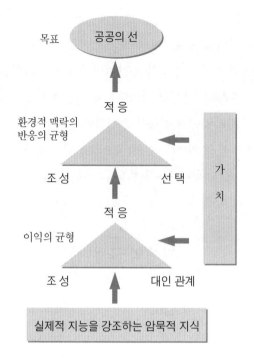

목표　　공공의 선

적 응

환경적 맥락의
반응의 균형

조 성　　　선 택

가
치

적 응

이익의 균형

조 성　　　대인 관계

실제적 지능을 강조하는 암묵적 지식

[그림 6-1]　지혜의 균형이론

주: 실제적 지능을 강조하는 암묵적 지식은 공공의 선을 달성하기 위하여 개인내적, 대인간, 외부
대인간의 이익이 균형을 유지하고, 환경의 적응, 조성, 선택의 환경적 맥락에 대한 반응이 균
형을 유지하기 위해 적용되는 것이다. 사람이 암묵적 지식으로 이익과 반응의 균형을 유지하
는 데 어떻게 가치를 사용하는지를 중재한다.

형태이나 때때로 자신에게 국한될 때도 있다. 지혜로운 영재는 훌륭하게 충
고하는 데 특히 능숙하다.

전제군주의 실제적 지능은 뛰어나나 현명하지 않다는 것을 이제는 잘 이
해할 수 있을 것이다. 사람이 실제적 지능을 적용할 때 이러한 견해의 암묵
적 암시는 공공의 선에는 나쁠 수 있으나 자신이나 가족에게는 이로울 수 있
는 결과를 추구하는 것일 수도 있다. 예를 들어, 전제군주는 대부분 자신의
이해관계를 위해서 나라 전체를 통제하는 실제적 지능을 활용한다. 히틀러
나 스탈린은 그들의 판단 요소에 균형을 잡았지만 공공의 선을 위해서는 아
니었다.

　영재성의 정의와 개념

변호사처럼 다른 사람의 이해관계를 위해 실제적 지능을 사용할 수도 있다. 지혜는 실제적 지능의 한 종류로 이용되어 어떤 사람은 자신의 목적 달성을 추구할 수도 있고(개인내적 이익), 어떤 사람은 다른 사람과 이해관계의 균형을 잡기 위해 노력할 수도 있으며(대인간 이익), 어떤 사람은 맥락적 요인(외부 대인간의 이익)을 위해 노력할 수도 있는 것이다. 이익 간의 균형은 환경의 적응, 조성, 선택을 결정한다.

현명한 해결을 요구하는 문제는 환경의 적응, 조성, 선택처럼 비록 그 비중이 다르고, 그들의 적응, 조성, 선택의 개인차가 존재하지만, 최소한 개인 내적 이익, 대인간 이익, 외부 대인간의 이익과 관련되어 있다. 영재 개인은 특별히 이익에 무게를 더 둔다. 따라서 전통적인 영재성 개념이 하나 또는 그 이상의 척도에서 양을 강조한 반면, 지혜로서의 영재성 개념은 판단의 균형을 강조한다. 예를 들면, 어떤 사람이 대학에 가는 것을 현명하다고 결정할 수 있다. 문제는 그 사람에게만 국한된 것으로 보일 수 있으나 여전히 많은 사람(부모, 친구, 중요한 타인, 아이, 기타 등등)이 대학을 가는 것과 같은 개인적인 결정에 영향을 미친다는 것이다. 그 결정은 항상 가용한 모든 선택 범위를 고려한 맥락에서 결정되어야 한다.

결정을 할 때는 미래 환경을 선택해야 하고, 그리하여 자신의 현재 환경뿐만 아니라 타인의 환경에도 적응하고 조성해야 한다. 이와 유사한 예로 유산에 대한 갈등도 자신뿐만 아니라, 태어나지 않았지만 태아나 그 태아의 아버지와 같이 그 사람에게 가까운 타인과 관계가 있고, 사회의 규칙이나 관습도 관계되기 때문에 지혜가 필요하다. 유산의 경우에 자신과 잠재적 유아 모두를 위해 심도 깊은 환경의 적응, 조성, 선택을 결정한다. 각각의 경우에 이해관계의 균형 없이 자신을 위해 실제적 지능을 활용할 수 있다. 그러나 현명한 결정을 위해서 이해관계가 고려되어야 하고 장단기에 걸친 공공의 선을 추구하여야 한다.

현명한 판단인가에 대한 궁극적인 검증은 판단이 무엇인가가 아니라, 판단이 어떻게 해서 이루어졌느냐에 달려 있다. 두 명의 개인은 서로 다른 결론을 내릴 수 있지만, 만약 그들의 결정이 판단 정보처리과정에서 균형이론이 제시한 기준에 근거했다면 둘 다 현명할 수 있다. 예를 들어, 다른 종교적 신념을 가진 지도자가 다른 신념 체계를 가질 수 있고 여전히 상대적으로 현명할 수 있다.

균형이론에서 대인간 그리고 외부 대인간의 가치를 강조하는 것은 매우 가치가 있다. 그것은 힘들고 어려운 어떠한 상황에서든 균형이론에서 중요하다. 균형은 그들의 조국, 종교적 신념, 아이에 대한 그들 삶의 헌신의 한 부분이다. 균형이론에 따르면, 사고는 다른 사람과 제도의 균형을 무너뜨리기 때문에 현명하지 못하다. 한 번 이 문이 다른 사람이나 제도를 향해 열리면 사람은 재빨리 그들 자신의 이해관계만을 찾기 위한 이유를 찾는다.

환경의 적응, 조성, 선택의 본질에 대하여 좀 더 생각해 보자. 적응에서 개인은 자신이 처한 맥락에서 현존하는 환경에 따르기 위한 방법을 찾으려 한다. 때때로 적응은 주어진 상황의 틀에서 가장 좋은 행동 과정이다. 환경에 맞추는 것은 자신만을 변화시키는 것을 요구하는 것이 아니라 환경을 변화시키는 것을 요구한다면 적응과 조절의 균형을 추구할 것이다. 개인이 그렇게 하는 것이 불가능하거나 적어도 받아들이기가 어려울 때 새로운 환경(이사, 직업, 공동체, 결혼)을 선택하기 위한 결정을 할지 모른다. 균형이란 기술이나 가치의 단순한 평가로서의 양이 아니라, 지혜에서는 매우 결정적인 가치인 것이다.

지혜에 바탕을 둔 과정

지혜에 바탕이 되는 것은 일련의 과정이다. 이 과정 중에서 내가 '상위 구성요소(Sternberg, 1985, 1999b)'라고 언급하는 것은 (a) 문제의 존재에 대한 인식, (b) 문제의 본질에 대한 정의, (c) 문제에 대한 정보의 표상, (d) 문제해결을 위한 전략 구상, (e) 문제해결에 자원 할당, (f) 문제에 대한 자신의 해결책 모니터링, (g) 해결에 대한 피드백 평가가 포함되어 있다. 예를 들어,

영재성의 정의와 개념

대학에 대한 결정에서 실행 가능한 선택에는 대학에 가는 것과 가지 않는 것 둘 다를 고려해야 한다(문제의 인식). 그런 다음 대학에 가는 것과 가지 않는 것이 자신에게 어떤 의미가 있는지를 밝힌다(문제의 정의). 그리고 비용과, 대학에 가든지 가지 않든지 자신과 타인에게 미칠 이해관계를 고려한다(문제에 대한 정보의 표상).

이러한 상위 요소의 사용은 일반적으로 사고력의 특징이다(Sternberg, 1985). 그리고 그것은 분석적, 창의적, 실제적인 모든 지능에서 사용된다. 지혜에서 상위 요소의 사용이 어떻게 구분되는가는 이러한 과정들이 관심 분야에서 그들의 영향력이 균형을 이루도록 적용되었냐는 것이다.

균형이론은 암묵적 지식이 주어진 맥락 또는 일련의 맥락에서 획득된다는 점에서 지혜가 최소한 부분적으로 영역-특수적이라고 제안한다. 전형적으로 균형이론은 (a) 맥락에 대한 학습에서 자신의 목적과 관련된 새로운 정보를 선택적으로 부호화하며, (b) 이 정보가 기존의 정보와 일치하는지를 알아보기 위하여 선택적으로 비교하며, (c) 순서대로 모든 것에 맞추기 위해 정보의 조각을 선택적으로 연결함으로써 받아들인다(Sternberg, Wagner, & Okagaki, 1993). 이러한 과정은 삼원지능이론의 지식-획득 요소들과 관련이 있다(Sternberg, 1985). 다시 말해, 이러한 과정은 지능의 모든 측면(분석적, 창의적, 실제적 지능)에서 활용된다. 그러나 지식이 현명한 목적을 위해 나중에 사용되는 것보다 이러한 요소를 사용할 때 지혜가 특별하다는 것은 아니다.

지혜나 어떠한 다른 종류의 실제적 지능에서 상위 구성요소와 지식 획득의 사용은 지혜와 지능의 중요한 관계를 지적한다(삼원지능이론에서 개념화 되었듯이). 지능의 모든 측면(분석적, 창의적, 실제적)은 실행 과정에 대한 상위 요소의 사용과 학습을 위한 지식 획득 요소를 포함한다. 다른 것이 있다면 그들이 적용하고자 하는 맥락의 종류에 있다. 분석지능은 비교적 친숙한 탈맥락화, 추상적 그리고 종종 학문적인 상황으로 불린다. 창의성 지능은 비교적 친숙하지 않고 새로운 종류의 상황에 대한 것으로 불린다. 실제적 지능은 우리의 일상생활에서 접하는 높은 맥락적 상황에 대한 것으로 불린다.

지혜는 단지 높은 맥락적인 상황에서만 적용된다. 그것은 지능(예, 능력 검사 또는 성취검사 문제들과 같은 맥락)이나 자신의 창의성(예, 독창적, 질이 높은, 그러나 추상적인 아이디어를 구상하는)을 적용할 수 있는 추상적인 모든 상황에 적용해서는 안 된다.

극단적으로, 실제적 지능과 지혜의 차이에 대한 구체적인 예를 들어 보자. 어떤 사람이 자신의 지위를 이용하여 경제적 부를 획득하기를 바라면서 정부 관료가 되었다. 그는 부유한 뇌물 제공자의 뇌물을 받음으로써 어떻게 부자가 될 수 있는지를 빠르게 학습할 수 있으며 경제적인 이득에 대한 목적을 달성하였다. 그는 늘 위태롭지만 비싼 법적 경비를 지불하고 항상 법 테두리 안에서 생활하였다. 그는 정책이 어떻게 자신의 경제적인 성공과 맞물려 떨어질 수 있을까를 주시하였다. 공직에 있는 동안 경제적 부를 축적하기 위해 필요한 모임에는 나타났지만 그렇지 않은 모임에는 잘 나타나지 않았다. 그는 국가에는 공헌하지 않고 공직을 떠났지만, 대신에 많은 부를 축적하였다. 이러한 사람은 목적 달성을 위하여 자신의 환경을 조작하는 방법을 잘 찾아내는 실제적 지능을 가지고 있으나, 오로지 자신의 이해관계를 증진시키기 위해 자신의 지위를 이용하였으므로 현명하다고 할 수 없다. 그는 국민의 이해관계를 위해 봉사해야 한다는 정당한 희망을 저버리고 자신의 목적만을 달성하였다. 비록 불법을 자행하지는 않았지만, 국민에게 혜택을 주어야 하는 부분을 빠뜨렸다.

어떤 맥락 안에서 지혜를 획득한 사람은 그것을 다른 맥락에서 더 발달시킬 수 있으나 다른 맥락에서 현명함이 요구되는 암묵적 지식은 다를 수 있다. 예를 들어, 한 사회에서 현명한 개인은 그 사회의 맥락에서는 유용한 충고를 주는 것이 가능할 수 있으나, 그 충고가 다른 사회에서는 살인적일 수 있다. 현명해질 수 있는 능력은 전이되지만 지혜의 실질적인 내용은 다양할 수 있다. 그러므로 현명한 사람은 자신의 암묵적 지식의 한계를 잘 알기 때문에 충고를 할 때와 하지 말아야 할 때를 잘 안다. 따라서 지혜의 영재성은 어떤 특정한 판단을 하느냐에 대한 기능이라기보다는 어떻게 판단을 하느

영재성의 정의와 개념

냐에 대한 기능이다.

가치의 역할

지혜를 논함에서는(또한 일반적으로 실제적 지능도) 가치로부터 자유로울 수 없다. 균형이론 모형에서 보았듯이, 무엇이 공공의 선을 구성하는지, 무엇이 이익들 간에 수용 가능한 균형을 구성하는지, 그리고 무엇이 환경의 적응, 조성, 선택 사이에서의 적절한 균형을 구성하는지에 대한 용어로서 가치는 중요한 역할을 한다. 지혜를 실천하는 또는 지혜가 없는 사람은 자신의 가치에 영향을 미친다.

가치로부터 자유로운 개인은 그 밖의 다른 것을 고려할 때 최선을 다해야 한다. 동시에 많은 심리적 구성요인(지능, 창의성, 미, 판단, 성격)은 그 가치 체계가 명시적이든 암묵적이든 가치 체계와 관련된다. 가치 체계는 반드시 공공의 선을 추구하는 것이다.

일련의 가치 체계의 맥락 밖에서 지혜를 언급하는 것은 실로 불가능한 일이며, 일련의 가치는 사람을 도덕적인 기반이나 Kohlberg(1969, 1983)의 견해로 조화롭게 이끌 수 있다. 행동은 무엇이 사회적·문화적 맥락에서 가치 있는 것인지의 기능처럼 현명한 것으로 비쳐진다. 가치는 이익과 반응, 그리고 집단적인 기여를 어떻게 균형 잡을 것인가, 어떻게 공공의 선을 정의할 것인가를 중재한다. 지혜는 가족처럼 좁은 범위이거나 세상처럼 넓은 범위일 수 있는 사회적·문화적 맥락에서 공공의 선을 고려한 문제해결을 위해 가치를 조합하고 사고과정을 적용하는 것이다. 다른 사회가 서로 다른 가치를 선택할 수 있지만 확실한 진실, 정직, 성실, 자비, 동정심과 같은 가치가 모든 사회에 부여된 듯하다.

지혜는 Kohlberg(1969)의 도덕 이론에서 가장 높은 두 단계인 4, 5단계에 적용된 도덕적 추론과 도덕 영역에서 교착한다. 동시에 지혜는 도덕적 추론보다 더 광범위하다. 지혜는 도덕적 문제가 위기에 봉착하든 아니든 간에,

개인내, 대인간, 외부 대인간의 이익이 포함된 어떠한 인간의 문제에도 적용
된다.

개인적인 원천과 지혜의 발달 차이

균형이론은 지혜의 발달, 개인차에 대한 다수의 원천을 제시한다. 이러한
원천은 누가 지혜로운 영재인지를 결정한다. 직접적으로 균형 과정에 영향
을 미치는 것과 균형 과정을 예견할 수 있는 두 종류의 원천이 있다.

개인차에는 5가지 원천이 있다. 영재는 5가지 중에서 모두 또는 대부분
에 능숙해야 한다.

1. **목표** 공공의 선을 추구하는 범위는 사람마다 다를 수 있다. 따라서 지
    혜를 열망하는 범위가 다를 수 있다. 그러나 공공의 선 추구는 일반적
    으로 지능에 적용되지 않는다. 타인의 이익을 구하지 않고, 사람은 분
    석적, 창의적, 심지어는 실제적으로 지적일 수 있다.
2. **환경적 맥락에 대한 반응들의 균형** 사람은 환경적 맥락에 대한 반응의
    균형에서 다를 수 있다. 반응은 언제나 개인적 판단 결정과 환경적 맥락
    과의 상호작용에 영향을 미친다. 그리고 사람은 매우 다양한 방식으로
    상호작용할 수 있다. 균형은 사람의 목적 달성에 적절히 필요하다.
3. **이익들의 균형** 사람은 다른 방식으로 이익들의 균형을 잡을 수 있다.
    이러한 균형은 지혜에 국한되고 분석적, 창의적, 보통의 실제적 지능에
    는 필수적으로 적용되지 않는다. 적절한 균형은 사람의 목적을 달성할
    때 필요하다.
4. **실제적 지능은 암묵적 지식으로 명백해진다** 사람은 그들의 반응에 영
    향을 미칠 것 같은 판단 상황에 대한 암묵적 지식의 종류와 수준이 다
    르다. 지혜에 대한 이러한 측면은 실제적 지능에는 적용되나 전형적으
    로 분석적 지능 또는 창의적 지능에는 적용되지 않는다.

5. **가치** 사람은 이익과 반응을 균형 잡을 때, 암묵적 지식의 활용을 중재
하는 다른 가치가 있다.

이러한 다양한 원천은 사람이 다른 상황에서 자신의 지혜를 어떻게 잘 적
응하는지에 따라 차이가 있다. 추측컨대, 암묵적 지식과 가치는 일생을 통
해, 그리고 아동기나 청소년 초기에 표출될 수 없기 때문에, 지혜는 더 큰 지
적 성숙, 심지어 신체적 성숙과도 관계가 있다.

이 논문의 목적은 경험적 자료보다는 이론을 표명하려는 것이지만, 이론
은 검증 가능하고, 우리는 현재 그것을 검증하고 있다. 예를 들어, 이 논문에
서는 대인간의 갈등 또는 조직의 협상에 대한 결정은 그들이 공공의 선을 설
명하는지, 그리고 그들이 개인내, 대인간, 외부 대인간의 이익을 균형 잡는
것인지에 대해 좀 더 현명하게 평정 처리되어야 한다고 제안한다. 분열하려
는 정당이 단지 자신들의 개인 이익만을 최대로 하려고 할 때, 또는 관료 집
단의 협상이 어느 한편만의 이익만을 추구하려 할 때와 같은 결과는 자주 구
해지는 것이 아니다. 이 이론은 이론의 전문가에 따라 현명한 것인지를 평
정할 것으로 예측한다.

지혜의 측정에서 사용된 문제점

지혜를 경험적으로 측정할 때 사용해 왔던 문제점을 살펴보려고 한다면,
균형이론에 따라 지혜를 측정하는 정도를 평가할 수 있다. 우리의 연구에서
는 개인내, 대인간 그리고 조직적 갈등 상황을 사용하고 있다. 생애 설계 과
제(Baltes, Staudinger, Maercker, & Smith, 1995)는 지혜를 측정하는 우수한 과
제다. 그것은 자신의 이해관계와 관련되나, 현재 사람이 살고 있고 미래에
살게 될 맥락뿐만 아니라 보통 사람이 깊게 생각하는 것에 대한 다른 사람의
이해관계를 고려한 것이다. 좋은 친구가 전화를 걸어 자살하고 싶다(Stau-
dinger & Baltes, 1996)고 말할 때 어떻게 처신해야 할지를 결정해야 하는 과

제는 다른 사람과의 이해관계, 그것에 개입한 자신의 이해관계, 자살하지 않
도록 하는 설득에 실패했을 때의 결과와 예기치 않은 상황에서의 대응행동
의 어려움과도 관련된다. 이와 유사하게, 임신한 14세 소녀 또는 곧 결혼을
원하는 16세 소년(Baltes & Smith, 1990)은 둘 다 개인의 이해관계, 타인 그리
고 그릇된 충고에 따른 고통과 관련된다. 어른만이 지혜를 소유하는 것은 아
니다. Harris(1998)에 따르면, 아이는 충고의 대부분을 다른 친구에게 듣는
다. 아이는 자신의 생애 설계에서 어른이 고려하는 만큼 최소한 다른 아이도
고려한다. 그러므로 사고의 현명한 방법을 획득하는 것은 아동들에게 더욱
중요하다.

현명한 사람은 계획의 한계를 안다. 만약 신을 웃게 하고 싶으면 신에게
자신의 계획을 말해야 한다는 말이 있다. 지혜로운 영재는 자신의 생각에
대한 한계와 오류 가능성을 안다.

지혜를 측정할 때 우리가 취할 수 있는 이상적인 문제는 선택 갈등 사이
에 있는 여러 개의 이해관계와 어떻게 이러한 이해관계가 조화될 수 있는지
(예, Sternberg & Dobson, 1987; Sternberg & Soriano, 1984)에 대한 정확한 해
결책이 없는 정보의 판단과 관련된 복잡한 갈등 해결 문제다. 그러한 문제
에서 Smith 등(Smith, Staudinger, & Baltes, 1994)은 임상심리학자가 지혜 관
련 과제에서 특히 뛰어난 수행을 보임을 발견했고, 뛰어난 수행을 보일 것으
로 기대된 또 다른 집단은 과거에 외무 관리였던 사람과 국가 간 분쟁해결을
돕는 협상가였다.

문제를 밝혀내고 문제를 해결하는 지혜는 객관적인 다중 선택형 질문이
나 단답형 시험으로는 측정할 수 없다. 오히려 어떻게 사람이 판단에 이르
는지에 대한 지혜의 판단 기초로써 균형이론을 사용하여 지혜를 인식하는
사람이 측정할 수 있다. 창의성과 같이 지혜는 단순히 개인의 머리에만 있
는 것이 아니라(Csikszentmihalyi, 1996) 사람, 과제, 상황의 상호작용에 있다.
그러나 지혜는 새로운 아이디어를 낼 필요가 없다는 점에서, 창의성은 공공
의 선을 추구할 필요가 없다는 점에서 서로 다르다.

영재성의 정의와 개념

지혜의 발달

비록 지혜가 단지 어른과 관련된 개념처럼 들릴지 모르지만, 나는 어릴 때부터 지혜를 발달시킬 필요가 있음을 주장한다. 이는 지혜에 대해 감사하고, 지혜로 사회에 무엇을 헌신할 수 있는가 고려하고, 지혜에 가치를 부여하는 것을 발달시킴으로써 시작할 수 있다. 많은 사회에서 더 나이 많은 사람이 홀대받는 상황은 사회에 헌신할 수 있는 노인의 지혜에 대한 홀대를 동시에 반영한다. 영재성의 형태로서의 지혜는 여러 가지 방법으로 발달될 수 있다. 이러한 방법 중 다음의 일곱 가지가 특히 중요하다.

첫째, 현명한 사고가 요구되는 문제를 학생에게 제공하라. 그러한 문제는 집단 간의 협상, 타인에게 조언해 주기, 윤리적 또는 도덕적 딜레마를 다루는 것을 요구할 수도 있다. 예를 들어, 그러한 문제는 약물 남용을 어떻게 처리할 것인가에 대하여 다른 학생에게 충고해 주는 것과 관련될 수 있다.

둘째, 이러한 문제해결에서 공공의 선이라는 관점에서 학생이 생각하도록 도와주어야 한다. 만약 모든 사람이 약물 남용을 한다면 무슨 일이 일어날까? 그러한 상황이 사회의 도덕, 건강 관련 문제, 심지어는 경제 상황에 어떻게 영향을 미칠 수 있는가? 분명한 것은 공공의 선이 사라질 것이다.

셋째, 이러한 문제해결에서 학생 자신의 이해관계, 다른 사람의 이해관계, 기관의 이해관계를 어떻게 균형 맞출 수 있는지를 배울 수 있게 도와주어야 한다. 예를 들어, 약물 남용 문제가 단기간이 아닌 장기간 동안 어떻게 개인의 삶을 망가뜨릴 수 있는가? 개인의 이기주의와 이타주의는 어떤 효과가 있는가? 그리고 사회에 기여하는 개인의 능력으로 무엇을 할 것인가?

넷째, 과거에 있었던 현명한 사고의 사례를 제공하고 그것을 분석하라. 약물 남용 문제를 극복하고 사회에 중요한 공헌을 한 사람의 예를 제공하라. 동시에 이러한 문제를 극복하지 못하고 파탄에 이른 사람의 예를 제공하라(예, 실력을 잃고 실패한 영화 배우나 육상 선수).

다섯째, 학생에게 지혜의 모형이 되어라. 학생에게 당신이 수행한 현명한 사고를 보여 주어라. 그리고 현명하지 못했던 사고를 교훈으로 가르쳐라. 당신은 과거에 하였던 또는 현재 하고 있는 결심을 하라. 그리고 학생에게 요구한 것을 어떻게 하였는지를 보여 주어라.

여섯째, 학생에게 변증법적 사고를 하도록 도와주어야 한다. 지혜는 문제 접근 과정 속에서 변증법적 사고(Hegel, 1807/1931)의 통합을 문제해결의 과정(Basseches, 1984; Labouvie-Vief, 1990; Pascual-Leone, 1990; Riegel, 1973; Sternberg, 1999)에 접목할 때 가장 잘 발달되는 듯하다. 변증법적 사고의 진수는, 세상의 모든 문제가 옳거나 그른 답을 가지고 있지는 않지만 더 나은 또는 더 나쁜 답을 가질 수 있고 좋은 답으로 보이는 것은 시간과 공간에 따라 달라질 수 있다는 것이다(Hegel). 시간의 관점에서 본다면, 사고는 반복되면서 끝나지 않는 통합의 과정을 통하여 반복되는 진전을 인식하는 것과 관련된다. 변증법적 사고가 공간과 관련하여 발생할 때, 그것은 사람이 오직 그것만이 옳거나 적어도 그들에게는 이유가 있어 보이는 문제에 대한 이견을 가질 수 있다는 인식과 관련이 있다. 오늘날 우리가 지지하는 가치나 미국의 가치는 다른 사람이 살고 있는 맥락의 고려 없이는 다른 시간이나 다른 장소에서 즉시 적용하지 못한다. 예를 들어, 여전히 항정신성 약과 같은 특정한 종류의 약이 종교적 숭배로 합법적으로 사용되었던 시기가 있었고 여전히 사용되고 있는 곳이 남아 있을 수 있다. 그러나 오늘날 그러한 약의 사용은 자기 파괴의 지름길이 될 수 있고 게다가 불법이다.

일곱째, 당신이 현명한 정보처리와 해결책에 가치를 둔다는 것을 학생에게 보여 주어라. 현명한 행동에 대한 보상이 없다면, 아동이 보여 주는 어떠한 지혜이건 금방 열정을 잃고 소멸될지 모른다. 만약 아동이 현명하게 행동하길 원한다면 그것을 스스로 해 보임으로써 아동에게 방법을 제시하여야 한다. 아동이 현명하게 생각하도록 배움과 동시에 그렇게 함으로써 보상받을 수 있을 것이라고 하는 느낌을 받는 것이 필수적이다.

마지막으로, 당신이 학습했던 것을 전달하고 학생이 교실 밖에서 배웠던 것을 전달하도록 격려하라. 그 목적은 성적표에 추가적인 성적을 따기 위한 기초로써 제공되는 또 하나의 '과목'을 가르치는 것이 아니다. 목적은 사람이 일상생활에서 생각하고 행동하는 방법을 변화시키기 위한 것이다.

결 론

여기에서 제안한 지혜의 영재성의 이론은 많은 가능한 강점이 있다. 첫째, 이 이론은 최소한 세부적인 것들로 구성되어 있다. 둘째, 이 이론에 대한 설명은 지능과 같은 관련 개념의 유사성과 차별성을 명확히 하였다. 셋째, 이 이론은 검증될 수 있는 방법으로 형성되었다. 예를 들어, 개인내적, 대인간, 외부 대인간과의 이해관계에 균형 잡는 문제의 해결책이 더 현명한 것으로 과연 받아들여질 수 있는지를 결정함으로써 검증할 수 있다. 우리는 현재 그러한 검증을 하고 있다. 마지막으로, 이 이론은 지혜의 영재성이 무엇인지에 대한 직관적 개념을 파악하는 듯하다.

동시에 수정할 필요성이 예견되는 약점이 있다. 첫째, 지혜의 발달을 돕는 명시적인 교수법이 필요하다. 둘째, 이 이론은 새로운 것이며 경험적인 연구가 진행 중이다. 아직 완전한 것이 아니다. 셋째, 일상생활에서 논증할 수 있게 현명한 행동을 이끌어 내는 이론으로 개념화함으로써 보다 더 높은 수준의 지혜를 보여 줄 필요가 있다.

사회가 보상해야 하는 영재성의 고유한 형태는 없다. 그러나 지혜보다 근본적으로 더 중요한 영재성의 형태가 있는지에 관해 정당하게 요구할 수 있다. 또한 오늘날 지혜보다 더 사회가 무시하는 영재성의 어떤 형태가 있는지에 관해서도 요구할 수 있다. 많은 나라에서, 심지어 미국에서조차 개인적 발달, 사회적 발달, 개인과 사회의 상호작용을 돕는 지혜와 영재성을 구분하고 있는 것 같다.

지혜는 지능과 동일한 것이 아니다. 개인차의 변인처럼 지혜와 학문적 지능은 차라리 별개일지도 모른다는 증거가 있다. 우리는 IQ가 지난 과거 몇

세대 동안 중요하게 주목받아 왔음을 안다(Flynn, 1987; Neisser, 1998). 유동적 능력이 본질적으로 더 큰 이득이긴 하지만, 유동적이면서 결정된 능력 모두 경험으로 얻은 이득이다. 아직까지는 세상사에 대한 사람의 지혜에 대한 증진을 구별해 내기는 어렵다. 세상의 갈등 수준은 더욱더 격렬해지고 많은 부분에서 사라질 기미가 보이지 않는다. 그래서 전문가로서 심리학자는 지혜 이론의 형성과 이론에 기초한 지혜의 측정을 진지하게 받아들여야 할 때가 되었다. 교육자는 지혜의 영재성에 대한 정의와 발달을 진지하게 받아들여야 한다. 이 영역은 학문적 성향이 다소 있지만, 전체적인 것은 지능의 연구로 축소되었다. 우리가 지능의 발달에 대하여 연구하여 왔듯이, 사람에게 지혜를 발달시킬 경험을 창조할 필요가 있다(예, Perkins & Grotzer, 1997).

역설적이게도 베네수엘라 지능개발부의 전 장관이었던 루이스(Luis Alberto Machado)는 "더 나은 사회를 위한 열쇠는 지능이다."라고 주장했다. 1980년대에 그는 베네수엘라 학생의 지능을 증진시키기 위해 베네수엘라에 대량의 중재 프로그램을 관장하였다. 그가 있던 정당이 다음 선거에서 실패하자 중재 프로그램의 적용도 더 이상 이루어지지 않았다. IQ의 부상은 자연스럽게 실험연구를 제공했다. 전통적 관점에서 정의되었던 지능은 사라졌다. 그러나 세계의 조건은 협력하여 나아지지 않고 있다. 아마도 정답은 지능을 증진할 것이 아니라 지혜를 증진해야 할 것이다.

혼란의 세계에서, 우리는 지식 기반의 정의와 발달뿐만 아니라 좁게 또는 넓게 정의된 지능의 영재성에 이르기까지 학교에서 우리의 주의를 환기시킬 필요가 있다. 또한 우리의 주의를 지혜의 영재성의 정의와 발달에 돌릴 필요가 있다. 만약에 더 나은 세상을 위한 열쇠가 있다면, 그것은 바로 지혜일 것이다.

영재성의 정의와 개념

🖋 참고문헌

Baltes, P. B., & Staudinger, U. M. (in press). *Wisdom: The orchestration of mind and virtue.* Boston: Blackwell.

Baltes, P. B., & Smith, J. (1990). Toward a psychology of wisdom and its ontogenesis. In R. J. Sternberg(Ed.), *Wisdom: Its nature, and orgins, development* (pp. 87-120). New York: Cambridge University Press.

Baltes, P. B., Staudinger, U. M., Maercker, A., & Smith, J. (1995). People nominated as wise: A comparative study of wisdom-related knowledge. *Psychology and Aging, 10*, 155-166.

Basseches, J. (1984). *Dialectical thinking and adult development.* Norwood, NJ: Ablex.

Bloom, B. S. (1985). *Developing talent in young people.* New York : Ballantine.

Cantor, N., & Kihlstrom, J. F. (1987). *Personality and social intelligence.* Englewood Cliffs, NJ: Prentice-Hall.

Chi, M. T. H., Glaser, R., & Farr, M. J. (1988). *The nature of expertise.* Hillsdale, NJ: Erbaum.

Csikszentmihalyi, M. (1988). Society, culture, and person: A systems view of creativity. In R. J. Sternberg (Ed.), *The nature of creativity* (pp. 325-339). New York: Cambridge University Press.

Flynn, J. R (1987). Massive IQ gains in 14 nations. *Psychological Bulletin, 101*, 171-191.

Gardner, H. (1983). *Frames of mind: The theory of multiple intelligences.* New York: Basic Books.

Goleman, D. (1995). *Emotional intelligence.* New York: Bantam Books.

Guilford, J. P. (1967). *The nature of intelligence.* New York: McGraw-Hill.

Harris, J. R. (1998). *The nature assumption: Why children turn out the way they do.* New York: Free Press.

Hegel, G. W. F. (1931). *The phenomenology of the mind* (2nd ed.,; J. D. Baillie,

Trans.). London: Allen & Unwin. (Original work published 1807)

Hoffman, R. P. (Ed.). (1992). *The psychology of expertise: Cognitive research and empirical AI.* New York: Springer-Verlag.

Kohlberg, L. (1969). Stage and sequence: The cognitive-developmental approach to socialization. In G. A. Goslin (Ed.), *Handbook of socialization theory and research* (pp. 347-380). Chicago: Rand McNally.

Kohlberg, L. (1983). *The psychology of moral development.* New York: Harper & Row.

Labouvie-Vief, G. (1990). Wisdom as integrated thought: Historical and developmental perspectives. In R. J. Sternberg (Ed.), *Wisdom: Its nature, origins, and development* (pp. 52-83). New York: Cambridge University Press.

Meacham, J. (1990). The loss of wisdom. In R. J. Sternberg (Ed.), *Wisdom: Its nature, origins, and development* (pp. 181-211). New York: Cambridge University Press.

Neisser, U. (Ed.). (1998). *The rising curve.* Washington, DC: American Psychological Association.

Neufeldt, V., & Guralink, D. B. (Eds.). (1997). *Webster's New World College Dictionary* (3rd ed.). New York: Macmillan.

Pascual-Leone, J. (1990). An essay on wisdom: Toward organismic processes that make it possible. In R. J. Sternberg (Ed.), *Wisdom: Its nature, origins, and development* (pp. 244-278). New York: Cambridge University Press.

Perkins, D. N., & Grotzer, T. A. (1997). Teaching intelligence. *American Psychologist, 52,* 1125-1133.

Polanyi, M. (1976). Tacit knowledge. In M. Marx & F. Goodson (Eds.), *Theories in contemporary psychology* (pp. 330-344). New York: Macmillan.

Renzulli, J. S. (1984). *Technical report of research studies related to the revolving door identification model* (Rev. ed.). Storrs, CT: Bureau of Educational Research, University of Connecticut.

Riegel, K. F. (1973). Dialectical operations: The final period of cognitive development. *Human Development, 16,* 346-370.

Robinson, D. N. (1990). Wisdom through the ages. In R. J. Sternberg (Ed.), *Wisdom: Its nature, origins, and development* (pp. 13-24). New York: Cambridge University Press.

Salovey, E, & Mayer, J. D. (1990). Emotional intelligence. *Imagination, Cognition, and Personality, 9,* 185-211.

Smith, J., Staudinger, U. M., & Baltes, P. B. (1994). Occupational settings facilitating wisdom-related knowledge: The sample case of clinical psychologists. *Journal of Consulting and Clinical Psychology, 66,* 989-999.

Staudinger, U. M., & Baltes, P. M. (1996). Interactive minds: A facilitative setting for wisdom-related performance? *Journal of Personality and Social Psychology, 71,* 746-762.

Sternberg, R. J. (1984). Toward a triarchic theory of human intelligence. *Behavior and Brain Sciences, 7,* 269-287.

Sternberg, R. J. (1985). *Beyond IQ; A triarchic theory of human intelligence.* New York: Cambridge University Press.

Sternberg, R. J. (Ed.). (1990). *Wisdom: Its nature, origins, and development.* New York: Cambridge University Press.

Sternberg, R. J. (1997). *Successful intelligence.* New York: Plume.

Sternberg, R. J. (1998). A balance theory of wisdom. *Review of General Psychology, 2,* 347-365.

Sternberg, R. J. (1999a). A dialectical basis for understanding the study of cognition. In R. J. Sternberg (Ed.), *The nature of cognition* (pp. 51-78). Cambridge, MA: MIT Press.

Sternberg, R. J. (1999b). A The theory of successful intelligence. *Review of General Psychology, 3,* 292-316.

Sternberg, R. J., & Dobson, D. M. (1987). Resolving interpersonal conflicts: An analysis of stylistic consistency. *Journal of Personality and Social Psychology, 52,* 794-812.

Sternberg, R. J., & Soriano, L. J. (1984). Styles of conflict resolution. *Journal of Personality and Social Psychology, 47,* 115-126.

Sternberg, R. J., Wagner, R. K., & Okagaki, L. (1993). Practical intelligence: The nature and role of tacit knowledge in work and at school. In H. Reese & J. Puckett (Eds.), *Advances in lifespan development* (pp. 205-227). Hillsdale, NJ: Erlbaum.

Sternberg, R. J., Wagner, R. K., Williams, W. M., & Horvath, J. A. (1995). Testing common sense. *American Psychologist, 50,* 912-927.

07

영재성과 재능:
정의의 재검증에 대한 재검증[1]

Francoys Gagné(University of Quebec at Montreal)

과학적인 문헌에서도 **영재성**과 **재능**의 구분은 불명확하다. 이 논문은 Renzulli (1979)와 Cohn(1981)이 제안한 모형을 중심으로 영재성과 재능에 대한 다양하고 공통적인 정의를 검증하였다. 이 두 모형을 비판함으로써 영재성과 재능을 명확하게 차별화한다. 영재성은 다양한 활동 분야에서 뛰어난 수행을 촉진하고 설명하는 능력의 영역과 관련이 있다. 즉, 재능이다. 따라서 재능이 없어도 영재가 되는 것은 가능하지만(미성취아의 경우에서 볼 수 있듯이), 그 역은 성립되지 않는다. 특수 재능 내의 영재성을 발휘하기 위한 촉매제로 동기와 환경의 질 같은 여러 요인이 논의되었다.

    우리는 흔히 영재성과 재능에 대한 아이디어를 명확한 구분 없이 사용하고 있다. 우리는 '피터는 학문적 영재다' '대단한 학문적 재능을 지녔다' '니콜은 그림의 영재다' 또는 '작품이 화가로서 대단한 재능을 보여 준다'라고 말한다. 이 두 용어는 일상에서뿐만 아니라 사전적 사용에서도 혼동되어 있다. 예를 들어, 웹스터 사전에서도 '영재'를 '자연적 재능을 소유하고 있

---

1) 편저자 주: Gagné, F. (1985). Giftedness and talent: Reexamining a reexamination of the definitions. *Gifted Child Quarterly*, 29(3), 103-112. ⓒ 1985. National Association for Gifted Children. 필자 승인 후 재인쇄.

는'(1970, p. 162)으로 표기하고 있으며, 주로 미국에서 출판된 영재성에 관한 과학적 문헌 연구에서도 같은 단락 안에서 이 두 용어를 임의로 사용하여 이런 모호함을 지지하고 있다. 따라서 두 용어는 동의어임을 제시하고 있다. 단지 소수의 저자만이 이 두 개념을 구별하고자 시도하였을 뿐이다.

전문 용어의 모호함은 영재성과 재능의 개념적 모호함에도 영향을 준다. 반세기 동안 영재성에 대한 연구가 이루어져 왔음에도 불구하고, 그 개념은 매우 다양하고 확산된 정의로 남아 있다. Richert, Alvino 및 McDonnell은 '미국에서 사용되는, 갈등하고 있는 정의들의 미로'(1982, p. 84)라고 하였다. 이것은 수용된 정의가 영재의 판별 과정과 제공되는 심화 프로그램 전반에 영향을 미치기 때문에 불안한 상황이다.

이 논문의 목적은 영재성과 재능이 동의어가 아니며, 완전히 다른 아이디어를 내포하고 있다는 것을 보여 준다. 우리는 먼저 미국 문헌 연구에서 볼 수 있는 주요 구분을 살펴보았다. 이러한 기술과 비판적 분석은 이 두 아이디어를 차별화하는 모형을 제시해 줄 것이다.

문헌 연구

문헌 연구에 나타난 견해는 크게 다음 네 가지 경향으로 구분해 볼 수 있다. (a) 영재성과 재능의 비구별, (b) 지능과 다른 능력 사이의 개념적 분리, (c) 주변적인 구분, (d) Foster(1981)가 통합한 Renzulli와 Cohn의 최근 모형이다.

비구별

영재성과 재능을 구별하지 않는 사람이 지금까지 가장 중요하고도 많은 생각을 만들어 냈다. 오직 단 한 사람만이 이러한 비구별이 어떻게 이루어지고 있는지를 지켜보기 위해 최근 판별에 대한 『Gifted Child Quarterly』

영재성의 정의와 개념

의 이슈(1984, 28(4))를 읽었다. 우리는 유명한 저자 중에 몇 가지 사례를 선택했다. Gallagher(1979)의 논문에서 영재성 영역의 몇 가지 긴급한 쟁점을 발견하였는데, 그중 하나는 영재성 개념의 정의가 부족하다는 것이다. 이 논문에서 영재성과 재능의 개념 구분은 어디에도 없었고, 이 두 용어는 상호교환적으로 사용되었다. 지능에서 창의성 개념을 분리시킨 Torrance(1980)도 "이 장에서는 다른 학문 영역보다 재능 내에서 영재성의 판별을 다룰 것이다."(1980, p. 43)라고 함으로써 영재교육에 많은 기여를 하고 있으나 두 개념 사이에 상호의존성을 뒷받침할 만한 증거를 제시하지 않았다.

영재성에 대한 가장 공식적 정의는 미국 교육부(Marland, 1972)가 초안을 작성하였고, 1978년에 영재아동법(Gifted and Talented Children Act)으로 구체화하였는데 그 시작은 다음과 같다. "영재란 뛰어난 능력을 지니고 훌륭한 성취를 보일 가능성이 있다고 판별된 아동으로, 그 자신과 사회에 기여하기 위하여 정규 교육과정이 제공하는 것 이상의 변별적 특별교육 프로그램이나 도움을 필요로 하는 아동이다…"(p. 2) 그러나 어디에도 두 용어의 구분은 명시되지 않았다.

다른 능력과 분리하려는 지능

영재성과 재능을 차별하려는 시도 중에서 가장 흔한 구분은 영재성이 지적 능력과 관련 있고(종종 학업 능력을 포함하는), 반면 재능은 다른 기능이나 적성과 관련이 있다는 것이다. 예를 들어, 영재성의 유명한 이론가인 Ward는 영재성을 두 가지 형태, 즉 1. 'IQ점수로 증명하는 일반 지능과 2. 타당한 검사도구로 측정된 특수 적성(또는 재능)'(in Barbe & Renzulli, 1975, p. 62)으로 구분하였다. Fleming과 Hollinger(1981)도 재능을 "IQ 검사에서 오는 것이 아니다."(p. 188)라고 기술하면서, 이러한 입장을 분명하게 하였다. Borthwick, Dow, Lévesque, 그리고 Banks(1980)는 온타리오 주가 채택한 정의와 유사한 정의를 인용했다. 마지막으로, Zettel(1979)에 따르면 델라웨어 주는 영재성 개념과 재능 개념을 차별화하여 최초로 법으로 명시하였다.[2] 그 내용은 다음과 같다.

> '영재아'는 선천적으로 높은 지적 능력을 타고난 아동으로 높은 지적 성취와 학업적 성취를 이룰 잠재능력을 가지고 있는 아동이다…. '재능아'는 뛰어난 지도력, 계속적인 뛰어난 수행, 조작 기능, 표현예술, 음악, 미술 등 인간의 가치 있는 활동과 관련된 분야에서 우수한 재능과 적성, 능력을 보여 주는 아동이다(p. 63).

이러한 두 가지 정의는 지적 능력과 다른 능력 사이에 단 하나만의 대조를 넘어섰다는 것에 주목해야 한다. 즉, 이 두 정의는 선천적 능력 대 후천적 능력, 능력 대 수행의 구분을 내포하고 있다. 그러나 근본적인 대조는 지능과 다른 능력 사이의 대조다.

주변적인 구분

두 저자는 널리 인정되지 않거나 다른 연구자 또는 전문가에 따라 수용되지 않은 방법으로 영재성과 재능을 차별화하였다. 한편, Robeck(1968)은 위계적 구분을 언급했다. IQ점수가 130~145 범위인 사람을 재능아로, IQ점수가 145~160인 사람을 영재로, 그 이상의 IQ를 가지면 매우 탁월한 영재라고 하였다. 반면에 Gowan(1979)은 영재성과 재능을 각각 언어적 그리고 비언어적인 창의적 잠재력과 일치하는 것으로 보았다. 그들의 제한된 수용 때문에 위의 정의는 보다 상세하게 검토되지 않았다.

---

2) Wells(1981)에 따르면, 루이지애나 주는 이러한 출발을 하였다. 그러나 적용된 정의는 인용되지 않았다.

영재성의 정의와 개념

Renzulli와 Cohn의 모형

영재성을 재정의하고자 했던 가장 유명한 시도는 아마도 Renzulli(1978, 1979)임이 확실하다. Renzulli는 미국 교육부(Marland, 1972)가 정의한 영재성 개념에 대해 다음의 두 가지 중요한 비판을 했다. 첫째는 영재 성인이나 재능 성인과 관련된 연구의 대부분이 창의적, 생산적 행동의 표현에서 동기 변인의 중요성을 확인하였음에도 불구하고, 정의에서 동기가 언급되지 않았다는 것이다. 둘째는 정의에서 언급되었던 여섯 가지 범주(일반 지능, 특수 학업 적성, 창의적이거나 생산적 사고기능, 지도력, 시각과 공연 예술, 심리 운동 영역)가 동등하지 않다는 점이다. 즉, 그중에 두 가지(특수 학업 적성, 시각과 공연 예술)는 능력이나 재능이 증명되는 인간 노력의 분야나 일반적인 수행 영역에 주의를 기울인다는 점이다. 반면에 나머지 네 가지 범주는 수행 영역에서 나타난다고 하였다(1979, p. 7).

사회에 기여하는 '창의적이고 생산적인' 사람이나 인간의 노력의 다양한 측면에서 뛰어난 성취를 이룬 사람에 대한 탐색적인 변인을 자세하게 기술한 연구를 기초로, Renzulli(1979)는 세 가지 기본적인 심리학적 특성의 상호

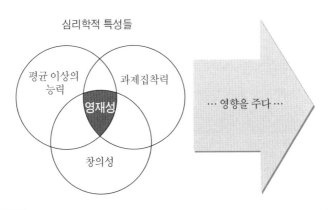

[그림 7-1] Renzulli의 영재성의 정의

주: *What makes giftedness: A reexamination of the definition of the gifted and talented*(p. 24) by J. S. Renzulli, 1979. Ventura, CA: Ventura County Superintendent of Schools Office. Copyright 1979 by Joseph S. Renzulli. 필자 승인 후 재인쇄.

작용을 제안하는 영재성을 재정의하였다. 영재성을 (a) 평균 이상의 능력(그러나 극단적으로 높을 필요가 없는), (b) 창의성, (c) 동기(그의 용어로는 '과제집착력')라고 재정의하였다. 영재성을 보다 명백히 하기 위하여, 이 세 요소가 동시에 나타나고 어떤 수행 영역에 근간을 두어야 한다. Renzulli는 일반적이면서 특수한 영역 모두에서 나타난다고 하였다. 완성된 모형은 [그림 7-1]과 같다.

유사하게, Cohn(1977, 1981)도 그의 영재성 모형을 통해 영재성과 재능을 구분하였다. [그림 7-2]에서 알 수 있듯이 영재성을 지적, 예술적, 사회적으로 중요한 세 영역으로 나누었고, 각각은 또다시 재능의 특수 하위 범주로 보다 세분화하였다.

최근에 Foster(1981)는 Cohn의 모형을 Renzulli 모형의 오른쪽과 왼쪽에

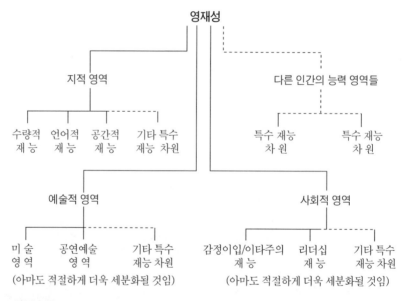

[그림 7-2] 영재성에 대한 Cohn의 모형

주: "What is giftedness? A multidimensional approach" by S. J. Cohn, 1981, in A. H. Kramer (Ed.), *Gifted Children: Challenging their potential* (p. 37). New York: Trillium Press. Copyright 1981 by Third International Conference on Gifted Children-Organizing Committee (1979) and World Council for Gifted and Talented Children. 필자 승인 후 재인쇄.

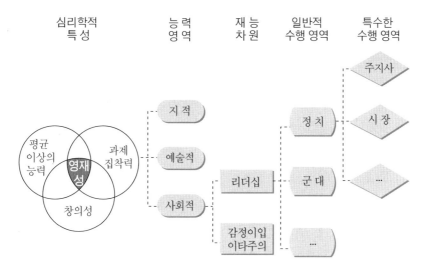

심리학적   능력   재능   일반적   특수한
특성   영역   차원   수행 영역   수행 영역

지적

예술적

사회적

리더십

감정이입
이타주의

정치

군대

...

주지사

시장

...

평균
이상의
능력   영재성   과제
집착력

창의성

[그림 7-3] 리더십 재능의 특별한 사례를 예시한 Renzulli/Cohn의 통합 모형

주: "Leadership: A conceptual framework for recognizing and educating" by W. Foster,
1981, *Gifted Child Quarterly, 25*, p. 20. Copyright 1981 by the National Association for
Gifted Children. 필자 승인 후 재인쇄.

삽입함으로써 [그림 7-3]과 같이 두 모형의 통합을 효과적이고 간명하게 시
도하였다. 여기에는 Cohn 모형의 능력들의 주요 범주와 Renzulli의 두 성취
수준(일반, 특수)이 위계적으로 정리되어 있다. [그림 7-3]은 Foster 모형이
리더십이라는 재능의 특별한 예에 적용된 것을 보여 주고 있다.

Foster는 통합된 모형의 검증은 Holland나 Roe(Osipow, 1973; Foster,
1981에서 인용) 모형이 고안한 것과 비슷한, 진로결정모형에서 가져왔다고
하였다. 평균적 수행에서 특수한 것을 분리시킨 왼쪽 부분만이 유일하게 다
른 요소라고 소개했다.

제안된 차별화에 대한 비판적 검증

이 문제에서 우리의 관심은 미성취 영재나 청소년에게 Renzulli 모형이 적용 가능한지에 대한 의문에서 시작되었다. 일반적으로 미성취는 한 과목 이상에서 지적 능력과 학업적 성취 사이에 불일치를 나타내는 것으로 밝혀졌다(Whitmore, 1980). IQ가 130 이상인 아동이 (어떤 한 가지 이상의 이유로) 학급에서 성공하기 위해 충분하게 동기화되지 않았다고 해서 이 아동을 영재가 아니라고 말할 수 있겠는가? 심리측정학적 검사도구로 측정한 잠재력과, 학업과 같은 수행의 어떤 분야의 탁월함을 구분할 필요가 있는가? 더욱이 동일한 문제가 다른 능력에서도 나타난다. 예를 들어, 이런 문제는 Bloom(1982)이 말한 재능의 여섯 가지 영역(예술 영역의 피아니스트, 조각가, 인지적 영역의 수학자, 신경생리학자, 정신운동 영역의 수영 선수, 테니스 선수) 연구에서 탁월함에 접근하는 과정에서도 비슷하게 발생하였다.

> 부모는 표본 집단에서 한 아이가 다른 아이보다 '영재성'이 더 있다고 말한다. 그러나 나머지 아이는 선생님이나 부모가 기대하고 요구하는 만큼의 시간과 노력을 투입하지 않았다.

Renzulli 모형에 대한 비판

Renzulli 모형을 미성취 아동에게 적용하기 어려운 요인은 영재성의 필수 요소로 동기가 존재하기 때문이다. 만약에 미성취 영재가 진짜 영재라는 전제가 수용된다면, 동기가 다른 역할을 하는 그런 방법으로 영재성에 대한 재정의가 필요하다. 그러나 이러한 구성개념의 중심적인 역할이 보류될 필요가 있다. Renzulli의 문헌 연구에서 어떤 분야에 적합한 과제를 선택하여 보다 많은 에너지를 오랫동안 투입한다면, 그 분야에서 뛰어난 수행을 보일 것이라는 것이 강하게 나타나기 때문이다.

영재성의 정의와 개념

첫 번째 문제와 유사하게 두 번째 문제는, Renzulli 모형이 영재성의 필수요소로서 창의성을 정의한 것이다. 첫눈에도 확실하게 알 수 있듯이, Renzulli는 이러한 포함을 정당화하는 인용의 연구에 확신하는 것으로 보인다. 그러나 우리의 견해로는, 창의성의 근원이 연구 분야(건축, 예술, 과학) 선택에 대한 편견과 연구된 탁월성의 유형에 대한 편견에서 나왔다고 본다. 예를 들어, Renzulli가 Mackinnon(1964)의 연구를 광범위하게 인용하고 있다는 점에서도 이를 알 수 있다. Mackinnon(1964)의 연구는 다음의 기준에 기초하여 판별위원이 판별한 탁월한 건축가 집단을 대상으로 연구하였다. 기준이란 사고의 독창성, 재간, 설정된 관습에서의 일탈 등이다. 이러한 기준으로 창의적인 사람이라고 판별한다는 것은 굉장히 놀라운 일이다. '통상 대중에게 관심을 불러일으키는 독창성, 새로움 또는 개인적 공헌의 고유성'(Renzulli, 1979, p. 15)이라는 점은 사실이다. 그러나 이러한 내용은 변화를 시킨 사람, 개혁가, 발명가라고 생각되는 사람에게 해당된다. 그러면 세계적으로 유명한 운동 선수나 음악가, 학생에게 강력한 영향을 미치는 교사나 교수 등 뛰어난 업적을 달성한 사람은 무엇이라고 말해야 하는가? 만약에 전혀 명성이 없을 경우에, 통역 수행 또는 다른 능숙한 기술, 그리고 창의적인 능력이 아닐 경우에 무엇이라고 말해야 하는가? 창의성은 인간의 노력이 요구되는 어느 한 분야에서 뛰어난 수행을 구분하는 요소가 될 수는 있지만 모든 영역에서 그러한 것은 아니다. 따라서 창의성은 영재성이 표현될 수 있는 여러 영역 가운데 어느 한 가지 영역으로 간주되어야 한다.

Renzulli 모형에 대한 마지막 세 번째 비판점은 평균 이상의 능력을 분리된 능력 영역으로 구분하지 않았다는 점이다. 사실, Renzulli의 내용에는 이러한 능력이 지적이라는 뚜렷한 인상을 남겼다. 그가 인용한 모든 논문에는 성인기의 탁월한 수행의 예언 변인으로 IQ의 역할(혹은 명백한 학업성취)을 검증하였다. 지적 능력 외의 다른 능력의 영역도 존재하지 않을까? Cohn은 사회적 능력, 예술적 능력이라는 두 가지 능력을 정의하였다. 사회적 능력(Ford & Tisak, 1983 참조)이란 이러한 능력의 지수를 측정하고자 하는 측정도구의 구인타당도에 해당된다. 우리의 초기 연구에서 부분적으로 다루고 있기도 하지만, 이러한 능력의 영역을 많은 사람이 인식하고 수용하는 듯하다. Cohn이 구분한 재능의 다양한 하위 범주([그림 7-2] 참조)가 예술적 능력에 해당되며 불일치한 것도 나타나 있다. 과연 예술은 특수한 '예술적' 능력이 없는 재능의 많은 분야에 공헌하는가? 더욱이 예술적 능력을 포함하는 인간 능력의 분류법은 없다(이 주제는 Anastasi, 1982, chap. 13 참조). 기술은 기타 영역에서 찾고자 하는 강하게 외생적인 다양한 예술적 재능이라고 설명할 수 있다.

이러한 목록에 다른 능력의 영역이 추가될 수 있다. 하나는 위에서 이미 언급된 창의적 능력이며, 창의적 능력이 지적 능력의 영역에 속하는가, 아니면 속하지 않는가의 논쟁은 차치한다. 그리고 운동과 스포츠에서 매우 중요한 정신운동 능력이다. 이 범주의 기능과 관련하여, 미국 교육부가 1972년에 Marland가 제안한 원래의 정의에서 이러한 능력이 왜 1978년에는 제외(Passow, 1981, p. 5)되었는지가 의문이다. 이러한 결과는 스포츠뿐만 아니라 예술(조각, 음악, 무용, 가구 제조, 회화)과 다른 많은 분야(외과 수술, 보석 가공, 상품 구성 등)가 배제되는 결과를 초래하였다.

요약하면, 영재성을 설명하는 데 적합한 모형이 되려면 인간 능력을 인색하게 분류해야 한다. Renzulli 모형은 이러한 유형의 어떠한 분류도 하지 않았다. Renzulli 모형은 창의성과 뛰어난 능력을 명확하게 분리하지 않았고, 뛰어난 능력만이 지능을 의미했기 때문이다.

Cohn 모형에 대한 비판

Cohn 모형은 영재성의 일반적 개념을 여러 능력의 영역으로 구분하였기에 이러한 비판에 부분적으로 답하고 있다. 그러나 위계 구조 때문에 자체적으로 큰 문제를 안고 있다. 즉, 재능의 다양한 하위 범주를 하나 또는 다른 식별된 능력 범위에 삽입하였다는 것이다. 위계 구조의 함의는 명백하다. 능력

영재성의 정의와 개념

과 재능 사이의 일대일 관계 모형은 두 가지 관점에서 실제적으로 문제가 있다. 첫째, 재능의 한 분야에서 뛰어나다는 것은 지능, 창의성과 같은 여러 능력과 관계가 있다는 Renzulli가 인용한 많은 연구를 반박하였다. 게다가, 교수(teaching)의 특별한 사례연구(Doyle, 1975 참조)에서 수월성은 인지적(분류, 구조, 학습에 대한 유능감), 창의적(흥미, 사고의 자극), 사회적(우정, 집단의 반응에 대한 민감성, 세련됨) 요인들의 조합임을 분명하게 보여 준다. 둘째, 성공이 재능의 한 영역 내에 있다 하더라도 그것이 제한적으로 정의되지 않는다면, 성공은 능력의 명확한 프로파일에 영향을 받는 다양한 형태를 가질 수 있게 된다. 외과의사를 보면, 솜씨 좋은 동작과 분명함으로 동료 전문의의 부러움을 산다. 그리고 새로운 기술, 인공 심장과 같은 새로운 장비의 창조로 동료에게 명성을 얻는다. 유사한 상황이 서커스 세계에서도 발생한다.

요약하면, 영재성과 재능을 정의하기에 적합한 모형이 되려면 능력과 재능 간에 단순한 양방향성이 아닌 다중방향성이 되어야 한다. 한편, '다중방향성'이란 표현의 의미는 주어진 능력이 다양한 재능 분야에서 탁월함에 기여할 수 있다는 점을 의미하고, 반면에 특별한 재능이 다양한 능력에 따라 설명될 수 있음을 의미하는 것이다.

영재성과 재능에 대한 차별화된 모형의 제안

우리가 위에서 논의한 모형에 대한 다양한 비판을 통해 제시하려는 차별화된 모형의 핵심은 **영재성**과 **재능**에 각각 부합되게 **능력 영역**과 **수행 분야**를 이분법적으로 나누었다는 것이다. 이러한 이분법은 전혀 새로운 것이 아니다. 능력이나 적성과 수행을 구분하는 것은 종종 문헌 연구(앞에서 인용된)에서 알 수 있고, Renzulli 모형에서 우측과 좌측을 구분하는 것과 같은 원리다([그림 7-1] 참조). 우리 모형의 공헌은 능력 영역이 영재성과 관련 있고, 수행 분야는 재능과 관련이 있다는 것이다.

영재성과 재능의 정의

이러한 연결은 다음과 같은 영재성과 재능에 대한 정의를 만들었다.

영재성은 하나 이상의 능력 영역에서 평균 이상의 능력에 해당된다.

재능은 하나 이상의 인간 수행 분야에서 평균 이상의 뛰어난 수행에 해당된다.

이 두 정의를 보다 정교화하면 다음과 같다.

1. 능력과 수행이라는 용어는 영재성과 재능을 이해하는 데 중요하다. 재능은 인간의 크고 작은 분야의 맥락에서 활동과 관계된 것으로, 이 분야의 활동과 연결된 행동을 통하여 그 자체를 나타낸다. 클레이 사격에 재능이 있는 사격수는 높은 명중률로 재능을 입증한다. 수학자는 수학문제를 빠르고 쉽게 해결하여 재능 있는 수학자임을 입증하며, 화가는 훌륭한 작품을 완성함으로써 재능 있는 화가임을 입증한다. 일반적으로 관찰된 수행을 '설명'하는 개인적 특성의 가장 단순한 형태를 서로 연결하기 위한 일차원적이고 표준화된 측정을 통해서 능력이 판별되기 때문에 영재성은 다소 차이가 있다. 엄밀하게 말하자면, '수행'의 구성요소는 표준화된 측정도구의 반응이라는 것이 사실이다. 사실, 영재성은 반드시 관찰되어야 한다. 다시 말해, 조작되어야 한다. 그러나 확실히 재능 있는 행동에 선행하는 능력이 있고, 그리고 재능 분야에서 관찰된 수행과 관련하여 설명하는 힘이기 때문에, 우리는 능력과 수행을 분리된 두 개의 용어로 사용하고 있다.

2. 이 구분은 동일한 단어를 포함하지 않는 정의를 적용함으로써 가능한 두 개념 사이의 혼돈을 줄이려고 의도된 것이다. 이것이 **영역**(능력의 경우)과 **분야**(재능의 영역)라는 용어의 선택을 결심하는 지침이 된다. 이는 재능의 모든 분야가 탁월한 개인적 수행을 설명하는 능력의 특정 목록에 대응함(일치)

을 의미한다. 지난 50년 동안 심리측정학적 연구는 충분하지는 않지만 다른 지적 능력과 학문적 수행의 관련성을 보여 주었다(Carroll, 1982). 기타 능력 영역이나 재능의 분야를 다루는 연구의 중점은 여전히 미분화된 상태다.

3. 이 구분은 모든 재능아는 필연적으로 영재라는 의미이지만, 그 반대는 사실이 아닐지라도, 모든 영재가 반드시 재능아라는 것은 아니다. 어느 특정 활동 분야에서 영재성이 분명하기 때문에 재능은 그 재능을 설명할 수 있는 중요한 능력의 존재를 의미한다. 그러나 이런 경우도 있다. 미성취 아동의 경우에 잘 설명되듯이, 어느 학문적 재능에서 명백한 영재성을 가지지 않고도 탁월한 능력의 소유자로서 자신이 영재임을 보여 줄 수 있다. 이와 관련하여, 우리는 앞서 인용된 Bloom의 연구를 회상해야 한다. 따라서 우리의 구분은 영재의 범주에서 미성취 아동을 제외시키는 Renzulli 모형의 약점을 해결하는 동시에, 지적으로는 영재이지만 학문적으로는 재능이 없는 아동을 설명해 준다.

4. 두 정의의 측면에서 보면, 우리는 Marland 정의에서 언급된 여섯 개의 범주는 영재성과 재능 개념이 중복되는 부분이 있다고 추론할 수 있다. 이것들 중 세 개(일반적 능력, 창의적 · 생산적 사고기능, 정신운동 영역)는 영재성의 영역이며, 나머지 세 개(학문적 적성, 리더십, 시각표현예술)는 재능에 해당하는 것이다.

모 형

우리가 이미 지적하였듯이, Renzulli의 모형은 영재성의 필수 요소로 동기의 존재를 꼽았다. 지금 제시된 모형에서 이 구성요소에는 무슨 일이 생겼을까? [그림 7-4]는 상호 연결을 통해 다양한 요소를 시각적으로 잘 설명해 주고 있다. 동기는 영재성이 재능으로 변환하는 데 필수적인 선행조건이

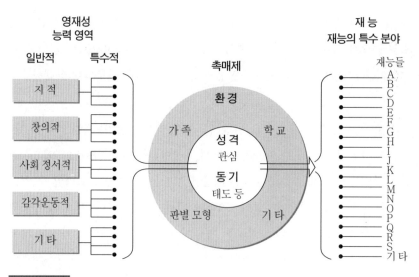

[그림 7-4] 영재성과 재능에 대한 차별화된 모형

기 때문에 동기의 중요성이 사라졌음을 관찰할 수 있다. 이 모형과 관련된 내용은 다음과 같다. 이러한 내용은 영재성과 재능 사이의 연결에 대한 다양한 믿음과 관찰을 설명하고 있다.

1. 인간 능력의 네 가지 주요 영역으로 지적, 창의적, 사회 정서적, 감각 운동적 영역이 제시되었다. 각 주제에 대한 상세한 목록은 만들어지지 않았기 때문에, 능력에 대한 다른 일반적 영역 구분이나 판별을 위해 항상 문이 열려 있는 상태다. 감각운동이라는 용어는 재능의 다양한 측면(예, 사격술, 와인 맛보기, 향수 분석)에서 다양한 감각의 중요한 역할을 강조하기 위해 쓰인 말이다.

2. 연구의 불충분과 학자들 간의 의견 불일치로 각 능력의 특별 영역은 상세하게 표현되지 못했다. 예를 들면, 지적 영역 하나만 해도 하위 범주가 꽤 많을 수 있다. 일반 지능인 g 요인을 지지하는 연구자들이 있는 반면에, 많은 연구자는 요인분석을 통해 상대적으로 독립적인 집단과 능력들의 하

영재성의 정의와 개념

위 집단을 식별하려고 노력하여 왔다. Anastasi(1982, chp. 13)가 종합 정리한 것에 따르면, Thurstone, Kelly, Guilford, Vernon 등은 언어적, 수리적, 공간적, 지각 있는, 방법적, 잘 기억하는 등의 능력의 다양성을 제시하였다. 어떤 체계(예, Thurstone)는 이런 능력을 평행하게 배치하였다. 다른 연구자(예, Vernon)는 다수 요인, 소수 요인, 특수 요인으로 위계적으로 분류하였다. Guilford는 지능구조의 3차원 모형에서 6 작용×4 내용×5 다른 산출물에서 120개 요인을 제안하기도 하였다.

문제는 여전히 복잡하며, 종합적인 정리가 필요한 것처럼 보인다. 인지심리학자는 인지능력에 대하여 네 가지로 분류하였다. 예를 들면, Sternberg(1981, 1984)의 삼원지능이론에서 지능의 하위이론으로 다음 세 가지를 제안하였다. **요소** 하위이론은 세 종류의 정보처리능력(메타 요소, 수행 요소, 지식획득 요소), **두 측면**의 하위이론은 새로움이나 자동화를 처리하는 수행 요소와 관련되고, **상황** 하위이론은 개인과 사회적 환경 간에 최선의 적응을 성취하려고 시도하는 과정(적응, 선택, 조성)에 대하여 세 개의 위계적 구조로 되어 있다.

마지막으로 심리측정학, 인지심리학, 신경심리학에서 얻은 유용한 지식을 종합하려는 가장 흥미로운 시도 중의 하나로 Gardner(1982a, 1982b)는 여섯 개로 독립된 '지능(intelligeces)'에 대한 다중지능이론을 아주 자세하게 제시하였다. 언어지능, 음악지능, 논리−수학지능, 공간지능, 신체−운동지능, 개인지능이 그것이며, 개인지능은 이후에 다시 개인내적 요소(자기 자신의 감정적인 삶에 접근), 대인간 요소(인식 능력−타인의 기분, 분위기, 동기, 의도를 구분)로 구분되었다.

3. Renzulli가 제안한 창의성의 중요성에 반하여, 창의성은 현재 여러 능력 영역 중의 하나로 축소되었다. 창의성은 이제 더 이상 영재성에서 중요한 요인이 아니다. 의심할 여지없이, 창의성은 여러 재능에 기여하며, 특히 예술 영역에는 더욱 그러하다. 그러나 작곡과 대조되는 음악 악보 해석, 전

문적인 사진 축소, 자동차 수리나 운동 등과 같이 창의성보다는 기술적인 천성이 더욱 중요시되는 분야가 많이 있음을 또한 확인할 수 있다.

4. 도표의 오른쪽 부분에서 재능은 일반, 특수 분야로 다시 묶이지 않고 의도적으로 분리되었다. 이러한 결정은 다음의 몇 가지 이유에서다. 첫째, Renzulli가 제안한 일반 분야의 목록이 철저하지 못하다는 것이다. 재능 있는 세일즈 대표, 건축가, 기계공, 전기 기술자, 가구의 장인, 우표 수집가, 다이아몬드 가공사 같은 사람은 어디에 위치시킬 것인가? 둘째, Cohn의 시스템이 이 모형에 있는 능력과 재능 사이의 다중관계성을 반박하였다는 점이다. 다시 말하면, 능력 목록에 따라 특수 재능의 범위가 한정된다는 사실 때문이다. 셋째, 재능의 위계 원리를 일반 영역과 특수 영역으로 구분하는 것은 인간 활동 분야의 내부 연관성에 큰 혼란을 초래할 수 있기 때문이다. 예를 들면, 의료 영역에서 새로운 인공 심장의 발명가는 물리학이나 생물학, 그리고 공학의 원리와 공법을 적용한다. 이러한 재능은 어디에 위치시킬 것인가? 비슷하게 컴퓨터 과학 영역의 경우도 극단적으로 다양화된 재능이 함께 속해 있다. 하드웨어 디자이너, 복잡한 마이크로 회로, 프린트 아웃 스크린, 프로그래밍 언어, 또는 복잡한 소프트웨어는 어떻게 할 것인가? 화학 혹은 컴퓨터 과학에서, '칩'을 만드는 실리콘 취급 공법의 전문가인 화학자는 어디에 위치시킬 것인가? 간단히 말해, 재능의 집대성은 후속 연구로 미루는 게 가장 좋을 것 같다.

5. 보다 넓은 특수 능력 영역의 한쪽과 다른 한쪽의 특수 재능 분야라는 두 축은 영재성과 재능 관계의 **다중관계성**을 나타낸다. 각 특수 재능은 다른 재능의 목록 특성과는 다소 다른 특별한 능력 목록으로 나타난다.

6. 변인들이 재능을 발현시키는 촉매제로서 중심 활동에 놓여 있다. 이와 반대로 흥미, 다양한 성격 특성, 그리고 환경은 개인의 특별한 재능 분야를

영재성의 정의와 개념

지향하도록 해 준다. 한편, 동기는 확실히 능력의 수준과 결합하여 재능의 강도에 대부분 기여한다. 재능의 안정성에 대해서는 의구심이 든다. 만약에 수영에 재능이 있는 5~6세 아동이 고된 훈련이나 부모와 교사의 지원 등을 통하여 그 재능을 계발시키지 못한다면 10년 후 그 어린이는 평균 이상의 재능을 가지고 있다고 하더라도 더 이상 재능아가 아니며, 15세에 지역이나 나라에서 부각되는 사람이 처음 예상과는 다르게 특별한 재능아로 판단받을 것이다. SMPY 프로젝트에서 이러한 사실이 분명하게 밝혀졌으며 (Stanley, 1977), 재능의 수준은 영재성의 수준보다 더 이상 확대되지 않았다.

7. [그림 7-4]의 모형에서 환경은 영재성보다는 재능에 더 큰 영향을 미친다. 모형의 중심부에 있는 촉매제의 존재는 이런 차이를 나타낸다. 그러나 이러한 상대적인 기술을 넘어서 지능이 유전적(혹은 환경적) 기초인가의 논쟁에서 흔히 볼 수 있듯이, '본질'과 '교육'에 관련된 영향력의 수량화는 매우 신중해야 한다(Eysenck & Kamin, 1981). 이와 같은 모든 것은 이러한 논쟁이 영재 또는 재능아의 특별한 교육 요구를 논의할 때 별로 관계가 없는 것처럼 보인다. 영재성과 재능의 근원이 무엇이든 간에, 이러한 영재성과 재능의 존재는 개인에게 차별화된 교육과정이 필요하다는 것을 의미한다 (Massé & Gagné, 1983). 따라서 그것은 다른 매우 단순한 문제, 즉 그들의 능력이나 재능을 최대한 발달시키려는 특별한 사람의 권리에 대한 문제를 오염시키고 자극할 엄격한 발견적 질문으로 불행해질 것이다.

8. 판별과 프로그램의 목적을 위하여 이러한 차별화의 함의에 대해 이야기하였다. 우리는 프로그램의 특별한 목적은 적절한 대상을 정의하는 지침이 반드시 되어야 한다는 잊혀진 원리를 회상해야 한다(Feldhusen, Asher, & Hoover, 1984). 따라서 추론이나 사고의 기능 발달을 목적으로 하는 프로그램은 이러한 능력 영역의 영재에게 우선적으로 제공되어야 한다. 한편, 수학 재능을 발달시키는 프로그램은 이러한 재능 분야에 적합한 특별한 도구로,

SMPY가 효과적인 것처럼 대상자를 심사해야 할 것이다. 이러한 구실로 남학생/여학생의 재능 분야의 프로그램에 명백하게 재능 있는 청소년의 접근을 금지하는 것은 분명히 부당한 것이다. 예를 들어, 학생의 지능이 주나 지역 수준에서 멋대로 정한 탈락 점수 이하에서 다소 떨어진다고 해서 재능 영역의 프로그램에 접근하지 못하게 하는 것은 부당하다. 표준화된 측정 대신에 주관적인 판단을 요구하는 수많은 재능을 판별한다고 하더라도, 그것은 '잘못된 질문의 정확한 정답보다는 옳은 질문에 대한 부정확한 답'이 차라리 나을 수 있다(Renzulli, 1984, p. 164).

9. 마지막으로, 우리의 구분은 '영재 또는 재능아' 보다 '영재와 재능아'의 표현으로 대치할 것을 의미한다.

결 론

영재성과 재능을 구분하는 데 초점을 맞춘 다양한 제안들을 비판적으로 분석하면서, 우리는 이러한 두 구성개념을 차별화하는 모형으로 발전시켰다. 이 모형에서는 영재성을 한 가지 이상의 영역에서 뛰어난 능력으로, 재능을 한 가지 이상의 인간의 활동 분야에서 뛰어난 수행으로 정의하였다. Renzulli 모형에서 영재성의 주요 요소였던 동기가 이 모형에서는 타고난 영재성을 재능, 보다 특별히 말하자면, 탁월한 재능의 출현으로 발전시키는 주요 촉매제가 되었다. Renzulli가 제시한 영재성의 세 개의 중요 요소 중 하나인 창의성은 일반 능력 영역 중의 하나로 중심적인 역할이 다소 축소되었다. 이러한 재순서화는 스포츠와 운동, 음악적 또는 이론적 해석, 무역이나 지도력과 같은 확산적 사고가 중요한 역할을 하지 않는 많은 재능을 수용할 수 있게 된 것이다.

영재성과 재능의 재정의에 대한 이 논문의 결론에 대하여, 저자는 많은

영재성의 정의와 개념

의문에 답하지 못하고 있음을 알고 있다. 이러한 의문 중에 몇몇 의문은 Cohn과 Renzulli의 모형에 관하여 Foster(1981)가 이미 답하였으며, 우리 의 의문에도 적용된다. Foster(1981)는 이러한 모형의 설명력에 의구심을 가졌다.

> 그것은 왜 어떤 사람이 평균 이상의 능력, 과제집착력, 그리고 창의성의 적절 한 혼합을 표현하는지, 혹은 왜 이러한 사람이 지능이나 예술 영역과 반대로 사회적 영역에서 이러한 특성을 나타내는지에 대한 의문에 어떠한 답도 하지 못했다. 보다 자세한 수준에서, 왜 개인이 정치적이며 사회적인 움직임을 통 해 시작하고 움직여지는가에 대한 재능의 표현에 대해 아무런 힌트도 주지 못했다(1981, p. 19).

사실 이러한 의문에 대하여 우리 모형의 각 요소는 연구를 통해 명확하게 언급되고 답하지는 못했다. 예를 들어, 일반적이며 특수한 능력의 영역뿐만 아니라 재능 분야에 대한 집대성은 후속 연구에서 연구할 만한 가치가 있는 영역이다. 재능 분야에 대한 후속 연구의 탐구는 특별히 Strong-Campbell 흥미검사(Campbell, 1977)에서 목록화된 흥미 영역의 구조에 대해 분석적인 틀을 제공한 Holland의 모형에 잠재적인 기여를 할 것이다. 또한 촉매제가 차지하고 있는 우리 모형의 중심 지역은 Atkinson, O'Malley 및 Lens(1976) 와 같은 연구의 요청에 따라 더욱 정교화시키는 작업이 필요하다.

이 모형에서는 개별적으로 많은 설명이 있어야 한다. 이러한 두 구성개념 은 동의어가 아니며, 지능과 다른 능력의 유형 간에 상반적 기능으로 구분되 는 것도 아니다. 오히려 능력 영역과 수행 분야를 구분하는 이분법에 따른 다. 그리고 마지막으로 동기는 탁월한 재능이 탁월한 재능으로 활성화되는 데 촉매제로서 기여한다.

참고문헌

Anastasi, A. (1982). *Psychological testing* (5th ed.). New York: Macmillan.

Atkinson, J. W., O'Malley, P. M., & Lens, W. (1976). Motivation and ability: Interactive psychological determinants of intellective performance, educational achievement, and each other. In W. H. Sewell, R. M. Mauser, & D. L. Featherman (Eds.), *Schooling and achievement in American society* (pp. 29-60). New York: Academic Press.

Bloom, B. S. (1982). The role of gifts and markers in the development of talent. *Exceptional Children* 48, 510-522.

Borthwick, B., Dwo, I., Lévesque, D., & Banks, R. (1980). *The gifted and talented student in Canada: Results of a CEA survey.* Toronto: The Canadian Education Association.

Campbell, D. P. (1977). *Manual for the SVIB-SCII.* Stanford, CA: Stanford University Press.

Carroll, J. B. (1982). The measurement of intelligence. In R. J. Sternberg (Ed.), *Handbook of human intelligence* (pp. 29-120). Cambridge, MA: Cambridge University Press.

Cohn, S. J. (1977). *A model for a pluralistic view of giftedness and talent.* Unpublished paper prepared for the United States Office of Education.

Cohn, S. J. (1981). What is giftedness? A multidimensional approach. In A. H. Kramer (Ed.), *Gifted children: Challenging their potential* (pp. 33-45). New York: Trillium Press.

Doyle, K. O. (1975). *Student evaluation of instruction.* Lexington, MA: D. C. Heath.

Eysenck, H. J., & Kamin, L. (1981). The intelligence controversy. New York: Wiley.

Feldhusen, J. F., Asher, J. W., & Hoover, S. M. (1984). Problems in the identification of giftedness, talent, of ability. *Gifted Child Quarterly*, 28, 149-151.

영재성의 정의와 개념

Fleming, E. S., & Hollinger, C. L. (1981). The multidimensionality of talent in adolescent young women. *Journal for the Educational of the gifted*, 4, 188-198.

Ford, M. E., & Tisak, M. S. (1983). A further search for social intelligence. *Journal of Educational Psychology*, 75, 196-206.

Foster, W. (1981). Leadership: A conceptual framework for recognizing and educating. *Gifted Child Quarterly*, 25, 17-25.

Gallagher, J. J. (1979). Issues in education for the gifted. In A. H. Passow (Ed.), *The gifted and the talented: Their education and development.* (78th Yearbook of the National Society for the Study of Education, Part I) (pp. 28-44). Chicago: University of Chicago Press.

Gardner, H. (1982a). Giftedness: Speculations from a biological perspective. In D. H. Feldman (Ed.), *Developmental approaches to giftedness and creativity* (New directions for child development, volume 17, pp. 47-60). San Francisco: Jossey-Bass.

Gardner, H. (1982b). *Frames of mind.* New York: Basic Books.

Gowan, J. C. (1979). The use of developmental stage theory in helping gifted children become creative. In J. J. Gallagher, J. C. Gowan, A. H. Passow, & E. P. Torrance (Eds.), *Issues in gifted education* (pp. 47-78). Ventura, CA: Ventura Country Superintendent of Schools Office.

In search of identification. (1984). *Gifted Child Quarterly*, 2(4).

MacKinnon, D. W. (1964). The creativity of architects. In C. W. Taylor (Ed.), *Widening horizons in creativity* (pp. 359-378). New York: Wiley.

Marland, S. P. (1972). *Education of the gifted and talented: Report to the Congress of the United States by the U. S. commissioner of education.* Washington, D. C.: U. S. Government Printing office.

Massé, P., & Gagné, F. (1983). Observations on enrichment and acceleration. In B. M. Shore, F. Gagné, S. Larivée, R. H. Tali, & R. E. Tremblay (Eds.), *Face to face with giftedness* (pp. 395-413). New York: Trillium Press.

Passow, A. H. (1981). The nature of giftedness. *Gifted Child Quarterly*, 25, 5-10.

Renzulli, J. S. (1978, November). What makes giftedness? Reexamining a definition. *Phi Delta Kappan*, 60, 180-185, 261.

Renzulli, J. S. (1979). *What makes giftedness: A reexamination of the definition of the gifted and talented*. Ventura, CA: Ventura Country Superintendent of Schools Office.

Renzulli, J. S. (1984). The triad/revolving door system: A research-based approach to identification and programming for the gifted and talented. *Gifted Child Quarterly*, 28, 163-171.

Richert. S. E., Alvino, J. J., & McDonnell, R. C. (1982). *National report on identification*. Sewell, NJ: Educational Improvement Center-South.

Robeck, M. C. (1968). *Special class programs for intellectually gifted pupils*. Sacramento, CA: California State Department of Education. (ERIC Document Reproduction Service No. ED 042 271).

Stanley, J. C. (1977). Rationale of the study of mathematically precocious youth (SMPY) during its first five years of promoting educational acceleration. In J. C. Stanley, W. C. George, & C. H. Solano (Eds.). *The gifted and the creative: A fifty-year perspective* (pp. 75-112). Baltimore, MD: Johns Hopkins University Press.

Sternberg, R. J. (1981). A componential theory of intellectual giftedness. *Gifted Child Quarterly*, 25, 86-93.

Sternberg, R. J. (1984). What should intelligence tests test? Implications of a triarchic theory of intelligence for intelligence testing. *Educational Researcher*, 13(1), 5-15.

Torrance, E. P. (1980). Extending the identification of giftedness: Other talents, minority and handicapped groups. In National/State Leadership Training Institute on the Gifted and Talented (Ed.), *Educating the preschool/primary gifted and talented* (pp. 43-58). Ventura, CA: Ventura Country Superintendent of Schools Office.

Ward, V. S. (1975). Basic concepts. In W. B. Barbe & J. S. Renzulli (Eds.), *Psychology and education of the gifted* (pp. 61-71). New York: Irvington Publishers.

Webster, D. (1970). Webster's New World Dictionary (College ed.). Toronto: Nelson, Foster & Scott.

Wells, D. (1981). Definitions of gifted and talented used in the United States. *Journal for the Education of the Gifted*, 5, 283-293.

Whitmore, J. R. (1980). *Gfitedness, conflict, and underachievement*. Boston: Allyn & Bacon.

Zettel, J. (1979). State provisions for educating the gifted and talented. In A. H. Passow (Ed.), *The gifted and the talented: Their education and development* (78th yearbook of the National Society for the Study of Education) (pp. 63-74). Chicago: University of Chicago Press.

08

영재의 프로파일[1]

George T. Betts, Maureen Neihart(University of Northern Colorado)

수년간의 관찰, 인터뷰, 그리고 문헌 연구를 한 후에, 영재아동과 영재청소년에 대한 여섯 가지 프로파일을 발전시켰다. 이 프로파일은 영재의 감정, 태도, 욕구에 대하여 근접하여 살펴볼 수 있도록 교육자와 부모에게 도움을 줄 것이다. 또한 각각의 프로파일을 식별하는 정보뿐만 아니라, 가정과 학교에서 영재를 도와줄 수 있는 정보가 담겨 있다.

영재는 대개 차이가 없는 집단으로 논의된다. 그들을 구별할 때, 영재의 태도, 감정, 욕구에 대한 전체 또는 '게슈탈트'의 관점보다는 오히려 지적 능력, 재능 또는 흥미의 차이에 근거를 두는 경향이 있다. 예를 들어, 창의적 영재, 지적 영재, 학습장애 영재, 그리고 예술 영재는 보고된 것처럼 다른 범주로 분류한다. 이 논문의 목적은 영재의 태도, 감정, 욕구에 기초하여 개인적으로 각각 다른 영재의 이론적인 프로파일 모형을 설명하는 것이다. 도표는 여섯 부류의 각각 다른 영재의 욕구, 감정, 태도를 비교하여 기술하였다. 이 모형은 영재 간의 차이에 대하여 교육자와 부모의 인식을 증가시켜 주며,

---

1) 편저자 주: Betts, G. T., & Neihart, M. (1988). Profiles of the gifted & talented. *Gifted Child Quarterly, 32*(2), 248-253. ⓒ 1988 National Association for Gifted Children. 필자 승인 후 재인쇄.

영재를 판별하기 위한 지침을 제공한다. 또한 이 모형은 영재를 위한 적절한 교육 목표를 발달시키는 데 사용될 수 있다. 이러한 유형은 발달의 모든 측면에서 영재를 판별하고 지도하는 과제를 유용하게 하는 일반론으로 제공된다. 어떤 한 아동을 완벽하게 설명하려고 의도된 것이 아니다.

성격은 인생의 경험과 선천적 유전의 결과다. 모든 영재는 그들의 특별한 능력에 따라 동일한 방식으로 영향을 받지 않는다. 영재는 가족, 교육, 인간관계, 개인적 발달에 영향을 받고 상호작용한다. 이렇게 다양한 환경에 처한 영재를 경험하면서 영재를 하나의 집단으로 보지 않으려는 인식이 증가하고 있다(Strang, 1965).

그러나 영재의 집단을 구분하려는 몇몇 연구도 있었다. Roeper(1982)는 영재가 자신의 감정을 대처하는 데 사용하는 접근법에 기초하여 영재의 다섯 가지 유형을 보고하였다. 그녀는 완벽주의자, 아동/성인, 경쟁의 승리자, 자기비판자, 잘 통합된 아동으로 정의하였다. 그녀는 영재의 경험과 감정을 표현하는 방법과 대처 유형의 발달에 초점을 맞췄다.

몇몇 연구는 영재의 전체적 시각에 관심을 가졌는데, 대부분 발달의 한 측면 또는 성취나 흥미의 한 부분만을 다루었다(Colangelo & Parker, 1981; Delisle, J. R., 1982; Gregory & Stevens-Long, 1986; Kaiser, Berndt, & Stanley, 1987; Schwolinski & Reynolds, 1985). 정서적·사회적·인지적·신체적 요인의 상호작용을 고려한 전체적인 아동 발달이 언급되어야 한다. "아동은 여러 특성들이 결합한 전체적인 존재다. 정서는 지적 인식 또는 신체적 발달에서 분리되어 다루어질 수 없으며 서로 상호작용하고 각각에게 영향을 준다." (Roeper, 1982, p. 21)라는 것을 꼭 기억해야 한다. 영재성은 분리된 범주로 정의될 수 없다. 성격과 발달의 모든 측면이 다른 측면에 영향을 주고 상호작용한다. 영재성은 성격에 영향을 주는 구성개념으로 검증되어야 한다.

영재성의 정의와 개념

영재의 프로파일

영재의 서로 다른 여섯 개 프로파일의 제시는 영재아동과 영재청소년의 행동, 감정, 욕구에 대하여 교육자와 부모에게 정보를 제공한다. 이것은 영재의 성장을 돕기 위한 통찰을 제공하는 이론적 개념이지, 임상적 분류 모형이 아님을 명심해야 한다(〈표 8-1〉 참조).

게다가 아동과 청소년을 다음의 어떤 하나의 범주로 정의할 수 없다. 영재의 행동, 감정, 욕구는 어릴 때는 자주 변하지만, 몇 년이 지나면 변화는 적어지고 한두 개의 프로파일에 머물 것이다. 이러한 접근방법은 영재를 새롭게 이해하고, 영재의 인지적 · 정서적 · 사회적 성장을 돕기 위한 전략과 기술을 발달시키는 기법과 새로운 기회가 될 것이다.

연구의 활용도

교육자와 부모는 영재의 인지적 · 정서적 · 사회적 욕구를 이해하는 것이 매우 중요하다. '영재의 프로파일'은 이들의 감정, 행동, 욕구에 근접하여 살펴봄으로써 이러한 학생을 보다 잘 이해할 수 있는 틀을 제공한다. 어른과 동료의 인식, 판별 그리고 가정과 학교의 상호작용에 대하여 부가적인 정보를 제공한다. 부모와 교육자는 영재를 보다 깊이 인식하는 데 도움이 되는 프로파일을 사용할 수 있다. 또한 이 프로파일은 영재의 욕구와 본질과 관련하여 영재의 진로를 위한 정보로도 사용할 수 있다. 더욱이 교육자는 영재 자신의 욕구와 행동에 대한 통찰을 더 많이 발달시키기 위해 학생에게 직접 정보를 제공할 수 있다. '영재의 프로파일'은 영재에 대한 더 큰 인식과 통찰을 발달시키기 원하는 사람을 위한 출발점이다. 이러한 접근법의 적용은 영재를 더욱 깊고 폭넓게 이해하는 데 제공될 것이다.

유형 I: 성공적인(The Successful)

아마도 학교 프로그램에서 영재로 판별된 90%의 많은 학생이 유형 I에 속할지 모른다. 유형 I로 분류된 행동, 감정, 욕구를 보이는 아동은 시스템을 학습해 왔다. 그들은 부모와 교사의 말을 경청하며, 학교와 가정에서 무엇을 '팔 것인가(sells)'를 알아차린 후, 적절한 행동을 보이기 시작한다. 그들은 공부를 잘하고 성취도검사와 지능검사에서 고득점을 얻는다. 그 결과, 통상 영재 프로그램에 배치되는 영재로 판별된다. 교사, 부모와 다른 어른에게 칭찬받기를 원하기 때문에 문제행동을 거의 일으키지 않는다.

이러한 아동은 '스스로 할 수 있다'는 것을 믿는다. 그러나 유형 I은 종종 학교를 지루해하고, 가능한 한 적은 노력으로 획득하기 위한 시스템의 사용을 학습한다. 학교에서 자신의 흥미와 목표를 추구하기보다는 마지못해 하는 경향이 있으며, 교사에게 구조와 방향을 구한다. 그들은 부모와 교사에게 의존적이며, 자율성에 필요한 기술과 태도를 학습하는 데는 실패하지만, 반드시 성취하고야 만다. 종합적으로 이러한 영재는 성취를 확신하기 때문에 긍정적 자아개념을 가진 것처럼 보인다. 친구가 좋아하고, 사회적 집단에 소속된다. 그들은 시스템에 의존하지만 그들과 그들의 성취를 기뻐하는 어른에게서 받는 강화 때문에 결함을 갖고 있다는 것을 인식하지 못한다. 그러나 Goertzel과 Goertzel(1962)은 교실에서 머리가 좋은 아동은 유능할지 몰라도, 영재성과 재능을 충분히 발달시키지 못해 상상력이 없는 어른이 될 수 있다고 결론지었다. 이러한 영재는 창의성과 자율성 모두를 잃어버린 것처럼 보인다. 대학과 성인기 후반에 낮은 성취를 보이는 젊은 성인 영재가 이러한 집단에서 나온다. 그들은 장기적인 인생의 학습에 필요한 기술, 개념, 태도를 지니지 못하며, 사회에는 잘 적응하지만 삶의 변화를 위한 도전의 준비가 부족하다.

영재성의 정의와 개념

유형II: 도전적인(Challenging)

유형II는 발산하는 영재다. 많은 학교 체제에서 최소한 5년 이상의 경험이 풍부한 교사를 유형II의 영재를 위한 프로그램에 배치시키지 않는 한, 유형II의 영재 판별은 실패할 것이다. 유형II는 전형적으로 높은 수준의 창의성을 지니며, 고집스럽고 요령이 없으며 빈정대는 것처럼 보인다. 종종 권위에 의문을 품고 교사에게 도전적이다. 그들은 시스템에 순종하지 않고 자신의 이익을 위하여 시스템 사용을 학습하지 않는다. 인정과 보상 또는 명예를 거의 받지 못한다. 학교와 가정에서의 상호작용은 종종 갈등을 일으킨다. 이러한 아동은 학교 체제에서 재능과 능력을 인정받지 못하기 때문에 좌절감을 느낀다. 자존심을 지키기 위해 애쓰며, 사회적 집단에 속했다고 느낄 수도 있고 느끼지 못할 수도 있다. 또한 어떤 유형II의 영재는 친구에게 도전한다. 그러므로 또래 집단에 속하지 못하거나 어떤 활동이나 집단 프로젝트에서 환영받지 못한다. 반면에 또 다른 유형II는 유머 감각과 창의성이 뛰어나 친구에게 인기가 매우 많다. 그럼에도 불구하고, 그들의 자발성은 교실에서 혼란을 일으킨다. 유형II는 창의성이 있지만 종종 부정적 자아개념을 소유하고 있다. 만약 중학교에서 유형II의 영재에게 적절한 개입을 하지 않는다면, 마약 중독이나 비행 청소년으로 학교에서 퇴학될 '위험'에 놓일 것이다.

학교를 중퇴한 고등학교 영재(유형IV)의 부모님은 자녀가 초등학교 또는 중학교에서 유형II의 행동을 자주 보였다고 한다. 이러한 관계성이 경험적으로 증명된 것은 아니지만 신중하게 고려할 만한 중요한 시사점이다.

유형III: 잠복되어 있는(The Underground)

유형III의 영재는 '잠복되어 있는 영재'로 알려져 있다. 일반적으로 이들은 여중생이며, 남학생도 자신의 영재성을 감추기를 원한다. 만약 영재 소년은 감추었다고 하더라도, 나중에 나타나는 경향이 있다. 전형적으로 고등학교 운동부에서 가입하라는 압력을 받는다.

일반적으로 유형III은 중학교에서 극적으로 재능을 보이는 영재 소녀다 (Kerr, 1985). 그들은 평재 집단의 소속감을 더 느끼기 위해 재능을 부정하기 시작한다. 학문이나 창의적인 작업에 흥미를 느끼거나 높은 동기를 가진 학생은 갑작스럽게 빠른 변화를 겪으면서 지난 열정의 모든 흥미를 잃어버릴 수도 있다. 유형III은 자주 불안해하고 걱정한다. 변화하려는 그들의 욕구는 종종 교사와 부모의 기대와 갈등을 일으킨다. 어른은 단지 그들의 반항과 부정을 증가시키는 방식으로 반응하곤 한다. 이러한 아동이 어떻게 느끼고 있는지를 전혀 고려하지 않고, 교육 프로그램을 계속할 것을 고집하고 강요하는 경향이 있다. 유형III은 때때로 그러한 것을 받아들이는 것이 이로운 것처럼 보인다.

유형III에게 모든 프로젝트나 상급반을 포기하지 못하게 하더라도, 이러한 변화를 겪는 동안 그들의 학문적 욕구를 충족시킬 수 있는 대안이 탐구되어야 할 것이다. 도전적으로 반항하는 청소년은 그들의 욕구와 장기간의 목표를 충족시킬 수 있도록 도우려는 사람과 사이가 좋지 않을 수 있다.

유형IV: 중도 탈락(The Dropouts)

유형IV의 영재는 화가 나 있다. 이들은 수년간 학교 체제가 자신들의 욕구를 충족시키지 못했고 거부감을 느꼈기 때문에, 자신과 어른에게 화가 나 있다. 이들은 침체되고 집에 틀어박히는 행동을 하거나, 행동화(acting out) 하면서 방어적으로 반응하여 이러한 분노를 표출한다. 정규 교육과정의 범위를 벗어나는 것에 자주 흥미를 보이는 유형IV는 지원을 받지 못하며 비범한 영역에서 재능과 흥미를 확인한다. 학교는 이들의 사기를 떨어뜨리는데, 아마도 학교에 적대감을 갖고 있는 것처럼 보인다. 유형IV에는 때로는 초등학생도 있긴 하지만 대부분 고등학생으로, 학교를 거의 출석하지 않고 신체적으로는 아니지만 정서적·정신적으로 '중도탈락' 되었다고 느낀다.

유형IV의 학생은 영재로 판별되는 것이 매우 늦다. 어쩌면 고등학교 때도 영재로 판별되지 못한다. 그들은 거부되고 무시당한 감정의 결과로 자주 증오에 차 있고 분개한다. 그들의 자아존중감은 매우 낮고, 믿을 수 있는 어른과 관계 맺기를 원한다. 유형IV에게는 전통적인 프로그램이 적합하지 않다. 가족 상담이 강력하게 권고되며, 유형IV의 청소년은 개인 상담을 받아야 한다. 또는 가능한 영역을 확인하기 위해 진단검사가 필요하다.

유형V: 중복 낙인(The Double-labeled)

유형V의 영재는 어떤 방식에서 신체적 또는 정서적 장애를 가진 영재로 간주되거나 학습장애로 간주된다. 대부분의 영재 프로그램은 이런 아동을 판별하지 못하거나 그들의 특별한 욕구를 언급하거나 통합하는 차별화된 프로그램을 제공하지 못한다. 다행히도, 이러한 아동의 효과적인 판별에 대한 연구가 기대되고 있으며, 대안적 프로그램을 제공하는 방법이 제시되고 있다(Daniels, 1983; Fox, Brody, & Tobin, 1983; Gunderson, Maesch, & Rees, 1988; Maker, 1977; Whitmore & Maker, 1985).

유형V의 학생은 종종 학교에서 영재로 보이는 행동을 하지 않는다. 이들은 필체가 나쁘거나 작업을 완결하지 못하는 파괴적인 행동을 할 수도 있다. 그리고 학교 과제를 수행할 때 자신의 무능력에 대해 혼란을 느끼는 것처럼 보인다. 또한 스트레스 증후군을 보이고 낙심, 좌절, 무기력, 고독을 느낀다.

이러한 아동은 주어진 활동이나 임무가 '지루하다' '바보 같다'고 불평하면서 가지고 있는 어려움을 거부한다. 이들은 자신의 지체된 자아존중감을 보상받기 위해 다른 사람에게 유머를 사용한다. 실패하지 않기를 원하며, 자신의 기대를 충족시키지 못하는 것에 대해 불행해한다. 자신의 부적절한 감정에 대처하기 위한 수단으로 이지화(intellectualization)에 능숙하다. 또한 종종 성급하고 비판적이며 비난에 대해 강하게 반발한다.

전통적으로 이러한 학생은 보통으로 인식되거나 치료를 받아야 하는 것으로 여겨지기 때문에 무시된다. 학교 체제는 이들의 결점에 초점을 두며 장점이나 재능의 육성에는 실패하는 경향이 있다.

유형VI: 자율적 학습자(The Autonomous Learner)

유형VI의 영재는 자율적 학습자다. 부모가 가정에서 이러한 유형의 증거를 알았다 하더라도, 소수의 영재는 아주 어린 나이에 이런 유형을 나타낸다. 유형I처럼 이 학생은 학교 체제에서 효과적으로 학습한다. 하지만 가능한 한 적게 노력하려는 유형I과 달리, 유형VI은 스스로 새로운 기회를 창조하기 위해 시스템의 사용을 학습한다. 그들은 시스템을 위해 작업하지 않는다. 자신을 위해 시스템의 작업을 한다. 유형VI은 자신의 욕구가 충족되므로 강하고 긍정적인 자아개념을 소유하고 있다. 이들은 성공적이고 긍정적인 배려를 받으며, 자신뿐만 아니라 이들의 성취 또한 지지를 받는다. 어른과 친구에게 높이 평가되며, 학교와 지역 공동체에서 리더십 능력으로 봉사한다.

유형VI의 학생은 자기지향적이다. 자신의 교육적, 개인적 목표를 설계한다. 또한 자신을 수용하고 모험을 감수할 수 있다. 유형VI의 중요한 점은 개인적 힘에 대해 굉장히 민감하다는 것이다. 이들은 자신의 삶에 스스로 변화

영재성의 정의와 개념

표 8-1 영재의 프로파일

유형	감정과 태도	행동	욕구	유형에 대한 어른과 동료의 인식	판별	가정 지원	학교 지원
유형 I 성공적인	• 지루함 • 의존적 • 긍정적 자아개념 • 열정적 • 실패에 대한 두려움 • 죄책감 • 외적 동기 • 타인에 책임감 • 자신의 느낌은 축소되고 그룹의 감정의 옳음 • 자기비판적	• 완벽주의자 • 높은 성취자 • 교사의 승인과 구조를 구함 • 모험을 감수하지 않음 • 매우 하려적 순응 • 수용과 순응 • 의존적	• 점핍을 알고 싶어 함 • 도전을 받음 • 위험 감수 • 독단적 기술 • 자발성 • 권태롭게 도와줌 • 적절한 교육과정	• 교사에게 사랑받음 • 동료에게 청찬받음 • 부모에게 인정받고 사랑받음	• 성적 평균 • 성취검사 • IQ 검사 • 교사지명	• 독립심 • 소유권 • 선택의 자유 • 개인적 흥미를 위한 시간 • 모험의 경험	• 숙진과 심화 교육 과정 • 개인적 흥미를 위한 시간 • 압축된 학습경험 (사전검사) • 지적 동료와 함께 할 기회 • 독립적인 학습 기술의 발달 • 심화학습 • 멘터싱 • 대학 진로 상담
유형 II 도전적인	• 지루함 • 좌절감 • 낮은 자아존중감 • 성급함 • 방어적 • 고조된 민감성 • 사회적 역할의 불확실성	• 올바른 교사 • 역할, 방침에 대한 이문 • 정직하고 올바름 • 변덕스러운 기분 • 빈약한 자기통제감 • 창의적 • 활발하고 의문적	• 타인과 친해지고 싶음 • 요령, 융통성, 자기인지, 자기 통제, 수용을 학습함 • 창의성의 지지 • 계약된 시스템	• 신경질나게 함 • 반항적임 • 창의적인 것으로 봄 • 버릇이 없음 • 동료가 볼 때 재미있음 • 변화시키기를 원함	• 친구 추천 • 부모 지명 • 인터뷰 • 수행 • 중요하면서도 관련되지 않은 어른의 추천 • 창의성 검사	• 수용되고 이해됨 • 흥미 추구 허락 • 학교에서 그룹을 지지 • 적절한 행동의 모형링 • 가족적	• 인내력 • 적절한 교사의 반에 배치 • 인지적, 사회적 기술 발달 • 아동과의 직접적이고 명확한 의사소통 • 감정의 허용

표 8-1 (이어서)

영향	감정과 태도	행동	욕구	유행에 대한 어른과 동료의 인식	판별	가정 지원	학교 지원
		• 접근을 선호함 • 설득력 있음 • 경쟁적임		• 열세로 보지 않음	• 교사의 지지	프로젝트	• 심화학습 • 멘터십 • 자아존중감을 부드음 • 행동적 제약
영재 Ⅲ 잠복되어 있는	• 불확실성 • 압박감 • 혼란스러움 • 죄책감 • 자긍스러움 • 자신의 느낌은 죽소되고 그룹의 감정이 옳음	• 재능에 부정적 • 영재반과 상급반에서 중도 탈락 • 도전에 저항 • 사회적으로 소속되길 원함 • 친구를 변화시킴	• 선택의 자유 • 잠득의 인식 • 느낌의 인식 • 능력의 지지 • 영재 친구와 함께함 • 직업/대학의 정보 • 자기수용	• 리더로 보거나 인정되지 않음 • 평균으로 보기나 성공적으로 보임 • 유순하게 봄 • 조용하고 수줍어하는 것처럼 보임 • 어른은 그들을 모험을 기피하는 것으로 봄 • 저항적으로 봄	• 영재 동료의 지명 • 가정에서의 지명 • 공동체의 지명 • 성취검사 • IQ 검사 수행 • 교사의 지지	• 나타나지 않음을 수용 • 대학과 진로의 계획적 정함 제공 • 같은 나이의 친구와 시간을 보냄 • 영재의 역할 모형 제공 • 장기적인 학습모형 • 선택의 자유 불품	• 인정하고 적당한 장소 • 영재반에서 나가는 것을 허용함 • 성 역할 모형 제공 • 대학과 직업 정보 계속 제공
		• 가끔 학교에 가지 않음	• 개별적인 프로그램	• 어른은 그들에 게 화남	• 누적되는 정 위 검토	• 가족 상담을 구함	• 임상적 검사 • 집단 상담

176   영재성의 정의와 개념

표 8-1 (이어서)

유형	감정과 태도	행동	욕구	유형에 대한 어른과 동료의 인식	판별	가정 지원	학교 지원
유형 IV 중도 탈락	• 분노 • 화남 • 우울 • 폭발적인 • 낮은 자아개념 • 방어적 • 탈진된	• 과제를 완성하지 않음 • 외부에서 흥미를 추구함 • 교실에서 멍함 • 자기 남용 • 자기를 고립시킴 • 창의적임 • 자기와 타인을 비난함 • 변덕스러움 • 평균 또는 평균 이하로 보임 • 방어적임	• 강한 지지 • 대안적(분리된, 새로운 기회) • 상담(개인, 집단, 가족) • 자료적 도움	• 동료는 비판적임 • 고독한 사람, 중도 탈락자, 마약 중독자, 바보처럼 보임 • 그룹을 거부하고 조롱함 • 위험하고 반항적으로 봄	• 교사의 초기 인터뷰 • IQ와 보이는 성취와의 부조화 • 창의성 검사 • 영재 동료의 추천 • 학교가 아닌 곳에서 보이는 성취		• 비전통적인 학습 기술 • 심화학습 • 멘터십 • 교실 학습경험의 대안체 • G.E.D
유형 V 중복 낙인	• 무능한 • 좌절된 • 낮은 자아존중감 • 인식하지 못함 • 화남	• 일이 변덕스러움 • 평균 또는 평균 이하로 보임 • 혼란이나 행동화를 할지도 모름	• 장점을 강조 • 대처 기술 • 영재 지원 집단 • 상담 • 기술 발달	• 우둔하게 보임 • 무기력하게 보임 • 동료가 피함 • 평균 또는 평균 이하의 능력 • 많은 양의 강요	• WISC 또는 WAIS 지능 검사의 범위 • II의 분포 • 중요한 타인의 추천 • 특별한 정보 가 제공됨	• 영재 능력 인식 • 그들에게 도전함 • 위험 감수의 기회 제공 • 학교에서 자녀를 옹호	• 필요한 지원 제공 • 대안적 학습경험 제공 • 연구와 탐구 시작 • 동료와 시간을 보내도록 함 • 개인 상담 제공

표 8-1 (이어서)

영역	감정과 태도	행동	욕구	유형에 대한 어른과 동료의 인식	판별	가정 지원	학교 지원
유형 VI 자율적 학습자	• 자신감 • 자기수용 • 열정적 • 타인에게 인정받음 • 지적받음 • 알고 배우고자 하는 욕구 • 실패 수용 • 내적 동기 • 개인적 능력 • 타인 수용	• 적절한 사회적 능력 • 일을 독립적으로 함 • 자신의 목표를 발달시킴 • 인정이 없어도 일을 함 • 열정적인 영역을 좋아함 • 창의적임 • 설득력 있음 • 위험 감수	• 옹호 • 피드백 • 촉진 • 위험 지지 • 적절한 기회	• 되고 싶다고 하거나 인식함 • 무언가 되려하다고 보임 • 동료와 어른의 수용 • 능력의 향진 • 부모에게 유능하고 책임감 있게 보임 • 긍정적인 영향 • 성공적인 • 심리적 건강	• 교사의 추천 • 인터뷰 • 수행 • 교사의 주장 • 평균 성적 • 보여지는 수행 • 산출물 • 성취검사 • 인터뷰 • 교사/동료/부모/자신의 지명 • IQ 검사 • 창의성 검사	• 가족 프로젝트 • 가족 상담을 함 • 학교와 공동체에서 지지 • 열정과 관련된 기회 제공 • 모든 연령의 친구를 허락 • 시간과 공간의 구속 제거 • 가족 프로젝트 • 부모의 열정 예시를 보여줌	• 학습의 장기적, 통합된 계획 발달함 • 속진과 심화 교육과정 • 시간과 공간의 구속 제거 • 사전검사로 압축된 학습경험 • 심화학습 • 멘터십 • 대학/직업 상담과 기회 • 이중 참여와 조기 허용 • 전통적 학교 정책 규정 보류

© 1988, Greorge Betts & Maureen Neihart

영재성의 정의와 개념

를 창조할 수 있음을 깨달으며, 이들의 변화를 도와줄 사람을 기다리지 않는다. 이들은 자신의 감정, 목표, 욕구를 자유롭고 적절하게 표현할 수 있다.

결 론

이 표는 여러 가지로 유용하다. 그중 하나는 일반적으로 영재아동과 영재 청소년에 대하여, 그리고 특별하게는 특수한 유형의 차별화된 사회적, 정서적 욕구에 대하여 현직 교육자를 위한 도구로 사용될 수 있다. 또한 이 모형은 학생의 인식과 영재성의 의미에 대한 이해, 그들의 학습과 관계에 미치는 영향을 확장시키기 위한 교수 도구로 사용될 수 있다.

또한 이 모형은 영재의 정의, 판별, 교육 계획, 상담, 그리고 아동 발달 영역에서의 경험적인 연구를 위한 이론적 기초로 기여할 것이다. 영재청소년의 행동과 감정을 주의 깊게 살펴봄으로써, 그들의 다양한 욕구를 충족시킬 수 있도록 보다 좋은 교육적인 프로그램이 개발되어야 한다.

📝 참고문헌

Colangelo, N. and Parker, M. (1981). Value differences among gifted adolescents. *Counseling and Values, 26,* 35-41.

Daniels, P. R. (1983). *Teaching the gifted/learning disabled child.* Rockville, MD: Aspen Systems Corporation.

Delisle, J. R. (1982). Striking out: Suicide and the gifted adolescent. Gifted/Creative/Talented, 13, 16-19.

Fox, L. H., Brody, L., and Tobin, D. (1983). *Learning-disabled/gifted children.* Baltimore: University Park Press.

Goertzel, V. and Goertzel, M. (1962). *Cradles of eminence.* Boston: Little,

Brown and Company.

Gregory, E. H. and Stevens-Long, J. (1986). Coping skills among highly gifted adolescents. *Journal for the Education of the Gifted*, 9, 147-155.

Gunderson, C. W., Maesch, C., and Rees, J. W. (1988). The gifted/learning disabled student. *Gifted Child Quarterly*, 31, 158-160.

Kaiser, C. F., Berndt, D. J. and Stanley, G. (1987). Moral judgment and depression in gifted adolescents. Paper presented at the 7th World Conference on Gifted and Talented Children, Salt Lake City, Utah.

Kerr, B. (1985). *Smart girls, gifted women*. Columbus: Ohio Psychology.

Maker, J. (1977). *Providing programs for the gifted handicapped*. Reston, VA: Council for Exceptional Children.

Reoper, A. (1982). How the gifted cope with their emotions. *Reoper Review*, 5, 21-24.

Schwolinski, E. and Reynolds, C. R. (1985). Dimensions of anxiety among high IQ children. *Gifted Child Quarterly*, 29, 125-130.

Strang, R. (1965). The psychology of the gifted child. In W. B. Barbe, (Ed.). *Psychology and education of the gifted: Selected readings* (pp. 113-117). New York: Appleton-Century-Crofts.

Whitmore, J. R. and Maker, J. (1985). *Intellectual giftedness in disabled persons*. Rockville, MD: Aspen Systems Corporation.

09

저명한 성인의 아동기 특성과 환경 조건[1]

Herbert J. Walberg, Shiow-Ling Tsai, Thomas Weinstein,
Cynthia L. Gabriel, Sue Pinzur Rasher, Teresa Rosecrans,
Evangelina Rovai, Judith Ide, Miguel Trujillo,
and Peter Vukosavich

세계 각지의 연구자 76명으로 이루어진 우리의 광범위한 연구는 모차르트, 뉴턴, 링컨과 같이 14~20세기에 태어난 200명 이상의 인물(역사상 탁월한 능력으로 인정받은)이 보이는 가족적·교육적·문화적 조건뿐만 아니라 공통적인 심리적 특성을 밝혔다. 존중받는 그들의 일대기에 기초하여 만들어진 아동기의 특성과 환경에 대한 평가는 아동기에 나타난 특유의 집중하는 인내와 다재다능뿐만 아니라, 지적 능력과 동기, 사회적인 의사소통 기술, 일반적인 심리적 건강함을 보여 준다. 이들 대부분은 탁월한 영역과 관련한 문화적인 자극과 자원의 유용성, 교사와 부모, 다른 성인의 자극을 받았다. 부모가 그들의 행위에 대해 뚜렷한 기대를 갖기는 하였지만, 그들 스스로 탐구하는 기회도 가지고 있었다.

---

1) 편저자 주: Walberg, H. J., Tsai, S., Weinstein, T., Gabriel C. L., Rasher, S. P., Rosecrans, T., Rovai, E., Ide, J., Trujillo, M., & Vukosavich, P. (1981). Childhood traits and environmental conditions of highly eminent adults. *Gifted Child Quarterly, 25*(3), 103-107. ⓒ 1981 National Association for Gifted Children. 필자 승인 후 재인쇄.

이 연구는 심리학과 역사학의 양적 연구인 '계량역사학(Cliometrics)'[2](역사의 뮤즈인 클리오 이후에 출현한)을 결합시켰다. 사용된 탁월성에 대한 준거(전기사전과 백과사전에서 각각의 인물에 대해 쓰인 단어의 수)는 기술적으로 신뢰할 수 있다고 판명되었다. 그러나 특성과 조건에 대한 평가는 분명 평가를 만드는 데 포함된 주관성뿐만 아니라, 역사와 전기가 기록하고 있는 우연성으로 어느 정도 왜곡된다. 우리의 연구가 자체적으로 증명한 것은 거의 적은 부분이다. 그러나 우리의 연구는 현존하는 탁월한 미국인에 대한 최근의 연구(Arieti, 1976; Goertzel, Goertzel, & Goertzel, 1978; Passow, 1979; Stein & Heinze, 1964; Taylor & Barron, 1963; Taylor & Getzels, 1975), 과학과 예술 분야의 수상 경력이 있는 뛰어난 성인에 대한 연구(Walberg, 1969, 1971)를 확증하여 준다. 이는 자녀의 양육, 교육의 실행, 사회적·문화적 기회의 준비를 통하여, 연구와 정책 모두에서 최소 교육 자격에 대한 요구와 우리 세대에 과거 세기의 그들과 비길 만한 훌륭한 남성과 여성의 출현에 대한 기대 사이의 균형을 유지시켜 주는 것에 기여한다.

교육 효과에 대한 대부분의 연구는 읽기, 수학, 과학 등 일반적인 학교 교과에 대한 표준화 성취검사의 단기적인 획득에 초점을 맞춘다. 이러한 학습의 중요성은 부인될 수는 없지만, 이는 결코 학교의 목적과 부모가 열망으로 아이에 대해 증명하려는 학교교육과 자녀 양육이 나타내는 의도된 결과의 전부가 아니라는 것이다. 또한 같은 양의 교육을 받은 학생의 집단에서 성취검사 점수는 학교 밖의 세상으로 나아가 성인이 되었을 때의 행복과 성취에 대해 고작해야 아주 작은 예언을 해 줄 뿐이라는 것이 잘 알려져 있다(Walberg, 1981). 따라서 탁월한 인물의 성장을 가져오는 심리적 특성과 교육환경, 그리고 다른 주변 환경에 대해 조사하는 것이 중요하다.

본 연구를 위한 인물의 표본은 전기에 관한 책인 『American Men of Science(현재는 American Men and Women of Science임)』의 창설자인

---

2) 계량역사학(計量歷史學): 통계학적 분석 기술로 역사를 연구하는 역사학의 한 분야다.

영재성의 정의와 개념

James McKean Cattell의 세기의 전환적 연구로 거슬러 올라간다. 1903년 Cattell은 각각의 인물에 대해 미국, 영국, 프랑스, 독일의 전기백과 안에 쓰인 단어의 수에 따라 가장 탁월한 1,000명의 인물을 순서대로 목록화하였다. 목록에는 정치 지도자, 종교 지도자, 혁명가과 군국주의자, 과학자, 철학자, 작가와 예술가, 그리고 상류급 인사와 귀족을 포함하였다.

Cattell의 출판 후 오래 지나지 않아, Cox와 Stanford-Binet 지능검사의 개발자인 Frederick Terman은 Cattell의 표본의 한 부분이라 할 수 있는 심리적인 특성에 관심을 갖기 시작하였다(Cox, 1926). 그들은 표본들 중 단지 상류 계급이거나 고귀한 출생 때문에 포함된 덜 탁월한 인물의 절반과 1450년 이전에 출생한 인물을 제외시켰다. Cox와 몇몇 동료들은 남겨진 282명의 인물(3명의 여성 포함)에 관한 정신적인 성장에 대한 정보를 위해 스탠퍼드와 하버드 대학교 도서관의 백과사전, 전기, 공식문서의 모음을 포함한 3,000개가 넘는 자료를 샅샅이 뒤졌다. 이 자료에서 Cox와 두 동료는 각기 독립적으로 각 인물의 IQ를 예상하여 측정하였다. Cox의 분석과 우리가 Cox의 자료를 재분석해 본 결과는 이러한 면밀한 측정치의 신뢰도가 현재 학교에서 아동에게 하는 집단 IQ 검사의 신뢰도와 합리적으로 비교된다는 것을 보여 준다(〈표 9-1〉 참조).

지능과 탁월성

전체 집단의 IQ의 평균 추정치인 158.9는 선택되지 않은 표본에서 발견되는 약 100이라는 평균 점수보다 훨씬 높은 점수다. 195~200의 IQ를 보이는 괴테, 라이프니츠, 그로티우스에서 120~125의 메세나, 그란트, 드레이크까지 집단의 IQ 범위가 나타났다. 우리의 분석에서 다른 집단(정치 지도자, 종교 지도자, 혁명가, 과학자, 작가, 예술가)에 비하여 가장 높은 IQ를 보인 집단은 철학가 집단이며, 가장 낮은 IQ의 집단은 군국주의자임을 알 수 있다.

우리는 탁월성에 대한 추가적인 추정치를 위하여 1935년도 『New International Encyclopedia』와 1974년도 『Encyclopedia Britannica』에서 282명 각각의 주요한 전기적인 논문에서 단어의 수를 세었다. 탁월성에 대한 목록은 한 시대에서 다음 시대에 이르기까지 상당 부분 일치하지만, 어떤 흥미로운 변화가 보였다. 예를 들면, 1903~1974년의 철학가는 추정된 탁월성에서 낮은 수준으로 평가되었지만, 음악가와 예술가는 높은 수준으로 평가되었다. 개인 또한 탁월성의 추정치가 변하였다. 예를 들어, 1903년 추정치에서 가장 탁월한 사람들 중 상위 10명은 나폴레옹, 볼테르, 베이컨, 괴테, 루터, 버크, 뉴턴, 밀턴, 피트 워싱턴이다. 1974년 단어 총계의 순서대로 상위 10명은 사무엘 존슨, 루터, 렘브란트, 다 빈치, 나폴레옹, 워싱턴, 링컨, 베토벤, 디킨스다. 1974년 인용에서의 상위 10명은 데카르트, 나폴레옹, 뉴턴, 라이프니츠, 루터, 헤겔, 칸트, 다윈, 갈릴레오, 다 빈치다.

우리는 Cox의 분석을 확인하면서, 탁월성에 대한 네 가지 목록에서 가장 높은 평균을 보이는 사람이 추정된 IQ에서도 어느 정도 높다는 것을 알았다 (상관계수 .33). IQ와 탁월성이 서로 연결되어 있는 것은 확실하지만 결코 그 연결의 정도가 강하다고는 할 수 없다. 〈표 9-1〉은 각각의 영역에서 탁월성과 IQ 분포가 거의 최상에 가까운 표본을 보여 준다. 가장 머리가 좋은 것이 반드시 최고가 아니라는 것을 알 수 있다. 수상 경력이 있는 작가, 과학자, 청년의 표본에 대한 최근의 연구는 다양한 분야에서 주목할 만한 수행을 하려면 최소 수준의 지능이 필요하다는 것을 시사한다. 그러나 그러한 수준의 높은 지능보다는 다른 심리적인 특성이나 환경 조건의 존재가 더 중요하다 (Walberg, 1969, 1971).

아동기의 특성과 조건

우리의 선행연구는 시각 또는 공연 예술, 음악, 문학, 과학, 사회적인 리더십에서 경쟁적인 수상 경력이 있는 2,000명 이상의 미국 청년의 특성과 관련되어 있다. 몇몇 특성은 괄목할 만한 청년의 특성을 밝히거나 다른 영역에서 눈에 띄는 사람을 판별해 냄으로써 확인된다. 본 연구와 수상 경력이 있는 성인 예술가, 작가, 과학자, 그리고 다른 집단의 최근 표본의 특성에 관한 다른 연구자의 연구는 최초의 저자인 Cox의 표본인물에 관한 심리적인 연구에서 입증된 것처럼 82개의 특성과 조건에 관한 목록을 명료화하는 데 도움을 주었다.

하지만 1450~1850년에 살았던 인물에 대하여 특성의 영향을 어떻게 평가할 수 있는가? 『Encyclopedia Britannica』는 전기와 다른 주요 논문을 쓰기 위해 전 세계에 걸쳐 높이 평가되어 선발된 역사가와 다른 학자를 고용하기 때문에, 가능한 한 많은 정보를 줄 수 있는 집단을 구성한다. 이러한 이유 때문에 우리는 1974년도 브리태니커의 전기 작가에게 그들이 기술하였던 Cox의 표본 인물이 13세까지의 아동기에 보인 특성의 존재 유무를 평가하도록 요청하였다. 또한 그들의 평가에 대한 확신의 정도를 나타내도록 하였다.

적절한 정도의 확신을 가진 76개의 평가 양식이 회송되었고 이 표본은 두 가지 방식으로 96개로 증가하였다. 1976년 3명의 대학원생인 Eugenia Siepka, Jennifer Rautmen, Barbara Fricke는 브리태니커에서 인용된 가장 유용한 전기류 도서에 기초한 Cox 목록의 몇몇 탁월한 인물에 대해 평가하였다. 그 평가는 Cattell의 두 번째 연구대상인 500명 중 상위의 인물(예를 들어, 키에르케고르, 니체, 투르게네프)에 대한 브리태니커의 전기 작가에게서 수집되었다. 역사는 표본인물의 성인기 성취를 특징짓는 작업을 계속하였을 뿐만 아니라, 그들의 아동기 특성에 대해 상당히 믿을 만한 평가를 가능케 하는 정보를 충분히 축적하여 왔다.

1978~1980년까지 본 연구진은 브리태니커에 인용된 부가적인 전기를 탐독함으로써 표본인물을 추가하였으며, 차이코프스키, 휘슬러, 마르크스 등 1850년 이후에 생존한 36명의 인물을 추가하였다. 따라서 탁월성에 대한 10가지 영역에 대한 적절한 표본 크기를 가질 수 있었다(〈표 9-1〉 참조). 우

표 9-1 탁월하고 지적인 인물들의 표본과 집단 특성

집단과 표본 이름	IQ	탁월성 백분위	높은 수치를 나타내는 항목	낮은 수치를 나타내는 항목
정치가 32명			설득력, 경제적, 단호한, 매력 있는, 긍정적, 인기 있는, 잘생긴, 키가 큰, 형제가 좋아하는, 학교 생활에 성공적인, 탁월한 영역에서 특권 계층에 제한된 문화적인 매체	유추하는, 집중하는, 내향적, 신경증, 성실한, 부친의 부재, 외동아이, 학교 문제, 즉각적인 만족으로의 문화적 강조, 탁월한 영역의 작업에서 외부의 강한 자극과 지지
Franklin, Benjamin	160	88		
Grotius, Hugo	197	62		
Jefferson, Thomas	160	89		
Lincoln, Abraham	147	91		
장군 17명			질문하는, 키가 큰, 활력, 강한, 탁월한 영역의 작업에서 외부의 강한 자극과 지지	유추하는, 쓰기 기술, 학구적인, 잘 생긴, 타인의 격려, 교사의 격려, 어린 나이에 여러 성인에 노출된, 탁월한 영역에서 협력하여 일하는 주목할 만한 인물의 존재
Bolivar, Simon	145	54		
Jackson, Thomas Jonathan	132	80		
Bonaparte, Napoleon	142	99		
Washington, George	135	93		
종교 지도자 21명			집중하는, 일을 즐기는, 학구적, 조숙한, 도덕적, 철학적, 종교적, 섬세한, 모친의 격려, 타인의 격려, 어린 나이에 여러 성인에 노출된, 탁월한 인물에게 이른 노출, 탁월한 영역의 작업에서 외부의 강한 자극과 지지	다재다능한, 참을성 없는, 탐색하도록 허락된, 다양한 문화와 관념에 대한 관대와 수용
Bossuet, Jacques B.	177	60		
Calvin, John	165	92		
Luther, Martin	157	97		
Melanchthon, Philip	180	68		
수필가, 역사가, 비평가, 사회학자 23명			유동적, 유추하는, 참을성 있는, 지적인, 성숙한, 종교적, 민감한, 단단한, 도전하는, 부친의 부재, 모친의 격려, 행	경제적, 경험적, 기회주의적
John, Samuel	165	87		
Macaulay, Thomas	180	57		
Rousseau, J. J.	150	91		
Sarpi, Paolo	187	10		

표 9-1 (이어서)

집단과 표본 이름	IQ	탁월성 백분위	높은 수치를 나타내는 항목	낮은 수치를 나타내는 항목
			위에 대한 부모의 뚜렷한 기대, 탁월한 영역에 유용한 관련된 문화적인 자극과 소재, 즉각적인 만족에 대한 문화적인 강조, 거의 이동이 없는 엄격한 사회 계급 구조, 다양한 문화와 관념에 대한 관대와 수용	
시인, 소설가, 극작가 43명			집중하는, 도전하는, 신경증, 부친의 부재, 외동아이, 학교를 좋아하는	설득력 있는, 질문하는, 참을성 있는, 학구적, 유능한, 경험적, 지적, 철학적, 종교적, 매력 있는, 긍정적, 인기 있는, 잘 생긴, 키가 큰, 부모의 격려, 형제가 좋아하는, 탐색하도록 허락된, 행위에 대한 부모의 뚜렷한 기대, 탁월한 영역에 유용한 관련된 문화적인 자극과 소재, 탁월한 영역에서의 혁명적인 시기, 다양한 문화와 관념에 대한 관대와 수용
Goethe, J. W.	200	96		
Leopardi, Giacomo	185	13		
Milton, John	167	88		
Voltaire, Arouet, de	185	92		
음악가 21명			유능한, 기회주의적, 성실한, 인기 있는, 부친의 지지, 교사의 지지, 즉각적인 만족에 대한 문화적인 강조	질문하는, 언변 기술, 경험적, 지적, 성숙한, 도덕적, 단단한, 긍정적, 부친의 부재, 모친의 부재
Bach, J. Sebastian	152	77		
Beethoven, Ludwig Van	157	92		
Mendelssohn, Felix	162	56		
Mozart, W. A.	162	88		
예술가 18명			유동적인, 유능한, 경험적, 도덕적, 건전한,	섬세한, 성실한, 학교생활에 성공적인, 탁월성을 보
Dürer, Albrecht	150	86		
Buonarroti,	170	94		

표 9-1 (이어서)

집단과 표본 이름	IQ	탁월성 백분위	높은 수치를 나타내는 항목	낮은 수치를 나타내는 항목
Michelangelo			도전하는, 긍정적, 인기 있는, 잘 생긴, 활력, 형제가 좋아하는, 탁월한 영역에서 혁명적인 시기, 다양한 문화와 관념에 대한 관대와 수용, 탁월한 영역에서 협력하여 일하는 주목할 만한 인물의 존재, 탁월한 영역의 작업에서 외부의 강한 자극과 지지	인 영역에서 문화적인 매체
Rubens, Peter Paul	155	87		
Vinci, Leonardo da	167	94		
철학자 19명			질문하는, 경험적, 지적, 다재다능한, 철학적, 도전하는, 행위에 대한 부모의 뚜렷한 기대, 탐색하도록 허락된	집중하는, 경제적, 종교적, 섬세한, 기회주의, 인기 있는, 잘 생긴, 병약한, 키가 큰, 활력, 부친의 지지, 모친의 지지, 교사의 지지, 외동아이, 학교를 좋아하는, 학교생활에 성공적인, 즉각적인 만족에 대한 문화적인 강조, 탁월한 영역의 작업에서의 외부 강한 자극과 지지
Bacon, Francis	172	94		
Descartes, René	175	93		
Leibnitz, Gottfried Wilhelm, von	200	92		
Spinoza, Baruch	172	84		
과학자 22명			기회주의적, 성실한, 모친의 부재	유동적, 섬세한, 행위에 대한 부모의 뚜렷한 기대
Darwin, Charles R.	160	89		
Haller, Albrecht	185	33		
Newton, Isaac	170	92		
Pascal, Blaise	192	81		

리 연구진과 전기 작가는 221명의 탁월한 인물에 대한 297개의 평가표를 만들었다(평균에 달하는 몇몇 인물에 대해서는 한 번 이상의 평가 실시).

본 연구진의 구성원은 교육학, 심리학 연구의 석사학위자로 훈련되었음에도 불구하고, 편견을 피하기 위해 프로젝트에 참여하기 전에 탁월성과 창의성에 대한 연구 문헌 읽는 것을 피하고, 될 수 있는 한 서로 독립적으로 평가하도록 하였다. 연구와 평가 형식을 설계한 최초의 저자는 어떠한 평가도 하지 않았다.

성격 특성

〈표 9-2〉에서는 인지적 · 정서적 · 신체적 특성을 지닌 특정한 가족적 · 교육적 · 문화적 환경 조건에 노출된 221명의 탁월한 인물의 비율을 보여 준다. 문화적 조건을 제외하고는 거의 모든 결과가 통계적으로 유의하였으며, 최근 수십 년간에 있었던 성취가 높은 청년과 탁월한 성인에 관한 연구를 지지하였다.

주성분 분석은 서로 상관 있는 특성의 14세트가 요약될 수 있음을 보여 준다. 그 요인과 구성성분, 내적 일치도는 다음과 같다.

- **탁월성 백분위**(eminence percentile): 1903년의 표준화 등급, 1936년의 단어 횟수, 다른 논문에서의 인용 수(.81)
- **유동성**(fluid): 복합적, 표현적, 공상적, 상상력이 풍부한, 자기반성적(.80)
- **집중력**(concentrate): 집중하는, 훈련(.69)
- **참을성**(persevering): 남보다 탁월하기를 원하는, 열심히 작업하는, 목적에 도달하려는 의지가 강한, 먼 목표를 위해 노력하는, 끈기 있는, 진지한(.82)
- **경험**(empirical): 세밀한 부분에 주의 깊은, 호기심이 강한, 관찰력이 날카로운(.72)
- **다재다능한**(versatile): 다방면에 능한, 취미가 다양한(.52)
- **강직성**(solid): 상식적인, 단도직입적인, 위기에 건설적으로 반응하는,

표 9-2	탁월한 인물 특성과 환경 조건			
특 성		**환 경**		
인지적		가족과 교육 조건		
유동적	91*	부친의 부재		29*
유추하기	74*	모친의 부재		22*
설득력	75*	부친의 격려		60
질문	91*	모친의 격려		55
언변 기술	79*	타인의 격려		78*
쓰기 기술	82*	교사의 격려		70*
집중	77*	어린 시절 많은 성인에 노출된		80*
일을 즐기는	87*	탁월한 인물에 대한 이른 노출		60
참을성	91*	첫째		36*
학구적	77*	외동아이		13*
유능한	79*	형제가 좋아하는		77*
경제적	38*	행위에 대한 부모의 뚜렷한 기대		70*
경험적	93*	탐색하도록 허락된		82*
지적	97*	학교를 좋아하는		67*
조숙한	79*	학교 문제		23*
다재다능한	86*	학교생활에 성공적인		79*
정서적 · 신체적				
도덕적	85*	사회적 · 문화적 조건		
철학적	73*	탁월한 영역에 유용한 관련된 문화적인 자극과 소재		77*
종교적	67*	즉각적인 만족에 대한 문화적인 강조		30*
섬세한	68*	탁월한 영역에서의 혁명적인 시기		51
단단한	84*	거의 이동이 없는 엄격한 사회 계급 구조		62*
건전한	70*	탁월성을 보인 영역에서 특권 계급에 제한된 문화적인 매체		46
도전하는	54	다양한 문화와 관념에 대한 관대와 수용		46
참을성 없는	44	탁월한 영역에서 협력하여 일하는 주목할 만한 인물의 존재		57
내향적	36*	탁월한 영역의 작업에서의 외부의 강한 자극과 지지		57
신경증	26*			
기회주의적	56			
성실한	60			
확고한	81*			

영재성의 정의와 개념

표 9-2	(이어서)

특 성		환 경
매력 있는	64*	
긍정적	77*	
인기 있는	73*	
잘 생긴	62*	
병약한	29*	
키가 큰	38*	
활 력	61*	

* .05 수준에서 50을 중심으로 양방향에서 유의한 차이

현실적인, 신뢰할 수 있는, 자존감이 강한, 지조가 굳은(.77)

• **도전성**(challenging): 논쟁적인, *순응하는*, *겸손한*, 반항하는, 비판적인, *관대한*(.75)

• **내향성**(introverted): 생각에 잠기는, 내성적인, 내향적인, 수줍어하는, 고독한(.80)

• **신경증**(neurotic): 열등감을 느끼는, 좌절하는, 압박당하는(.73)

• **기회주의**(opportunistic): 타인을 솜씨 있게 다루는, 기회주의적(.66)

• **확고성**(firm): 지배하는, 확고한, 강한 의지(.72)

• **인기**(popular): 애정이 있는, 재미있는, 평판이 좋은(.67)

• **활력**(vitality): 기력이 왕성한, 건강한, 남성적인(.74)

[기울임체로 표기된 특성은 실점으로 처리되었다.]

아동기의 모든 특성 중에 가장 주목할 만한 특성은 지능이다. 97%가 지적인 것으로 평가되었으며, 이는 Cox-Terman의 IQ 추정치를 입증하여 준다. 그러나 더 넓은 범위의 다른 인지적인 특성 또한 높이 평가되었다. 집단 전체는 집중력과 인내력부터 다재다능함과 유동성에 이르기까지 수렴적, 확산적 능력 모두를 보여 주었다. 또한 집단은 어렸을 때 높은 수준의 의사소통 기술을 갖고 있었다. 〈표 9-2〉에 나타난 표본의 특징적이지 않은 특성

은 바로 '경제적 요인'이다. 오직 38%만이 이 평가를 받았다. 또한 20세기의 탁월한 성인에 관한 연구를 입증하여 준다(그럼에도 불구하고 회고해 보면, 이 용어는 불충분한 선택으로 보인다. 이는 인색하면서 금전적인 절약, 또는 선택된 목표를 달성하기 위한 개인의 능력을 포함한 부족한 자원의 현실적인 절약을 의미할 수 있기 때문이다. 또한 주목할 만한 성취를 조성하는 마지막 수단일 것이다.).

또한 표본의 대부분은 전반적으로 심리적 건강을 암시하는 특유의 여러 심리적인 특성인 도덕적, 민감한, 단단한, 매력 있는, 긍정적, 인기 있는 등을 나타냈다(〈표 9-2〉 참조). 그러나 표본의 1/4~1/3 정도는 내향성, 신경증, 신체적인 질병을 보였다. 단지 38%만이 키가 큰 것으로 평가되었지만, 대다수는 용모가 좋고 활력이 있었다.

〈표 9-2〉는 아동기에 가족적 · 교육적 · 문화적 조건에 노출되어 있었던 표본의 비율을 보여 준다. 절반이 조금 넘는 인물만이 부모의 장려를 받았지만, 대부분 어린 나이에 교사와 다른 어른들의 격려를 받았으며 많은 어른에게 노출되었다. 주목할 만한 것은 60%가 유년기 시절에 탁월한 인물에게 노출되었다는 것이다.

약 80%가 학교생활에 성공적이었고 그중 대부분이 학교생활을 좋아했으며, 1/4에 조금 못 미치는 사람이 학교 문제를 가졌다. 70%는 그들의 행위에 대한 부모의 뚜렷한 기대를 가졌다. 그러나 거의 열에 아홉은 아동의 양육과 교육에서 민감하고 중요한 균형을 이루는 자발적인 환경 탐색이 허락되었다.

사회적 · 문화적 조건

사회적 · 문화적 조건에 대한 평가 〈표 9-2〉는 해석에 특별히 주의를 요한다. 각 인물의 아동기를 평가하는 환경 조건에 대한 목록은 조건이 창의성과 연관되었다는 주장과 암시가 있는 Silvano Arieti(1976)의 저서에서 인용하였다. 특성과 다른 조건과는 달리, 비체계적인 입증의 단서에 대하여 많은 견해가 나타났다. 그럼에도 불구하고, 본 평가는 표본의 30~77%가 그들의 특성을 부여한 조건에서 양육되었다는 Arieti의 가설을 지지한다. 단적인 경우 1/3 미만이 즉각적인 만족으로의 문화적인 강조에 노출되었지만 3/4 이상이 그들 영역에서 증거로 유용한 문화적인 자극과 소재를 가졌다. 이러한 조건에 대한 연구가 더 많이 이루어지면 위의 발견을 확인할 수도 있을 것이다.

차별화의 특성과 환경

〈표 9-1〉의 마지막 두 개의 세로 행은 다른 영역과 비교할 때 각각의 영역에서 더(또는 덜) 눈에 띄게 유의한($p < .05$) 특성과 환경 조건을 보여 준다. 각 영역에 속한 인물의 독특한 특징은 선행연구의 결과를 입증하며, 탁월성을 위해 어느 정도 요구되는 성격 특성과 환경 조건이라고 여겨지는 것과 일치한다. 예를 들면, 정치가는 다른 집단에 비해 월등히 뛰어난 인간적인 매력과 사회적인 기술을 가졌으며, 인지적 특성이 낮았고, 정신적 병이 적었다. 과학자는 더 성실하였고 덜 섬세하였다. 수필가는 더 많이 유추하였고 더 도전적이며 조숙하였고 참을성이 있었다.

결 론

1667년 밀턴은 "아침이 하루를 보여 주듯이, 아동기는 그 사람을 보여 준다."라고 말하였다. 매우 탁월한 인물의 아동기의 특성에 대한 본 연구는 밀턴의 지혜를 확인하여 준다. 아동기에서의 눈에 띄는 특성과 환경 조건은 역사가 기록하고 있는 탁월성의 정도와 유형에 대한 암시와 동일시될 수 있다. 그러나 때때로 예상과는 반대로 밝은 아침 뒤에 흐린 오후가 오는 것처럼, 아동기의 특성과 환경 조건은 확실한 예언 변인이기보다는 성인의 탁월성에 대한 가능한 단서 혹은 징후에 불과하다고 볼 수 있다.

📄 참고문헌

Arieti, S. (1976). *Creativity: The magic synthesis.* NYC: Basic Books.

Cattell, J. M. (1903). A statistical study of eminent men. *Popular Science Monthly*, February, 359-377.

Cox, C. M. (1926). *The early mental traits of three hundred genuses.* Stanford, CA: Stanford University Press.

Goertzel, M. G., Goertzel, V., & Goertzel, T. G. (1978). *300 eminent personalities.* San Francisco: Jossey-Bass.

Passow, A. H. (1979). *The gifted and the talented.* Chicago; National Society for the Study of Education.

Stein, M. E., & Heinze, S. J. (1964). *Creativity and the individual.* Chicago: Free Press of Glencoe.

Taylor, C. W., & Barron, F. (1963). *Scientific creativity: Its recognition and development.* NYC: Wiley & Sons.

Walberg, H. J. (September, 1969). A portrait of the artist and scientist as young men. *Exceptional Children*, 5-11.

Walberg, H. J. (October, 1971). Varieties of adolescent creativity and the high school environment. *Exceptional Children*, 111-116.

Walberg, H. J. (1981). A psychological theory of educational productivity. In N. Gordon & F. H. Farley (Eds.), *Psychological and education: The state of the union.* Berkeley, CA: McCutchan.

10

영재의 발달적 잠재력[1)

Michael M. Piechowski, Nicholas Colangelo

많은 연구자가 영재성과 재능의 본질에 대한 질문에서 다양한 요인, 요소, 특성, 양상 그리고 잠재력의 발견은 현재 사용하는 검사만으로는 파악할 수 없다고 주장한다(Bloom, 1963; Gallagher, 1975; Hoyt, 1966; Nicholls, 1972; Passow, 1981; Wing & Wallach, 1971). 모든 영재아동이 영재 성인의 근본이 될 것이라는 점은 신뢰성이 없다. 모든 영재아동의 가능성이 모두 발현되는 것이 아니며, 재능이 늦게 발현되는 성인은 영재 사이에서 좀 더 초기에 판별되지 않는다는 생각이 계속 반복되어 왔다. 심리측정학적 접근방법은 이점에 대해 예측 가능성이 실패했다고 말해 왔다(Feldman, 1977; Gruber, 1982; Renzulli, 1978). 그러나 무엇이 영재성과 재능을 성숙하게 만드는가, 진짜 영재성이라고 인식되는 기술, 재능, 개인적 능력에 기여하는 것은 무엇인가에 대한 의문은 여전히 남아 있다.

우리의 분명한 접근방법은 그것이 명시적이든 암묵적이든 우리의 정의

---

1) 편저자 주: Piechowski, M. M., & Colangelo, N. (1984). Developmental Potential of the gifted. *Gifted Child Quarterly*, *28*(2), 80-88. ⓒ 1984 National Association for Gifted Children. 필자 승인 후 재인쇄.

에 대한 기능이다. 표준화 측정에서 상위 1%에 해당하는 Terman의 지적 영재성의 정의는 누가 영재인지와 아닌지를 결정하는 방법으로 만들어졌다. Renzulli(1978)는 영재성의 혼합 성분으로 세 가지 요소인 평균 이상의 능력, 과제집착력, 창의성을 사용하는 새로운 명시적 정의와 방법을 제안하였다. 이런 정의가 암시하는 것은 사회적 유용성의 준거다. 세 가지 요소는 생산적이고 그들이 시도하는 분야에 창의적으로 공헌하는 사람 모두에게서 발견되었다. Newland(1976)는 사회적 요구에 기초한 영재에 대한 정의를 지금까지 주기적으로 수정해 왔다.

생산성과 사회적 유용성의 기준은 단지 많은 능력의 가장 최적의 결합물로만 다루어졌고, 사회적인 적용에 대한 개별적, 독립적 능력으로 보는 데는 실패했다. 예를 들어, Albert(1975)는 이른 출발과 생산성의 유지라는 용어로 천재(genius)에 대해서는 정의하였지만 이전에 없었던 방법으로 작용하는 마음의 구조는 다루지 않았다. 창의적이거나 생산적이지 않은 IQ 지수 160인 사람은 여전히 비범한 정신적 영재성을 지니고 있다. 체스 챔피언이 체스 문제를 해결하는 특별한 재능은 창의력이나 생산성이 아니다. 우승 상금은 체스 겨루기를 계속하게 하는 것을 제외하면 생산적인 것은 거의 없다. 그러나 여전히 체스의 대가는 지식을 생산하고 **인간의 지능을 이해**하도록 연구할 수 있는 특별하고 매력적인 지적 능력을 가지고 있다.

연구와 이론의 관점에서 순수한 그 자체의 형태에서 현상을 연구하는 것은 좀 더 가치 있는 접근방법이다. 우리는 사회적 유용성의 기준을 사회적 근원이 아닌 현상에 대한 사회적 정의로 제한할 것이다. 영재성은 유기체 본래의 도구인 선천적 재능의 어떤 형태로 시작한다. Feldman(1979), Gardner(1982), Sternberg(1980)는 좀 더 기초적인 접근방법을 취했다. 그들은 정신적 도구의 특별한 단위를 확인하려고 노력했다. Gardner는 이를 '특별한 컴퓨터적인 장치'라고 불렀다. 그런 단원이나 장치에 대한 조사연구에서 그것이 고안해 내는 방법을 발견할 수 있고, 그 다음에는 그것의 다른 변형이 개인 내에서 어떻게 결합되는지를 볼 수 있었다. 그런 단위의 기능이 정신적

영재성의 정의와 개념

기관의 다른 중요한 단위와 연결되지 않은 모습을 가장 잘 보여 주는 예는 사방증후군 아동, 자폐성 아동, 천재적인 아동, 국지화된 두뇌손상 환자에게서 볼 수 있다(Gardner, 1975). Gardner(1982, p. 51)는 다음과 같이 말하였다.

나는 인간의 지적 능력이 자율적이거나 약간의 자율적인 지적 영역으로 구성되었다고 제안한다. 각각의 이런 지적 능력은 그 자체의 유전적 근원과 제한뿐만 아니라, 신경해부학적 기질(substrate) 또는 기질들을 지니고 있다… 이런 지적 능력이나 '지능들(intelligences)'은 특히 환경 안에서 방법을 찾아내고 도구를 만들고 의사소통하며 다른 사람과 성공적으로 상호작용하는 것을 포함하는 문제해결력과 생산 활동을 수행하기 위해 수백만 년 이상 진화되어 왔다… 정상적인 모든 개인은 각자 지적 능력을 계발할 어떤 잠재력을 가지지만 그들이 할 수 있고 각각의 능력을 실현하는 범위는 서로 다르다.

이런 접근방법의 장점은 개인심리학을 위한 논리적 기초를 제공한다. 즉, 집단 규준에 따른 개인적인 편차와 그러한 규준의 일탈에 대한 연구에 반하여, 각 개인의 본성이 개인마다 다양하게 나타나게 하는 정신적 과정과 방법의 구조와 설계에 대한 연구다. 구조적 또는 '기능적(faculties)' 접근방법은 영재 개인을 연구하는 데 매우 적합하다.

발달적 잠재력의 모형

이 모형은 다음과 같은 유사한 원칙을 제공한다. 5개의 평행 차원 또는 유전적으로 서로 독립해 있다고 가정하는 정신기능에 대한 모형으로 정의한다. 이 모형에서 5가지 차원이 지니는 장점은 개인의 발달적 잠재력(Developmental Potential: DP)을 측정할 수 있으며, 또한 개인의 영재성을 측정할 수 있다는 것이다(Piechowski, 1979). 우리가 지금까지 발견한 지적 요인, 동기적 요인, 특수 적성, Gardner의 '지능들'의 모든 것은 항상 미완성된 그림의 일부분이었다. 발달적 잠재력의 모형은 **확실하고 광범위하면서 중요한 영역으로 완성되었다.**

그 모형을 둘러싼 방식은 소위 정신적 과잉흥분의 5가지 유형으로 설명된다. 이 용어를 처음 소개한 Dabrowski(1938)는 정신운동, 감각적, 지적, 상상적, 정서적 영역에서 경험의 방식이 확장되고 강렬해진다고 설명하였다. 과잉흥분(overexcitability)의 접두사 'over'는 반응, 경험, 행동, 표현의 특징적 유형이 향상되고 차별화하는 특별한 성질을 전달하는 것을 의미한다.

개인적 특성으로 과잉흥분은 흔히 사회적으로 무가치, 긴장, 과잉행동, 신경성 기질, 과도한 정서, 그리고 대부분의 사람이 폐쇄된 공간에서 불편해하는 정서적 강렬함이다. 이것들의 발달적 중요성을 인식한 Dabrowski는 과잉흥분을 새로운 이름으로 표현했다. 그는 일찍이 '정신병리학적' 기질의 긍정적인 측면을 먼저 보지 않았다. William James(1902, p. 26)는 매우 정서적인 사람의 강도와 확대된 과장을 피상적인 도덕이라기보다 순수함에 대한 필수 조건으로 보았다.

> 우리 중에는 마음이 약한, 심지어 병이 있는 사람이 있다. 그리고 우리의 병은 예상하지 못한 데서 우리를 도와준다. 정신병리학적 기질에서 우리는 도덕적 인식의 필수 조건인 정서를 갖게 된다. 우리는 도덕적 힘의 본질을 강조하는 강도와 경향이 있다. 그리고 감각적 세계의 겉모습을 뛰어넘는 흥미를 행동으로 옮길 수 있는 형이상학과 신비주의에서 말하는 사랑이 있다… 더 높은 곳에서 내려오는 영감과 같은 것이 있다면, 그것은 신경성 기질이 감수성에 중요한 필수 조건을 제공해 준다.

더 나아가서 이렇게 말하고 있다(p. 24-25).

> 그러나 정신병리학적 기질은… 종종 열정과 흥분을 가지고 온다. 까다로운 사람(신경증 기질을 지닌 사람)은 특별한 정서적 감수성을 지니고 있다. 그는 고정관념과 강박관념을 쉽게 갖는다. 그의 개념은 믿음과 행동으로 당장 옮겨 가는 경향이 있고, 새로운 개념을 받아들일 때는 분명하게 나타날 때까지

불안해한다. 또 어떤 방법으로든 '그것을 해결'한다. 일반적인 사람은 곤란한 문제에 대해 "무엇을 생각해야 하지?"라고 말하지만, 까다로운 사람은 "그 문제에 대해 무엇을 반드시 해야 하지?"라고 하며 문제를 다룬다… 또 개인 내에서 더 높은 지능과 정신병적 기질이 연합되었을 때, 전기식 사전에서 발췌한 효과적인 천재성(genius)을 위한 가장 가능성 있는 조건이 된다. 그런 사람은 자신의 지식을 단순히 비판하고 이해하는 것으로 끝내지 않는다. 그들의 생각은 동료나 나이에 비해 더 좋게 또는 더 나쁘게 영향을 미친다.

여기서 James는 우수한 지식을 고조된 정서적 흥분성과 연결 지었다. 그의 '전기식 사전에서 발췌한 효과적인 천재성(genius)'은 Albert와 Renzulli의 조작적 천재성이다. 그는 다른 사람에게 없는 능력을 어떤 개인에게 부여하는 특성과 다른 영역으로 개방된 능력, 즉 개개인의 불확실한 신념을 명확하게 하고 다른 사람은 단지 의견이라고 생각하는 의문에 답을 구하는 능력 등에 대해 설명하였다. Gallagher(1975, p. 64)는 좀 더 최근에 과잉활동을 어떤 조건하에서 지적 발달로 평가해야 할 것이라는 관점에서 James의 통찰을 되풀이했다. Gallagher와 James 둘 다 Dabrowski가 명명한 정신적 과잉흥분의 형태가 무엇인지를 설명하였다. 우리는 이러한 5가지 유형을 간략하게 살펴보고자 한다. 아래에 기술된 모든 사례는 영재청소년[2]의 경우에서 직접 인용하였다. 보다 자세한 설명은 다음과 같다(Piechowski, 1979).

정신운동적 과잉흥분(Psychomotor overexcitability: P) 유기체의 에너지 과잉, 신경근육체계의 매우 높은 흥분으로 나타난다. 자신의 이익을 위해 움직이는 것을 좋아한다. 빠른 말씨, 강도 높은 육체적 활동 추구, 충동성, 덜렁거림, 행동에 대한 압력이나 추진력, 적극적이고 에너지 넘치는 능력으로 묘사된다.

---

2) Colangelo, N., Piechowski, M. M., & Kelly, K. R. Differentiating two types of gifted learners: Accelerated and enriched. Presentation given at the National Elementary/Middle School Guidance Conference, Purdue University, July, 1982.

나는 친구와 함께 있을 때, 어디서 왔는지도 모를 많은 에너지가 솟구친다. 또 지루할 때 갑자기 충동이 일어나서 자전거 타기, 조깅, 걷기, 농구와 같은 육체적 스포츠 활동을 할 수 있는 에너지가 많아진다. 때때로 교실에 있는 동안 학습내용을 이해했기 때문에 지루해하고 많은 에너지를 얻는다. 이 에너지는 내가 생각하지 않더라도 시간을 허비하게 만든다. 에너지는 안에서 솟구쳐서 밖으로 흘러넘친다. 솔직히 어떤 수업은 지루하고 나는 앞서서 연구할 수 있음을 이해해 주길 바란다. 그러면 아마 나는 에너지를 나쁘게 사용하지 않을 것이다(여, 13세).

[나는 무엇을 해야 한다는 가장 큰 충동이 있다.] 주로 아무 일도 하지 못할 때 그렇다. 숙제를 하거나 오랫동안 워드 작업을 해야 할 때, 갑자기 농구를 하거나 자전거를 타거나 어떤 일을 해야 한다는 충동이 일어난다. 정말 숙제를 끝내야만 하는데도, 일어나서 주변을 걸어 다닌다. 그렇지 않으면 밖으로 나가 한동안 개를 쫓아다닌다(남, 15세).

감각적 과잉흥분(Sensual overexcitability: S) 감각적 쾌락의 가장 고조된 경험, 내적 긴장을 감각적으로 분출하기 바라는 것으로 표현된다. 안정, 사치, 편견, 순화된 아름다움, 주목받고 존경받는 쾌락 외에도 감각적 과잉흥분은 단순히 맛과 냄새의 쾌락으로 표현된다. 감각적 쾌락에 대한 재능이다.

나는 입맛에 맞는 것을 좋아한다. 단지 맛있는 것을 먹는 것이 즐겁다. 내가 좋아하는 무엇인가를 계속 먹고 싶다(남, 14세).

[당신을 가장 만족하게 하는 육체적 활동(또는 비활동)은 어떤 것입니까?] 내가 섹스라고 말한다면 당신은 웃음을 멈추거나 충격을 받을까? (여, 16세)

[당신에게는 어떤 특별한 취향이 있습니까?] 그렇다, 나는 좀 까다롭다. 향, 질감, 농도, 냄새, 색과 모양에 맛이 좌우된다. 콩은 너무 싫다. 나는 콩이 마음에 들지 않는다. 생크림을 곁들인 버터 감자는 좋다. 향이 좋아서 너무 좋다! (여, 16세)

지적 과잉흥분(Intellectual overexcitability: T) 정신의 강렬한 활동과

관계가 있다. 증명해야 하는 질문에 대한 강한 지속성, 지식과 분석에 대한 열망, 논리적이고 이론적인 문제에 대한 몰입과 같은 강한 표현은 학문적인 학습과 성취보다 진실을 이해하기 위한 노력에 더 가깝다. 다른 표현으로는 예민한 관찰력, 사고의 독립성, 상징적 사고, 새로운 개념 발달, 종합적 지식을 위한 노력과 같이 지식과 사실을 연구하는 재능이다.

> 나는 어떤 종류의 수학 퍼즐이나 골치 아픈 것을 거부할 수 없어서 해결하려고 오랜 시간을 보낸다. 나는 그런 일들이 시간 낭비라는 것을 알지만 해결하지 않고 그냥 보고 있을 수는 없다. 내가 해결할 수 없는 것을 생각하기를 좋아하지 않아서 나를 과대평가하는지 의심스럽다. 내가 좋아하는 퍼즐은 답을 구하기 위해 연결되야만 하는 사실이 놓인 논리적인 퍼즐이다(여, 16세).
> 그렇다. [나는 내 생각에 대해 생각한다.] 때때로 나는 사고의 과정을 생각하고 내가 시작한 곳으로 거슬러 올라간다. 그러면 그것은 대부분 무의미한 일에서 시작되었거나 내가 어떤 것을 비교하는 방법에 놀라게 된다(남, 14세).
> 나는 [실제로는 없으면서 내 자신에게만 보이거나 상상의 사물을 이해]하려고 하지 않는다. 대신에 다른 방법으로 사물을 분석한다. 나는 더욱 심도 있게 읽기, 질문의 해석, 사람의 글에서 틀리기 쉬운 글자나 오타를 찾는다. 의미가 없는 것이 있다면 나는 의미를 주려고 노력한다. 어떤 것이 의미가 있다면 왜 그런지가 궁금하다. 예를 들어, 나는 항상 글에 대한 주제가 주어졌을 때, 교실의 다른 아이보다 같은 주제에 대해 완전히 다른 접근방법을 찾는다(남, 16세).

상상적 과잉흥분(Imaginational overexcitability: M) 이미지와 표현, 창작력, 생생한 시각화, 말과 글에 사용되는 이미지와 은유의 관계를 통해 인식한다. 꿈을 생생하고 세세하게 말할 수 있다. 판타지 세계에서 살고 상상적이고 마술적인 이야기에 대한 집착, 시적 창작, 상상의 친구, 지루함을 피하기 위한 드라마로 관찰된다.

> 나는 대부분의 사람이 하지 않는 일에 대해 생각하는 것을 좋아한다. 때때로 어린 동생과 있는 것이 좋았다. 또 내 자신이 토끼굴 속에 있으면서 내 머리 위를 뛰어넘는 수천 마리의 호랑이를 보는 상상을 한다(여, 13세).

나는 사람의 머릿속으로 들어가 그들이 무슨 생각으로 움직이는지 볼 수 있거나 나를 제외한 모든 사람, 모든 것이 다 꽁꽁 얼어붙어서 내가 그 주변을 돌아다니며 그들이 하는 일을 보는 [판타지를 가지고 있다(남, 15세).

나는 실제 사건이 특별히 나에게 흥미롭지 않으면, 몇 가지 강조점만 본다. 실제 사건이 매우 흥미롭다면, 중요한 것과 세부적인 것을 본다. 그것이 상상에서 나온 것이라면, 매우 세부적인 것까지 시각화할 수 있다. 나는 이 많은 일을 할 수 있다. 나는 실제 사건을 선택하고 그것이 나에게 좀 더 자극이 될 수 있도록 상상 속에서 그것을 변화시킨다(남, 16세).

정서적 과잉흥분(Emotional overexcitability: E) 정서적 관계와 경험의 방식, 사람 또는 살아 있는 물건이나 장소에 강한 애착, 감정의 최대 범위와 인식 속에서 알 수 있다. 억제(부끄러움), 흥분, 과거 경험에 대한 강한 정서적 회상, 죽음, 공포, 열망, 낙담과의 관계, 강한 외로움, 사랑의 열정, 다른 사람에 대한 관심이 특징적인 표현이다. 감정의 개인차는 매우 높다. 정서적 과잉흥분은 책임감, 동정, 타인에 대한 민감성과 연결된 자기평가, 자기비판을 통해 자신과의 관계에 기반이 된다.

나는 파리나 개미, 곤충을 죽였을 때, 갑자기 '나는 그것을 해야만 했을까? 그것은 사람을 죽이는 것과 같다. 동물은 생명과 감정을 가지고 있다'고 느낀다. 그 다음에 파리를 잡으면 죄책감이 들어서 그냥 놓아 준다(여, 13세).

나는 한동안 시를 쓰면서 시간을 보낸다. 시를 쓸 때마다 내가 사랑하는 사람, 사랑하는 것, 항상 주변에 있지 않는 어떤 것, 나에게 특별한 것에 대해 시로 쓴다. 때때로 상처받은 슬픈 일에 대해서 썼다. 나는 나에게 어떤 특별한 것이 아니라면 결코 시로 쓸 수 없다(남, 13세).

[자신에게 "나는 누구입니까?" 라고 묻는다면 어떻게 답하시겠습니까?] 답은 항상 인간이 광대한 우주의 하찮은 입자이며 스스로 무언가를 만들려고 하지만 거의 성공한 적이 없다. 생물학적으로 불완전한 존재여서 결국 죽게 될 운명이고 무언가를 만들려고 시도했더라도 잊혀진다. 그러나 때때로 나는 비이성적으로 행동한다. 당신은 완전한 지식인이다. 당신은 힘이 강한 사람이 될 운명이다. 이런 반응은 때때로 나를 희귀한 사람이 되게 한다(남, 15세).

이상의 사례는 과잉홍분 질문지(OEQ)로 검사한 영재청소년의 반응이다. 여기서 비교된 방법과 다른 연구는 다음과 같이 기술되었다.

이 연구는 발달적 잠재력 모형에 따라 정의된 영재성 요소를 평가하는 시도다. 즉, 정신기능의 5가지 모형의 장점이다. 모형은 영재성의 지적 요소(T), 그리고 비지적인 요소(E, M, S, P) 양쪽을 결합하였다.

우리는 영재청소년의 과잉홍분 프로파일을 영재 성인과 일반 성인의 자료와 비교해 봄으로써, 이러한 변인의 다양한 발달에 대한 횡단적 관점을 얻을 수 있었다.

연구방법

연구대상

연구대상은 다음과 같은 여러 연구에서 선발하였다. 아이오와 주 영재청소년 49명(여 26명, 남 23명, 12~17세, 평균 연령 14.8세)은 Colangelo, Piechowski, Kelly의 연구의 하나인 7개 학교의 영재 프로그램을 통해 추출되었다[3]. 영재 프로그램의 입학은 시험점수, 성적, 교사지명으로 선발되었다. 지원자는 실험집단과 통제집단으로 구성되었다. 지적 성인 영재 28명(여 21명, 남 7명, 22~55세, 평균 연령 36.4세)은 Silverman과 Ellsworth(1981)의 연구에서 선발하였다. 그들은 멘사(Mensa) 회원이거나 GRE, SAT, IQ검사에서 높은 점수를 받은 사람, 영재 교실에서 상위 그룹에 속했던 사람으로 학업성취를 인정할 수 있는 사람이다. 예술가 19명(여 12명, 남 7명, 18~59세, 평균 연령 33.9세)은 Piechowski, Silverman, Falk, Cunnigham의 연구[4]에서 추출되었다. 이들의 직업은 작가, 시인, 가수, 영화 제작자, 무용 안무가,

---

3) Colangelo, N., Piechowski, M. M., & Kelly, K. R. Differentiating two types of gifted learners: Accelerated and enriched. Presentation given at the National Elementary/Middle School Guidance Conference, Purdue University, July, 1982.

그래픽 디자이너였다. 대학원생 42명(여 30명, 남 12명, 22~50세, 평균 연령 29세)은 Lysy와 Piechowski(1983)의 연구에서 선발되었다. 그들은 상담, 역사, 언어학, 자연과학, 교육, 도서관학, 정치학, 종교학을 전공했다. 우리는 이들의 과잉흥분 반응내용과 평균점수가, 교육 기간이 총15년 12개월이고 성취도가 대학원생보다 낮은 지역 여성(51명)의 점수와 거의 일치하였다는 점에서 그들의 대부분이 영재가 아니라고 가정했다(Beach, 1980).

측정도구

과잉흥분질문지(OEQ)는 21개 문항이며 주관식으로 답을 쓰는 자유응답 질문다. 초기 검사지(Piechowski, 1979; Lysy & Piechowski, 1983)에 비해 축약되었으며 21개의 문항에 대한 답은 반응으로 확인할 수 있는 OE에 대해 1점으로 점수화하였다. 질문에 대한 답에서 발췌한 예를 들면 '어떤 종류의 일이 당신의 마음을 유혹합니까?'라는 질문에서 수학문제에 대한 여학생의 흥미와 성취를 추구하는 충동 속에서 지적 과잉흥분의 요소를 확인하였고, 책을 읽는 동안 자신의 주관적인 경험 속에서 상상적 과잉흥분을, 이야기 속에서 주인공에 대한 감정 속에서 정서적 과잉흥분을 확인할 수 있었다.

고등학교 수학문제는 내 마음을 끈다. 사실 나는 답을 모르는 것을 좋아하지 않지만 때때로 그런 문제는 나를 실망하게 한다. 내가 읽었던 책 속의 어떤 것과 꽤 관계 있다는 것은 알 수 있다. 때때로 나는 사건이 일어난 곳에 있는 것처럼 느끼면서 주인공에 대한 정서를 느낄 수 있다(여, 17세).

이 반응은 OE: T, M, E의 3가지 유형에 각각 1점을 부과한다. 총점은 주어진 OE가 관찰된 반응의 수로 계산되며 최고 21점이다. 앞에서 설명한 것

---

4) Piechowski, M. M., Silverman, L. K., Cunningham, K., & Falk, R. F. A comparison of intellectually gifted and artists on five dimensions of mental functioning. Paper presented at the annual meeting of the American Education Research Association, New York City, March, 1982.

처럼 질문은 많은 사람에게 지적 자극뿐만 아니라 정서적, 상상적, 감각적 쾌락이나 스포츠도 그들의 마음을 유혹할 수 있기 때문에 반응의 OE 방식을 결정할 수 없었다.

점수화하는 절차에 유의해야 한다. OE에 대한 표현을 고려하여 최소한의 적절한 반응도 풍부하고 다양한 표현을 포함한 반응과 같이 1점을 부과하였다. 정도(degree)에 대한 보상은 OE를 풍부하게 지닌 대상자가 좀 더 OE 자료를 만들어 내는 경향이 있다는 것에 있다. 그들의 질문지(OEQ)에 더 많은 항목을 부과한 경우에 OE 점수를 받는다.[5]

질문지(OEQ)는 두 명의 평가자가 각각 독립적으로 평가하였다. 항목에 대한 점수가 일치하지 않는 것은 합의를 통해 평점을 부과하였다. 평가자 간 상관계수(Pearson's r's)는 .60~.95였고 일반적으로 대부분 .70~.80이었다. 개별 평가자의 점수와 최종 점수들 간의 상관관계는 평균 .82였다 (Piechowski, Silverman, Falk, & Cunningham).[6]

자료 분석

[그림 10-1]은 우리의 사례에서 점수가 정상분포를 이루지 있지 않음을 보여 준다. 이런 이유 때문에 비모수 Mann-Whitney 두 집단 간 순위검증 (two-sample rank test)을 모든 비교에서 사용하였다. 또한 이 과정은 똑같지 않은 크기의 집단을 비교하기 위해 사용된다. Mann-Whitney 검증은 두 집단이 점수에서 동일한 분포를 가질 것이라는 확률에 대한 유의도(p값)가 주어진다. 유의도가 작을수록 집단 분포의 차는 커진다. 그러므로 각 변인마

---

5) 보다 최근에 1, 2, 3의 가중치가 반응의 풍부함과 강력함의 정도를 설명하기 위해 각각 단독으로 과잉흥분 점수가 주어졌다. 이런 방법으로 점수화되지 않은 다른 표본과의 비교가 필요하며, 여기서 벗어나는 보수적인 과정은 제한되었다.

6) Piechowski, M. M., Silverman, L. K., Cunningham, K., & Falk, R. F. A comparison of intellectually gifted and artists on five dimensions of mental functioning. Paper presented at the annual meeting of the American Education Research Association, New York City, March, 1982.

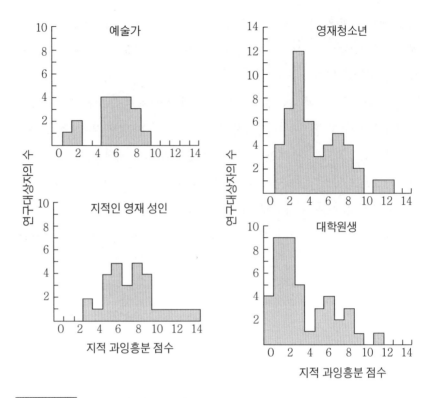

[그림 10-1] 네 표본의 지적 과잉흥분 점수

다 다르게 나타난다.

연구결과

〈표 10-1〉은 세 집단의 과잉흥분의 평균을 제시한 것이다. 지적 영재 성인(A), 영재청소년(B), 대학원생(C)의 세 집단에 대한 비교는 영재 성인과 평재 성인(A vs. C), 영재청소년과 영재 성인(A vs. B), 그리고 영재청소년과 평재 성인(B vs. C)으로 이루어졌다. 첫 번째 비교는 영재 성인 집단이 평재 성인 집단보다 T와 E에서 유의하게 더 높은 점수가 나타났다. 두 번째 비교는 영재청소년 집단이 S와 T에서는 영재 성인 집단보다 낮았지만 M과 E는 유사하였다. 세 번째는 영재와 평재, 성인과 청소년을 비교하였다. 영재청소

표 10-1 지적 영재 성인, 영재청소년, 대학원생의 과잉흥분 평균점수

과잉흥분 (OE)	A 영재 성인 N=28	P_{AB}	B 영재청소년 N=49	P_{BC}	C 대학원생 N=42	P_{AC}
정신운동적: P	3.61	.071	7.31	.55	3.00	.18
감각적: S	4.43	.0000	4.96	.0014	3.36	.11
지적: T	7.46	.0001	4.59	.015	3.40	.0000
상상적: M	5.18	.86	1.76	.033	3.69	.11
정서적: E	7.39	.40	2.90	.0002	4.79	.01

주: p값은 Mann-Whitney 검증에서 구해졌다. 동일한 점수분포를 가지는 두 표본의 확률이다.

년 집단이 S에서 대학원생(평재)보다 더 낮은 것은 감수성이 영재성보다 연령(성숙)에 따라 발달한다고 볼 수 있다. 첫 번째 비교한 영재 성인 집단처럼 영재청소년 집단은 T와 E에서 대학원생(평재)보다 높았다. 이것은 이들 두 가지(T와 E) 과잉흥분이 영재성의 특성이라는 주장을 지지하는 것이다. 또한 영재청소년은 M에 대한 과잉흥분이 유의하게 더 높았다. 이는 영재 성인과 대학원생 간의 M에 대한 유의한 차이를 지지하는 것이다.

정신운동적 과잉흥분은 세 집단 간의 유의한 차이를 보여 주지 못했다. 감각적 과잉흥분 수준은 연령에 따른 기능으로 나타났다. T, E, M이 영재와 평재 집단을 구분하는 유의한 변인으로 나타났다. 이 3가지 중요 과잉흥분에서 유의미하게 낮은 점수를 보인 대학원생은 일반적으로 평재일 것이라는 가정과 일치한다.

만약 영재청소년 집단의 낮은 S점수가 연령 때문이라면, 그들의 낮은 T점수도 연령 때문일까? 청소년 집단의 낮은 평균 점수는 연령 때문이 아니라 점수분포에서의 이질성 때문이다. [그림 10-1]은 이것을 보여 준다. 영재청소년 집단의 T점수 분포는 이봉분포(bimodality)를 나타낸다. 이는 대학원생 집단과 같다. 더 낮은 대학원생 집단의 T는 0~3이고 더 높은 대학원생 집단은 5부터 (다시) 올라간다. 더 낮은 청소년 집단의 T는 1~4이고, 5부터 (다시) 올라간다. 영재 성인 집단의 90%(28명 중 25명)가 5점 이상의 T점수를

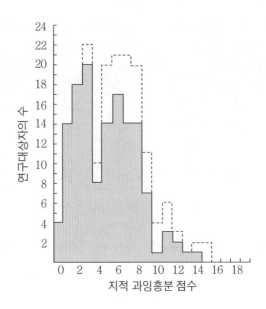

[그림 10-2] [그림 10-1]의 표본(N=138)이 결합될 때 지적 과잉흥분 점수의 이봉분포.
점선은 덴버의 청소년 대학교에 다니는 9, 11, 13세 영재(N=41)의 점수

받았다. 예술가 집단의 84%(19명 중 16명) 또한 5점 이상을 받았다(이것은 이 집단이 여기에 속하기는 이유다.). 우리는 4개의 독립 집단에서 T=4와 T=5 사이에 수치적인 감소가 있음을 주목한다. 모든 집단의 참여자(138명)는 T=4일 때 큰 차이를 명확하게 보였다([그림 10-2]).

두 개의 T점수 이봉분포는 청소년과 대학원생 집단을 두 개 집단으로 나누어지게 한다. 하나는 T≤4이고 다른 하나는 T≥5이다. 우리는 어떻게 이들 하위 집단의 남아 있는 과잉흥분, 특히 M과 E를 비교할 수 있는지를 알고 싶었다. 〈표 10-2〉는 M과 E의 점수분포를 보여 준다. T≥5 기점으로 선택된 영재청소년과 대학원생 하위 집단 간에, 그리고 이들과 영재 성인 간에 구별할 수 없는 M과 E의 분포를 보여 준다. 우리가 다른 지지하는 자료가 없다 하더라도, 이렇게 선택된 14명의 대학원생은 영재일 수도 있다.

〈표 10-3〉에서 T≤4인 영재청소년을 그들과 비슷한 대학원생과 비교했을 때 그들은 T, M, E에서 높은 평균점수를 유의하게 보였다. 영재청소년의

영재성의 정의와 개념

표 10-2 과잉흥분(OE) 점수의 T가 5 이상인 지적 영재 성인, 영재청소년, 대학
원생의 과잉흥분 점수의 평균

과잉흥분 (OE)	A´ 영재 성인 N=28	$P_{A'B'}$	B´ 영재청소년 N=20	$P_{B'C'}$	C´ 대학원생 N=14	$P_{A'C'}$
정신운동적: P	3.56	.033	3.15	.41	3.57	.85
감각적: S	4.32	.0001	1.50	.004	4.14	.79
지적: T	7.96	.51	7.35	.52	6.93	.24
상상적: M	5.28	.72	5.35	.64	4.93	.79
정서적: E	7.88	.76	7.35	.50	7.00	.39

주: 〈표 10-1〉 참조

두 하위 집단(B´와 B˝)과 대학원생들의 하위 집단(C´와 C˝)을 각각 비교했
을 때(〈표 10-4〉 참조), 청소년의 M, E의 평균점수는 변하지 않는다는 증거
다. 그들은 이 두 차원에서 그들의 영재 프로파일을 유지하였다. 그러나 더
낮은 점수의 대학원생은 E에서 유의미하게 더 낮았다($p < .01$). B집단의 T점
수보다 더 낮은 집단은 발달적 지체의 결과이거나 해결을 기다리는 다른 선
택의 과정일 것이다.

높은 점수 집단에서 T, M, E 점수의 일관된 대응은 변인의 독립성에 대한
가정을 부인하는 이들 간의 높은 상관계수의 결과일 것이다. 〈표 10-5〉는
3개의 변수가 상관관계가 없거나 이 연구의 모든 집단의 상관관계 유형이
균일하지 않다는 것을 보여 준다. 이 점은 독립성에 대한 가정과 일치한다.

논 의

연구결과는 영재청소년 집단과 영재 성인 집단 모두 두 가지 비지적 요소
인 상상적(M), 정서적(E)의 과잉흥분과 지적 과잉흥분(T)으로 특징지어진
것을 보여 준다. 지적 과잉흥분은 특별한 위치에 있다. 지적 과잉흥분은 한
편으로 지적 능력과 관계가 있고, 다른 한편으로는 순수하게 지적 그 이상의

지적 열정과 실존적이고 도덕적인 질문을 추구한다. 이 변수의 수준은 연령의 변화를 보이지 않았다. 그러므로 청소년 집단의 E, M의 과잉흥분 평균점수는 성인과 같았고, T를 고려할 때 청소년 집단의 하위 집단은 성인과 같았다. 그럼에도 불구하고 더 낮은 과잉흥분의 T점수를 받은 하위 집단은 이에 상응하는 대학원생 집단보다 유의미하게 높았다.

T점수의 이봉분포는 [그림 10-2]처럼 모든 집단의 자료를 모아 보면 명확하게 알 수 있다. 이것은 덴버 대학교의 영재 프로그램인 청소년 대학에 참여한 청소년 가운데 9~13세의 다른 영재의 자료로 지지되었다.[7] 이 프로그램의 입학 자격은 2.0 이상의 성취도 검사 점수를 받거나 일반 수준보다 더 높은 등급을 받아야 한다. 아동의 90%(41명 중 37명)가 5점 이상의 T점수를 받았다. 앞의 4개 집단에 비하여 그들은 T=4에서 많은 차이를 보였다([그림 10-2]의 점선). 이 집단은 T에서 영재 성인과 같이 단일분포를 이루었고 과잉흥분 점수자료에서는 아이오와 주 영재청소년의 B'' 집단과 매우 유사했다.

T와 비교해서 E와 M 점수의 분포는 5~6 사이에서 M점수가 급격히 내려가는 모형이긴 하지만 이봉분포의 모형은 아니었다.

이 연구에서 예상하지 못했던 결과 중 하나는 다른 연령의 과잉흥분 점수에 대한 불변성이다. 가장 어린 영재 집단(덴버 표본에서 9세와 11세)은 영재 성인의 T, M, E의 과잉흥분 점수와 같았다. 이 불변성은 근본적인 도구로써의 발달적 잠재력의 개념을 지지한다(Piechowski, 1975). 더 어린 영재의 연구는 이런 개념의 타당성을 검사하기 위한 기준이 될 것이고, 장기적인 연구가 필요하다는 증거다. 3개의 변인은 비록 M과 E 간의 상관관계가 항상 정적이었다 하더라도 고정된 관계는 아니다. 〈표 10-5〉에서 알 수 있듯이 T와 M, T와 E 간의 상관은 일관되지 않으며 심지어 부적 상관이었다. 영재에 대한 개인 점수는 1만큼 낮을 수도 있고 16만큼 높을 수도 있다. 아마 그 이상일 수도 있다. 그러나 더 낮은 점수는 평재 범위와 겹쳐진다. 영재는 3가

---

7) Piechowski, M. M. Assessing overexcitabilities by questionnaire and interview. Unpublished manuscript, Northwestern University, 1983.

표 10-3 과잉흥분 T점수가 4 이하인 영재 청소년과 대학원생의 과잉흥분 점수의 평균

과잉흥분 (OE)	B'' 영재청소년 $N=29$	$P_{B''C''}$	C'' 대학원생 $N=28$
정신운동적: P	2.72	.96	2.71
감각적: S	1.87	.027	2.96
지적: T	2.69	.0008	1.64
상상적: M	4.69	.004	3.07
정서적: E	7.27	.0001	3.68

주: 〈표 10-1〉 참조

표 10-4 과잉흥분 점수의 이봉분포 집단의 높고 낮은 확률

과잉흥분(OE)	$PB'B''$	$PB'C''$
정신운동적	.72	.072
감각적	.33	.19
지적	.0000	.0000
상상적	.39	.10
정서적	.79	.0009

주: $PB'B''$는 과잉흥분(OE) T점수가 5 이상인 영재청소년(B')의 과잉흥분 점수분포와 과잉흥분 T점수가 4 이하인 영재청소년(B'')과의 비교. 유사하게, $PC'C''$는 대학원생(C'와 C'') 두 집단의 과잉흥분 점수분포의 비교. 4개 집단의 과잉흥분 평균점수는 〈표 10-1〉에 있음

표 10-5 과잉흥분의 지적(T), 상상적(M), 정서적(E) 간의 상관관계

	T와 M	T와 E	M과 E
영재청소년(B')	−.061	−.153	.537
대학원생(C')	−.528	−.127	.389
영재 성인	.436	.051	.083
영재청소년(B'')	.420	.346	.166
대학원생(C'')	−.182	.231	.230
전체 영재청소년($B'+B''$)	.166	.054	.294
전체 대학원생($C'+C''$)	.148	.407	.426

주: B'와 C'는 T점수가 5 이상인 집단으로 설계되었고, B''와 C''는 T점수가 4 미만인 집단으로 설계됨

지 과잉흥분 T, M, E의 어떤 부분에서 높거나 낮을 것이다. 그러나 일단 모든 것이 낮지 않으며, 어떤 2개 부분에서 높은 점수를 가지기 쉽다. 이것은 개인적 변인으로 다루어진다.

과잉흥분은 Feldman과 Gardner가 능력, 우수성, 비범한 성취 영역으로 확인한 특별한 영역과 다르다. 오히려 과잉흥분은 재능을 키우고 풍부하게 하며, 확대하는 능력의 하나임을 설명한다. 과잉흥분이 없다면 재능은 낡은 계산적 장치 그 이상은 아닐 것이다.

과잉흥분은 정신기능을 향상시키는 방식이다. 그러나 과잉흥분은 '정보 흐름의 통로'로도 생각할 수 있다. 이 통로는 넓거나 좁게 또는 아주 최소한의 조작만 할 수도 있다. 과잉흥분은 확실히 예술가에게는 넓게 열려 있다. 예술가는 창의적인 우수성을 지니고 있다. 예술가 집단은 다른 집단의 M과 E보다 더 높은 점수를 받았다(Piechowski, Silverman, Falk, & Cunningham, 각주 4) 참조). 이것은 순수한 창의성을 뚜렷하게 지지하고 창의적인 생산성은 이들 2개 차원(M, E)에서 더 높은 능력을 가져야 한다는 것을 의미한다. 이 모형은 지적이고 창의적인 영재성의 구분을 가능하도록 설명한다. 지적인 영재와 예술가는 3개의 주요 과잉흥분에서 평균 이상의 능력을 갖는다. 그러나 두 집단 모두 지적(T) 과잉흥분의 수준이 유사하다면(내용에서는 다르지만), 예술가는 상상적(M)이고 정서적(E)인 과잉흥분을 더 많이 보인다.

결론적으로 각 과잉흥분의 수준이 영재마다 상당히 다르더라도 과잉흥분은 불변하는 것이고 어떤 연령(9세보다 어린)의 영재 집단에서도 잠재력은 확실하게 나타난다. 과잉흥분은 인명 사전에서 효율적인 천재(genius)를 만드는 능력과 잠재력을 찾기 위한 가능성 있는 토대로 보인다.

요 약

정신적 삶의 상상적(M), 정서적(E) 차원의 2개의 비지적 변인과 광범위한 지적 변인(T)이 영재의 특성으로 확인되었다. 영재아동(9세 정도의)과 영재 청소년을 영재 성인과 비교했을 때 횡단적 비교에서는 연령의 경향이 아님을 보여 주었다. 광범위한 지적 변인(T)의 하나는 T점수가 5 이하, 다른 하나는 5 이상인 2개의 하위 표본의 이봉분포를 보여 주었다. 이것은 영재청소년의 2개의 하위 표본의 M과 E 평균점수에 영향을 미치지 않았다. E, M, T는 영재의 창의성과 생산성에 대한 중요한 분포를 보여 준다.

📖 참고문헌

Albert, R. S. (1975). Toward a behavioral definition of genius. *American Psychologist*, 30, 140-151.

Beach, B. J. (1980). *Lesbian and nonlesbian women: Profiles of development and self-actualization*. Ph. D. thesis, University of Iowa, Iowa City.

Bloom, B. S. (1963). Report on creativity research by the examiner's office of the University of Chicago. In C. W. Taylor & F. Barron (Eds.), *Scientific creativity: Its recognition and development*. NYC: Wiley.

Dabrowski, K. (1938). Typy wzmozonej pobudiwosci psychicznej (Types of increased psychic excitability). *Biul. Inst. Hig. Psychicnzej*, 1(3-4), 3-26.

Feldman, D. H. (1977). *Review of the intellectually gifted: An overview*, W. Dennis & M. Dennis (Eds.), *Harvard Educational Review*, 47, 576-581.

Feldman, D. H. (1979). The mysterious case of extreme giftedness. In A. H. Passow (Ed.), *The gifted and the talented: Their education and development*. NSSE, 78th yearbook. Chicago: University of Chicago Press.

Gallagher, J. J. (1975). *Teaching the gifted child* (2nd ed.). Boston: Allyn & Bacon.

Gardner, H. (1975). *The shattered mind*. NYC: Knopf.

Gardner, H. (1982). Giftedness: Speculations from a biological perspective. In D. H. Feldman (Ed.), *Developmental approaches to giftedness and creativity*. San Francisco: Jossey-Bass.

Gruber, H. E. (1982). On the hypothesized relation between giftedness and creativity. In D. H. Feldman (Ed.), *Developmental approaches to giftedness and creativity*. San Francisco: Jossey-Bass.

Hoyt, D. P. (1966). College grades and adult accomplishment: A review of research. *The Educational Record*, (Winter), 70-75.

James, W. (1902). *The varieties of religious experience. A study of human nature*. NYC: Modern Library.

Lysy, K., & Piechowski, M. M. (1983). Personal growth: An empirical study using Jungian and Dabrowskian measures. *Genetic Psychology Monographs*, 108, 267-320.

Newland, T. E. (1976). *The gifted in socioeducational perspective*. Englewood Cliffs, NJ: Prentice Hall.

Nicholls, J. G. (1972). Creativity in the person who will never produce anything creative or useful: The concept of creativity as a normally distributed trait. *American Psychologist*, 27, 717-727.

Passow, A. H. (1981). The nature of giftedness and talent. *Gifted Child Quarterly*, 25, 5-10.

Piechowski, M. M. (1975). A theoretical and empirical approach to the study of development. *Genetic Psychology Monographs*, 92, 231-297.

Piechowski, M. M. (1979). Developmental potential. In N. Colangelo & R. T. Zaffrann (Eds.), *New voices in counseling the gifted*. Dubuque, IA: Kendall/Hunt.

Renzulli, J. S. (1978). What makes giftedness? Reexamining a definition. *Phi Delta Kappan*, 60, 180-184.

Silverman, L. K., & Ellsworth, B. (1981). The theory of positive disintegration and its implications for giftedness. In N. Duda (Ed.), *Theory of positive*

영재성의 정의와 개념

disintegration: *Proceedings of the third international conference.* Miami, FL: University of Miami School of Medicine.

Sternberg, R. J. (1980). Sketch of a componential subtheory of human intelligence. *Behavioral and Brain Science, 3,* 573-584.

Wing, C. W., Jr., & Wallach, M. A. (1971). *College admissions and the psychology of talent.* NYC: Holt, Rinehart.

11

신동: 영재성의 분명한 형태[1]

David Henry Feldman(Tufts University)

이 논문의 기본적인 전제는 천재(Prodigy) 아동은 그 자체가 고유한 전문용어로 이해해야 하는 영재성의 특별한 유형이라는 것이다. 일반적인 능력의 아동에 비하여 천재 아동은 더 주목되고 특별하며, 영재성의 영역 특수적인 형태를 보이는 경향이 있다. 천재 연구는 영재성의 본질에 대한 이론을 변화시키는 데 기여하였고(예, 단일에서 다중으로), 앞으로도 연구가 진행될 것이다. 사방증후군(savant syndrome)과 함께, 천재는 전통적인 관점에서의 심리측정학적 지능과 음악이나 수학과 같은 특수 영역 내의 재능의 표현 간에 복잡한 관계의 집합이다. 천재에 대한 연구에서 발견된 일부분에 기초하여, 그것은 영재성의 대부분의 형태에서 일반적 능력과 특수한 능력 모두를 위해 중요한 역할을 하며, 인간의 생존 가능성을 최대화하기 위해 두 가지로 구분되는 진화론적 경향이 있다.

천재는 천 년 동안 거의 이해되지 않은 채로 있었다. 사실, **천재**라는 단어의 초기 의미는 광범위하고 다양한 사건과 과정의 신비스러움을 파악하는 것에 있었다. 최초에 천재는 '본질의 평범한 과정을 벗어난' '설명할 수 없는' '기괴한' 것으로 여겨졌다(Gove, 1961). 그것은 인간 행동에 필수적인 것으로

---

[1] 편저자 주: Feldman, D. H. (1993). Child prodigies: A distinctive form of giftedness. *Gifted Child Quarterly*, 37(4), 188-193. © 1993 National Association for Gifted Children. 필자 승인 후 재인쇄.

여겨지지 않았고, 처음부터 뛰어난 정신능력과 연관되지도 않았다. 세기에 걸쳐 천재에 대한 개념은 점점 좁혀지고 집중되어 왔다. 최근에는 **천재**를 정의한 단어의 변별성이 거의 상실되어 '뛰어난 천부적 재능이나 학업적인 재능을 지닌 아동'으로 천재를 정의하고 있다(Gove, 1961, p. 1810).

IQ가 높은 아동이 천재의 정의로 수용된 것은 천재를 학업적 재능을 지닌 아동과 구별할 수 없다는 것을 의미한다. 사실, 천재와 심리측정학적 지능 간의 관계는 결코 간단하지 않다. 이 관계에 대한 모든 검증은 현재 논의해야 하는 중요한 목적이다.

저자와 저자의 동료들이 제안한 천재 아동에 대한 가장 최근의 정의는 이 용어의 고대(ancient) 의미 중 일부를 재인용했을 뿐만 아니라, 최고의 지적 능력의 다른 유형으로 천재를 구별하려고 하였다. 우리가 제안한 천재의 정의는 많은 노력이 요구되는 분야에서 성인 수준으로 수행하는 아동이었다(전형적으로 10세 미만). 이 정의는 많은 특징이 있다. 첫째, 잠재력을 측정하는 심리측정학적 지능에 이의를 제기하면서 누가 천재인지에 대한 기준으로 **수행**(performance)을 강조한다. 독특한 인간의 현상으로 천재를 분류하는 것은 다른 사람의 지지와 도움을 받아야 할 수 있다. 둘째, 일반적인 지능을 평가하는 심리측정학적 지능에 이의를 제기하면서 비범한 행동 내에서 영역 특수성을 강조한다. 그리고 주어진 분야에서 수행의 기준에 따른 천재성의 정도를 합리적으로 측정하는 상대적인 특징도 가지고 있다.

비록 목적된 어떤 것이 합리적인 것이라는 천재의 정의에 대해 점점 합의가 증가된다고 해도, 아무런 논쟁 없이 그러한 합의가 존재할 것이라고 말하는 것은 아니다. 예를 들어, 나이를 구체적으로 정하는 것은 문제가 많다고 주장한 Radford(1990)의 관점은 다소 지혜로운 것이다. 또한 어떤 기준에 대하여 한 아동이 천재로 불리려면 반드시 수행해야 할 것이 있는데, 그것을 정의에 정확하게 맞추려고 하는 것은 어렵다. 각 분야는 그 자체의 기준이 있고, 이 기준은 변한다. 그리고 어떤 분야의 수행은 성취하기에 너무 어린 나이일 수 있고, 다른 어떤 분야의 수행은 판에 박힌 일일 수 있다. 특수한 분

다음 천 년으로 이동할 때, 우리가 '영재'라고 생각하는 인구를 포함하여 인구의 다양성은 더욱 현저하게 증가할 것이다. 영재성에 대한 우리의 관념이 우리 인구 내의 변화에 반드시 반응해야 한다는 합의가 계속 증가한다고 할지라도, 아동의 변화하는 욕구에 더욱 잘 반응하기 위한 사고와 실제로의 전환에 대한 대처는 언제나 불확실하다. 비록 다양성의 극단적인 사례로 표현되는 천재, 그리고 천재의 출현이 드물다고 할지라도, 천재에 대한 연구는 미래의 실제를 안내할 수 있는 영재성의 관념의 차원을 세부적으로 작성하기 시작하는 데 도움이 될 것이다. 특별히 천재는 영재성의 대부분의 정의들, 특별한 영역이나 분야의 아주 특별하고 집중된 재능이라는 정의에서 아주 많이 혹은 아주 적게 배제되어 온 영재성의 프로파일 중 하나다. 천재는 우리가 광범위하고 일반적인 학업적 재능과 보다 영역 특수적인 재능의 관계를 구분하기 시작하는 데 도움이 된다. 그것은 어떤 여러 결합물에서 나타날 수 있으며, 일반적인 학업적 재능이 영역 특수적 재능과 결합하여 존재할 수 있다. 또는 각각은 비교적 다른 재능의 부재에서 나타날 수 있다. 천재는 평균 또는 평균 이상의 일반적인 학업적 재능과 강력한 영역 특수적 재능을 지닌 개인처럼 보인다. 극단적인 사례에서 영재성이 어디서나 발견되지 않는 특별한 형태를 어떻게 나타내는지를 보여 줌으로써, 천재는 다음 세대에 영재성의 판별이 무엇인지를 보여 준다.

야의 맥락에서 벗어나서 천재적인 행동을 분류하는 것은 본질적으로 정의를 더 어렵게 만든다. 그렇게 하는 것이 모호할지라도, 천재의 고유한 특성을 세부적으로 기술하려는 노력이 있어야 할 것이다.

이러한 정의에도 불구하고, 지난 10년 동안 무엇이 발생하였는지, 사방(savants)이나 매우 높은 IQ의 극단적인 사례와 같이 최고의 재능을 보이는 천재를 인식하며 더욱 두드러진 징후의 하나로 천재에 대한 관심이 새롭게 각광받고 있다. 이것은 매우 신중해야 할 가치 있는 연구다(Morelock & Feldman, 1991). 그러므로 천재에 대한 연구는 심리측정학적인 지능 개념에 대한 본질과 한계를 보다 잘 이해하고, 지적 발달 측면에 대해 최소한 이해할 수 있는 유일한 방법을 제공한다.

그러나 놀랍게도 천재에 대한 과학적 연구가 매우 적다는 것을 강조한다. 전체 심리학 문헌 연구에서 단지 세 권만이 보고되었다. 이들 중 두 권은 50년 전에 독일에서 나왔다(Baumgarten, 1930; Revesz, 1925/1970). 천재에 대한 일화와 이야기, 위인전이 수세기 동안 무수히 출판되었음에도 불구하고, 구약성서의 어린 다윗부터 중세의 잔다르크와 현 세기의 예후디 메뉴인(Yehudi Menuhin)까지 과학적 지식에 대한 근거는 매우 적다(Feldman, 1991a). 20개 이하의 사례만 심도 깊게 연구된 것이다.

우리는 일반 사람이 노력하는 분야와 동떨어진 분야에서 천재가 많이 출현해 왔다는 것을 안다. 거기에는 일반적으로 다양한 분야에서 어느 정도의 천재가 존재하는지에 대한 정확한 추정치와 평가치가 없다. 그러나 어떤 분야는 천재가 비교적 더 많았고, 다른 어떤 분야는 적었다. 그리고 어떤 분야는 천재가 여전히 확인되지 않고 있다.

음악은 아마도 천재가 가장 자주 출현하는 분야일 것이다. 체스 역시 많은 천재가 출현했다. 모차르트는 고전음악 작곡 분야에서 가장 비범한 신동으로 종종 인용된다. 미국 체스 선수인 바비 피셔(Bobby Fischer)는 1960년대 가장 뛰어난 천재로 갈채를 받았다. 일반적으로 수학이 천재의 특성이라고 믿었을지라도 실제로 가장 알려진 사례는 천재보다 사방(savants)에 가까운 계산하는 사람이었다(Smith, 1983). 초기에 수학 천재의 기준이 수학적 추론이었을 때, 실제로 기록된 사례는 비교적 소수였다(Feldman, 1991a; Radford, 1990).

문학에는 천재 작가가 거의 없었다. 지난 세기를 회고하기 전에 가장 잘 알려진 천재는 인기소설 『The Young Visiters』를 쓴 영국 소녀 데이지 애쉬포드(Daisy Ashford)다. 시각예술에서도 소수의 천재가 발견되고 있다. 뚜렷한 예술 천재 사례는 자폐로 예술 능력이 감소한 영국의 정신장애 소녀 나디아(Nadia)였다(Selfe, 1977). 중국 소녀 왕 야니(Wang Yani)는 3세 때부터 원숭이와 다른 대상을 수채로 뛰어나게 그려 상당한 명성을 얻었다(Ho, 1989). 만약 스포츠 분야가 천재의 정의에 포함된다면, 사례는 더 증가할 것

영재성의 정의와 개념

이다. 특히 체조와 수영 분야에서 일찍 시작하는 것은 최고 수준의 수행을 이루기 위해 필요한 것 같다.

자연과학, 철학, 춤, 조형예술에서 천재가 정의된다면 거의 없을 것이다. 10대에 기초 수준을 달성한 개인의 사례가 적을지라도, 법률과 실무, 의학과 같은 분야는 탁월함을 평가받기까지 오랜 준비 기간이 필요할 것 같다. 플로리다 출신의 스티븐 배커스(Steven Baccus)는 18번째 생일을 맞이하기 전에 변호사 사업을 하였다(Hicks, 1986).

천재 현상의 또 다른 특징은 여아보다 남아에게서 더 광범위하게 정의된다는 점이다(Goldsmith, 1987). 여기에는 최소한 두 가지 이유가 있다. 천재가 발견되는 분야는 여성보다 남성에게 더 많이 인기 있고(예, 체스), 거기에는 여아가 음악이나 수학 같은 분야에 참여하고 인정을 받는 것에 반대하는 오랜 편견의 역사가 존재해 왔다. 또한 여아의 참여를 허락하더라도, 아마추어에 속하거나 비전문가 단체에 관심을 갖도록 요구했다. 특히 천재 여아에 대해 발행된 논문에 이러한 사례가 실려 있다.

소피 제르멩(Sophie Germain)은 13세가 되었을 때 수학에 대한 비공식 연구를 시작했고, 6세 때는 수학자 라그랑주(Joseph Lagrange)의 관심을 받을 정도로 수학 분야를 숙달했다. 설립된 (남성) 단체에 속하지 않은 연구였지만, 제르멩은 그 분야에서 많은 이론을 가지고 실제적인 공헌을 하였다(Goldsmith, 1987, p. 77).

여성에 대한 사회 문화적 제한이 줄어듦에 따라 천재 여아가 증가하기 시작했다. 가장 두드러진 변화는 음악 분야로, 현재 여아가 남아와 비슷한 수를 보이는 것을 알 수 있다. 또한 체스 분야에서도 동등해지고 있다. 헝가리 여아 주디트 폴가르(Judit Polgar)는 굉장한 천재다. 세계 챔피언 바비 피셔보다 한 달 빠른 15세 5개월에 위대한 대가의 대열에 올랐다(McFadden, 1992). 이것은 천재 여아가 증가할 것이라는 가정을 가능하게 한다. 천재 여아의 참여 기회가 증가함에 따라 앞으로 몇십 년 동안 그 수가 빠르게 증가할 것이고, 장벽은 낮아질 것이며, 높은 수준의 성취에 대해 보상이 동등해질 것이다.

최근의 연구

1970년대 중반 천재 아동에 대한 초기의 근대적 연구는 저자의 지도하에 터프츠 대학에서 시작되었다(Feldman, 1991a). 이 연구는 거의 10년 이상 6명의 천재 아동을 추적했다. 처음 관찰했을 당시 남아는 3~10세였고 작문, 체스, 수학, 음악 분야에 배정되었다. 그중 2명은 순수한 천재로 분류하는 것이 곤란했는데, 한 명은 능력이 매우 다양해 보였기 때문이고, 다른 한 명은 수학에서 독창적인 것으로 확인되었으나 과학에 더 흥미를 보였기 때문이었다.

초기 연구에 비해 어떤 연구는 다양한 종류의 검사를 제시하면서 아동의 지능에 집중하는 경향이 있었다. 최근 연구는 천재의 가족과 교육 경험 측면, 개인적이고 감정적인 특징, 아동이 속해 있는 다양한 영역과의 상호작용을 포함하는 광범위한 발달 과정에 초점을 맞추었다(Bamberger, 1982; Feldman, 1991a). 현재 연구에서 흥미 있어 하는 연구문제는 높은 수준의 수행을 증대시키는 지능이나 더 특수한 능력보다 천재가 높은 수준에 숙달하는 과정이다. 초기 연구는 아동이 지닌 논리적, 공간적, 음악적, 언어적 능력에 초점을 맞추었다. 또한 그들은 종종 지적이고 감정적인 천재 프로파일에 주목하여 아동과 성인의 특성을 독특하게 결합시켰다(Baumgarten, 1930; Revesz, 1925/1970).

천재의 발달

신체적으로는 아동이지만 성인의 마음과 같은 천재의 공통적인 관점에 반하여, 천재는 열정으로 천재성을 계발하기 위해 강력하게 추진하며 과도한 집중력을 지닌 아동일 것이라는 증거가 정확한 설명을 제시하고 있다.

영재성의 정의와 개념

『Nature's Gambit』은 6명의 천재에 대한 관찰에 기초하여, 특별히 정서나 사회 발달에서는 천재성이 나아지지 않지만 자신의 전문적인 특수 영역에서는 현저하게 나아지고 있다는 초기의 설명과 일치한다.

그뿐 아니라, 천재가 다른 영역에서도 정상적으로 발달할 수 있도록 용기를 주어야 한다. 주변 사람은 아동이 독립적으로 무언가를 할 수 있도록 배움의 기회를 제공하는 것에는 거의 관심이 없다. 아동의 재능을 충분히 발달시키는 것에 비중을 둘수록 아동은 다른 것에 대한 책임감을 갖지 못할 수 있다(Feldman, 1991a). 피아노 천재 어윈 니레지하치(Erwin Nyiregyhazi)는 21세까지 자신의 신발 끈을 묶지 못했다(Revesz, 1925/1970).

한편, 천재는 자신의 삶과 거리가 먼 가족을 부양하기 위해 때때로 생활비를 벌어야 하는 책임감이 주어진다. 특히 음악이나 스포츠, 쇼 비즈니스와 같은 분야에서 아동에게 일하라는 압력을 주고 부적절한 환경에 처하게 하는 것은, 전문적인 것과 금전에 대해 어른처럼 조숙한 태도를 취하도록 이끌 수 있다. 70년대 대중가요 그룹인 잭슨 파이브에는 편부모 가정의 아동이 포함되어 있었다. 그중 한 명이 당시에 5세였던 마이클이었다. 이 그룹은 가장 나이가 많은 멤버가 성숙하기도 전에 백만 달러를 벌었다. 가장 나이 어린 멤버는 세상에서 가장 유명한 연예인 중 한 명이 되었다.

부모와 다른 성인에 따른 천재성 계발은 역사적 측면에서 불행하였다. 수학 계산의 천재 이야기는 중세 시대 동안 비범함이 아닌 별난 것으로 여겨져 왔다(Smith, 1983). 그의 누이뿐만 아니라 8세 모차르트도 계몽기에 '자연의 천재'로 신문에 광고되었다(MacLeish, 1984).

천재로서의 경험과 천재를 양육하는 것은 좀 특별하다. 천재와 그들의 부모에게 특별한 뭔가가 있다는 것은 놀라운 일이 아니다. 천재는 자신의 분야에서 최고 수준이 되기 위해 유별나게 집중하고 결정하며, 과도하게 동기화되는 경향이 있다. 게다가 천재는 종종 다른 사람과 관련되어 자신의 선천적인 지능과 능력을 대단히 신뢰하는 것으로 특징지어진다. 천재에게는 다른 사람이 자신처럼 집중하지 않는 것, 자신이 가진 재능을 다른 사람이 가지지 않았다는 사실에 놀라워한다. 게다가 천재는 천재라는 자만심과 동시에 자신이 하는 것은 자연스럽고 충분하다는 확고함을 보였다.

천재 아동의 부모는 종종 자녀와 같은 분야나 관련된 분야에 종사한다 (Bloom, 1985). 피카소의 아버지는 예술가였고, 모차르트의 아버지는 음악가였으며, 니진스키의 부모는 무용가였다. 천재 아동의 부모는 일반적으로 자녀의 재능을 계발시키기 위해 시간과 에너지를 쏟는다. 부모는 자신의 일을 줄이거나 완전히 포기하고, 자녀가 최고의 교육을 받을 수 있는 곳에 장기간 다니게 한다. 그리고 가장 좋은 장비와 기술, 경쟁, 진급을 제공하며 부모의 위안과 안심을 희생하기도 한다.

또한 천재 아동의 부모는 때때로 동정심이 없거나 자녀의 요구에 자주 적대감을 보이기 때문에 극단적인 행동을 보일 수 있다. 미국에서 천재는 실제로 공립(그리고 어떤 사립)학교에서 어려움을 보인다. 학교는 종종 선수권 대회나 경시대회에 출전할 시간을 허락하거나 특수한 교육 자료를 제공하는 것과 같은 천재의 특별한 요구를 수용하는 데 오히려 인색하다. 또한 부모는 자녀의 뛰어난 재능에 맞는 특별한 자료를 요구하는 것 때문에 학교 당국과 사이가 좋지 않다는 것을 안다. 천재 아동의 부모는 대부분 자녀가 집에서 교육받는 것이 더 좋다는 것을 알고 있다. 그 대안으로, 부모는 자주 학교를 바꾸면서 자녀에게 적합한 학교를 계속 찾아다닌다.

천재와 심리측정학적 지능

천재에 대한 최근 연구는 천재가 지능의 특별한 유형이라는 것이다 (Feldman, 1991a). 이런 천재의 의미는 그 자체가 전문용어로 이해되어야 한다. 그러나 천재가 잠재력을 계발하는 과정이 다른 사람의 과정과 기본적으로 다르다는 것을 의미하지는 않는다. 다른 사람처럼 천재도 일정한 재능과 관심을 타고났고, 많거나 적은 자원에 접근하며, 그들의 잠재력을 키워 주려

영재성의 정의와 개념

고 헌신하는 가족과 살고, 어려운 변화를 다뤄야 하며, 신체와 마음, 정서가 발달적으로 변화하는 경험을 하고(Bamberger, 1982), 다소 가치 있고 유효한 다양한 분야의 문화에 산다. 간단히 말해, 자신의 재능을 계발할 수 있는 과정을 요구하면서 그들이 할 수 있는 최고로 나아간다.

천재의 발달과 잠재력을 검사하는 지능 측정의 역할이 무엇인지에 대한 의문은 체계적으로 해명되지 않았다. 가능한 답변은 천재가 매우 높은 지능의 아동보다 더 나은 것이 없고(Cox, 1926; Hollingworth, 1942/1975 참조), 일반적인 지적 기능과 관계없는 특수한 재능을 가지고 있는, 간단히 말해서 사방(savant)보다 더 나은 것이 없는 것으로 분류되었다는 것이다(Marshall, 1985). 천재에 대해 현재 알려진 것에 기초하여, 더 적절한 답변은 천재성의 계발 과정에서 심리측정학적인 지능의 역할을 인정한 것이다.

예를 들어, 『Nature's Gambit』에서 연구한 여섯 개의 사례에서 지능이 두 개 사례, SAT 대학입학 시험점수(지능과 높은 상관)가 다른 두 개 사례, 그리고 학업성취 점수(지능과 높은 상관)가 다른 두 개 사례가 제공되었다. 여섯 개 사례에서 지능은 평균 이상이었다. 이들 여섯 명의 남아는 전통적인 학업 수행에서 성공 능력이 평균 이상이었다. 여아 중 한 명은 측정된 지능이 학령기 동안 200 이상이었다. 그들의 지능지수는 200 이상(최고)에서 약 120(최저)의 범위라는 것을 추정할 수 있었다.

물론 역사적으로 유명한 천재 대부분에게는 지능지수가 불필요하다. 그것은 특별한 재능이 아니더라도, 대부분이 재능이 있었다고 추측하는 것이 적절하다고 여겨지기 때문이다(Feldman & Goldsmith, 1989). 예를 들어, 매우 잘 알려진 작곡가 모차르트는 나름대로 언어를 쉽게 선택했고, 다른 사람의 음악적/비음악적인 특성을 판단하는 예리한 능력을 지니고 있었다(Feldman, 1991b; Marshall, 1985). 이것은 모차르트의 언어영역 재능이 음악적 재능과 동등하였다고 말하는 것이 아니다. 오히려 그의 음악적 재능은 언어성(또는 개인 간) 지능에서 다소 더 알맞은 재능으로 지지되고 강화되었음을 암시한다(Feldman, 1991b; Gardner, 1983).

매우 특수한 영역에서 두드러진 재능을 가진 개인의 사례는 더 일반적인 지적 능력으로 지지되지 않는다. 이들 사례는 천재성을 보인다고 하기보다는 사방으로 불리며 더 광범위하게 연구되어 왔다(Howe, 1989; Treffert, 1989).

　　매우 복잡한 수학 계산을 빠르게, 그리고 겉보기에 쉽게 풀 수 있거나 기억 속에 영구적으로 음악 조각을 외우고 있어서 완벽하게 음악 조각을 재생할 수 있는 사람은 누구나 사방이 될지 모른다. 사방은 천재와 같은 영역에서 많이 발견되어 왔다. 수학, 음악, 예술 그리고 이따금 체스 영역이다. 또한 언어적 요소로 이루어진 방대한 책(예를 들어, 맨해튼 전화부)을 기억할 수 있는 사방과 역사적인 자료를 일주일 동안 정확하게 제공하는 사방도 있다(Treffert, 1989). 비록 천재와 사방이 단지 지능만 차이가 난다고 할지라도, 분명 그들은 차이가 나고 그 차이는 정말 중요하다.

천재 현상에 대한 설명

　　영재와 구별되는 유형인 천재는 예외적으로 높은 지능을 필요로 하지 않고 음악이나 수학과 같은 하나의 영역에서 비범하게 강한 재능을 보이는 것으로 특징짓는다. 천재는 목표 분야에서 가장 높은 수준의 성취를 달성하기 위해 에너지를 집중하고 최선의 노력을 경주한다. 그리고 유별난 자신감을 가진다. 천재의 어떤 특성이 영재의 다른 유형으로 구분된다고 해도, 일반적인 학업적 재능이나 사방과 같이 고립된 재능으로 각각 다른 유형이다. 이 유형을 줄이기 위해 노력하는 것은 현상을 왜곡시킬 것이다. 그것은 또한 천재와 구별하는 데 실패한 영재의 모든 유형에 대해 우리가 깊이 있게 이해하는 데 방해가 될 것이다.

　　비록 알려진 다양한 유형의 영재를 충분히 설명할 수 있는 이론이 없을지라도, 그러한 이론의 어떤 특성은 확인될 수 있다. IQ처럼 전통적인 지능은

영재성의 정의와 개념

현재 분화된 영재 유형을 분석하는 데 적용 가능한 이론적인 토대로 적당치 않다는 점이 확실하다. 이것은 IQ가 부적절한 구성개념이라는 것을 의미하는 것이 아니다. 그러나 IQ는 앞으로의 연구에서 그 자체가 토대가 되기보다는 오히려 이론적인 조망의 구성개념이 될 것이다.

영재 연구를 체계화하는 데 IQ가 부적당하다는 주된 이유는 사방뿐만 아니라 천재를 모두 놓치기 때문이다(Morelock & Feldman, 1991, 1992, 1993). 사실, 지능을 IQ로 해석하는 것이 널리 행해지고 있는 이유는, 그들이 모두 높은 IQ를 지니고 있다고 제안함으로써 영재성의 다양한 극단적 유형을 변별하려는 연구를 방해해 왔기 때문이다(Feldman, 1979, 1991a). Howard Gardner의 다중지능이론(Gardner, 1983)은 천재 현상에 보다 더 적절하다. 사실, 특수한 분야에서 천재성은 Gardner 지능의 영역 특수성에 대한 주장을 지지하기 위해 사용된 8가지 범주 중 하나였다. 다른 사람과 어느 정도 독립적으로 존재하는 최소한 8가지 지능의 유형이 있다는 이 이론은 확실히 IQ보다 천재(그리고 사방, 지능의 후보 능력을 요구하는 다른 기준)에 보다 근접하여 파악할 수 있다.

여전히 사방에서 천재를 변별하는 더 일반적이고 적절한 양질의 무엇이 있는지에 대해 알아야 할 것이다. 그러므로 일반적인 학업 재능을 무시하는 것은 천재에 대한 모든 설명이 이루어진다면, 문제가 될 것이다. 일반적인 학업적 재능은 천재를 위한 성공적인 직업을 제공하고 사회 문화적인 삶을 충분히 누리게 하는 방법으로, 천재가 자신의 재능에 더욱 집중하고 계발하도록 하게 하는 중요한 역할을 수행한다(사방과는 대조적이다.).

천재성 발달에서 중요하다고 여겨지는 두 가지 능력(일반적인 학업적 재능과 특수한 분야의 재능)을 통합하기 시작한 이 모형은 영재의 두 가지 유형에 대해 혁신적으로 설명하는 과정 중 하나다(Feldman, 1991a). 이 모형에서는, 점진적으로 발전한 지능의 확연히 다른 두 가지 유형을 진화시키는 과정이라고 가정한다. 현재 일반적인 지능이나 IQ라고 불리는 이들 유형 중 하나는 가장 폭넓은 주위 환경에서 최대한 적응 가능한 정도를 허락하는 것이 목적이다. 그것은 지구를 지배하고, 같은 공간의 다른 거주자를 통제하거나 멸망시키고, 자신의 목적을 위해 어마어마하게 다양한 자원을 이용하고, 이미 사회와 문화에 안정적으로 적응하는 유형으로 인간을 만들어 나갔다. 여하튼 사회가 요구하는 것에 잘 기능하는 것은 이와 같은 지능에서 비롯된다. 지능의 다른 유형은 비교적 강요된 경험의 범위에서 과도하게 특수한 재능이 진화되고 있다는 것이다. 종종 감각 채널(sensory channel)과 연관되는데, 예를 들어 누군가가 매우 민감한 시각적 능력을 가지고 있다면, 그것은 그들을 더 시각적으로 지향하게 할 것이고, 시각적 경험에 끌리게 할 것이다. 그리고 건축술이나 예술과 같은 분야에 숙달함으로써 고도의 시각적인 기술을 계발할 것이다.

천재성을 획득하기 위해 필요한 어떤 이론은 지적인 기능에 대해 더 일반적이고 더 특수한 유형 모두를 달성하고 인간이 여러 가지 가능성을 갖고 태어났다고 가정하였다. 즉, 어떤 사람은 매우 일반적인 지적 재능과 더 적합한 특수한 능력으로 복을 받았을 것이다. 반면, 다른 어떤 사람은 일반적인 지적 능력이 아니라 매우 강력한 특수 재능을 가지고 있을 것이다. 그 밖의 누군가는 한 개 이상의 특수한 재능이나 매우 강력한 특수 재능뿐만 아니라 매우 일반적인 지적 능력을 가지고 있을 것이다.

일반적이고 특수한 재능의 모든 결합은 가능하며 인간 집단에서 발견될 수 있다. 어떤 것은 사실 다른 사람에게는 장애다. 특수한 재능은 상당히 한정된 영역에서 증대된 잠재적인 경험을 최대한 사용하도록 만드는 것이다. 더 일반적인 재능은 문화를 유지하고 확장하기 위해 사용한다. 천재에 대한 나의 책 『Nature's Gambit』은 인종(human species)의 장기 생존을 확보하기 위한 방법으로 지능의 유형을 제시하여 진화적인 경향성을 보기 위해 작성된 것이다.

특수한 재능은 이것의 발달에 매우 적절한 환경을 요구하며 다양한 환경조건의 한정된 범위 내에서 번창한다. 일반적인 적응 재능은 대체로 어떠한 환경에서도 유용하다. 그리고 생존과 행복을 보장하는 가장 폭넓고 다양한

영재성의 정의와 개념

환경 자원을 사용하는 것이 가능하도록 만든다. 특수한 재능은 지식에서 주요한 변화가 나타날 때 더욱 가능하다. 일반적인 재능은 대부분의 분야에서 안정된 성장과 발달을 유지하는 데 사용되는 경향이 있다.

『Nature's Gambit』은 자신의 표현(천재성)을 위해 환경을 정교하게 통제한다고 믿는 소수의 극단적인 특수 재능을 생산할 수 있다는 매우 진화적인 경향을 가진다. 그러기에 환경이 특수한 재능 발달에 유리하지 않을 때조차 생존을 가능하게 하는 다수의 일반적인 지능으로 균형을 이루며 충분히 발전한다. 종종 재능의 두 종류가 같은 개인 내에 존재하기도 하지만 불필요하다. 따라서 사방, 천재, 지능지수가 높은 개인은 일반적이고 특수한 재능 분배의 진화과정에서 극도의 변화를 보인다.

결 론

매우 지적인 영재의 다양한 유형에 대한 비교연구는 천재에게 남아 있는 많은 질문에 대한 답변을 돕는 방향으로 계속 연구될 것이다. 또한 많은 유형의 영재성을 이해하는 데 도움을 줄 것이다. 우리가 천재에 대해 몇 년 전까지 알았던 것보다 더 알 수 있을지라도, 영재성에 대한 연구는 몇 가지 선행연구로 선구적인 노력을 했음에도 불구하고 여전히 드물게 연구되고 있다(Hollingworth, 1942/1975; Silverman, 1990). 질문 중 몇 가지는 답변을 요구한다. 천재와 사방 간에 본질적인 유사점과 차이점은 무엇인가? 높은 IQ와 최고의 재능 간에 본질적인 유사점과 차이점은 무엇인가? 특수한 분야에서 높은 수준의 수행을 성취하기 위해 일반적인 학업능력을 사용하는 것이 가능한가? 그리고 특수한 재능을 사용하여 높은 수준의 수행을 성취하는 것과 차이가 있는가? 왜 어떤 분야는(음악이나 미술 같은) 천재와 사방이 모두 있고 다른 분야에는 없는가? 사방이 아닌 천재가 있는 분야는? 그 반대의 경우는?

이 질문과 다른 많은 질문은 지금보다 더 생산적으로 수행할 수 있다. 천재는 영재성이라고 인식된 표현에서 특별한 위치를 확립하기 시작하였다. 또한 우리는 영재성 이론 자체를 바꾸려고 노력하였다. 영재성이 본질적으로 복잡하고 영역 특수적이며, 발달적인 것으로 이해되어야 한다는 점이 명확해질수록, 영재성은 더 나은 개념화와 더 나은 연구문제로 떠오를 것이다. 향후 10년 동안 우리는 많은 질문 중 몇 가지가 지능의 가장 매력적인 유형인 천재성에 따라 제기되길 기대할 것이다. 그리고 그에 대한 답변은 영재성의 모든 유형을 깊이 이해할 수 있도록 도와줄 것이다.

참고문헌

Bamberger, J. (1982). Growing up prodigies: The midlife crisis. In D. H. Feldman (Ed.), *Developmental approaches to giftedness and creativity* (pp. 61-77). San Francisco: Jossey-Bass.

Baumgarten, F. (1930). *Wunderkinder: Psychologische Untersuchungen* [Child prodigies: Psychological examinations]. Leipzig: Johann Ambrosious Barth.

Bloom, B. (Ed.). (1985). *Developing talent in young people.* New York: Ballantine Books.

Cox, C. (1926). *Genetic studies of genius: Vol 2. The early mental traits of three hundred genius.* Stanford, CA: Stanford University Press.

Feldman, D. H. (1979). The mysterious case of extreme giftedness. In H. Passow (Ed.), *The gigted and the talented: 78th yearvbook of the NSSE* (pp. 335-351). Chicago, IL: University of Chicago Press.

Feldman, D. H., with Goldsmith, L. T. (1991a). *Nature's gambit: Child prodigies and the development of human potential.* (Paperback Edition) New York: Teachers College Press.

Feldman, D. H., (1991b, December). *Mozart and the transformational imperative.* Paper presented at the symposium Mozart and the Perils of

영재성의 정의와 개념

Creativity, Smithsonian Institution, Washington, DC.

Feldman, D. H., (1992). Has there been a paradigm shift in gifted education? In N. Colangelo, S. Assouline, & D. Ambroson (Eds.), *Talent development: Preceedings for the 1991 Henry B. and Jocelyn Wallace National Research Symposium on talnet development* (pp. 89-94). Unionville, NY: Trillium.

Feldman, D. H., & Goldsmith, L. T. (1989). Child prodigies: Straddling two worlds. *In the Encyclopedia Britannica Medical and Health Annual* (pp. 32-51). Chicago, IL: Encyclopedia Britannica, Ltd.

Gardner, H. (1983). *Frames of mind: The theory of multiple intelligences.* New York: Basic Books.

Goldsmith, L. T. (1987). Girl prodigies: Some evidence and some speculations. *Roeper Review,* 10, 74-82.

Gove, P. B. (Ed.). (1961). *Webster's third new international dictionary of the English language unabridged.* Springfield, MA: G. & C. Merriam Co.

Hicks. D. F. (1986, November 15). At 17, prodigy will take his oath as a new lawyer. *Miami Herald.* p. 1.

Ho, W. C. (Ed.). (1989). *Wang Yani: The brush of innocence.* New York: Hudson Hills.

Hollingworth, L. (1975). *Children above 180 IQ.* New York: Arno. (Original work published 1942).

Howe, M. J. A. (Ed.). (1989). *Fragments of genius.* London: Routledge.

Marshall, R. L. (1985). Mozart/Amadeus: Amadeus/Mozart. *Brandeis Review,* 5, 9-16.

McFadden, R. D. (1992, February 4). Youngest grandmaster ever is 15, ferocious (and female). *The New York Times,* pp. A1, C15.

MacLeish, R. (1984). The mystery of what makes a prodigy. *Smithsonian Magazine,* 14, 12, 70-79.

Morelock, M. J., & Feldman, D. H. (1991). Extreme precocity. In N. Colangelo & G. Davis (Eds.), *Handbook of gifted education* (pp. 347-364). Boston: Allyn and Bacon.

Morelock, M. J., & Feldman, D. H. (1992). The assessment of giftedness in preschool children. In E. B. Nuttall, I. Romero, & J. Kalesnik (Eds.), *Assessing and screening preschoolers: Psychological and educational dimensions* (pp. 301-309). Boston: Allyn and Bacon.

Morelock, M. J., & Feldman, D. H. (1993). Prodigies and savants: What they tell us about giftedness and talent. In K. A. Heller, F. J. Monks, & A. H. Passow (Eds.), *International handbook for research on giftedness and talent* (pp. 161-181). Oxford, UK: Pergamon.

Radford, J. (1990). *Child prodigies and exceptional early achievers.* New York: The Free Press.

Revesz, G. (1970). *The psychology of a musical prodigy.* Freeport, NY: Books for Libraries Press. (Original work published 1925)

Selfe, L. (1977). *Nadia: A case of extraordinary drawing ability in an autistic child.* London: Academic Press.

Silverman, L. K. (Ed.). (1990). A tribute to Leta Stetter Hollingwolth [Special issue]. *Roeper Review,* 12 (3).

Smith, S. B. (1983). *The great mental calculations: The psychology, methods, and lives of calculating prodigies.* New York: Columbia University Press.

Treffert, D. (1989). *Extraordinary people: Understanding "idiot savants."* New York: Harper & Row.

12

영재성에 대한 발달적 고찰[1]

Frances Degen Horowitz(The University of Kansas)

미래를 위한 가장 소중한 자원은 인적 자원이다. 우리는 주변에 있는 지체아의 발달 가능성을 향상시키기 위해 지난 25년간 과학적 재능과 경제적 지원으로 많은 노력을 하였다. 이 영역의 진보는 만족할 만하였다. 그러나 영재의 발달적 잠재력을 이해하기 위한 어떠한 부수적인 노력은 없었다. 그러한 노력에 시간이 필요한 것은 당연하다. 생산적인 과학적 질문을 형성하는 방식으로 영재와 관련된 발달적 문제를 도출하는 것이 중요하다. 이 논문에서 제시된 모형은 이러한 일련의 질문을 형성하는 데 사용되었다.

우리는 얼마나 일찍 특별한 영재성을 지닌 아동을 판별할 수 있을까? 이러한 영재성을 어떻게 육성시키는 것이 최선일까? 어떤 발달과정이 영재를 위해 기대되는가? 그리고 그 과정은 평재와 어떻게 다를까? 아동이 어느 한 영역에서 영재일 때, 이것이 다른 영역의 발달에도 효과적일까?

우리 중에 영재라고 여기는 인적 자원의 육성과 보호의 중요성을 고려하여 우리가 이러한 질문에 답하리라는 것, 또는 이러한 주제에 전념하고 있는 현재 진행 중인 대규모의 연구 프로그램을 인용하는 것을 기대하는 것은 당

---

1) 편저자 주: Horowitz, F. D. (1987). A developmental view of giftedness. *Gifted Child Quarterly*, 31(4), 165-168. © 1987 National Association for Gifted Children. 필자 승인 후 재인쇄.

연하다. 미국심리학회가 심리재단과 협조하여 나와 동료 Marion O'Brien 이 편집한 책의 제목을 『영재: 발달적 관점』이라고 한 것도 그 이유다 (Horowitz and O'Brien, 1985). 이 책의 저자로서 우리는 이 영역에서의 일반 적인 발달에 대한 지식 기반보다 대부분의 영역에서 영재성이나 재능의 발 달과 육성에 대한 지식 기반이 부족하다.

다양한 영역의 발달과 개인차에 대한 우리의 지식 기반은 매우 불안정하 다. 예를 들면, 우리는 정상적인 운동 발달에 대한 비교적 좋은 지도를 가지 고 있다. 그리고 인지적(cognitive) · 지적(intellectual) 발달과 언어 발달에 대 한 발달과정을 많이 알고 있다. 사회적 · 정서적 발달을 이해하기 위한 체계 적인 시도는 최근에 다시 시작되고 있다(Campos et al., 1983). 음악과 예술 영역에 대한 우리의 발달적 지식은 정말 부족하다. 발달 지도는 신뢰할 만 한 측정 기법을 요구한다. 지능의 경우는 측정 전략에 대한 논쟁이 있더라 도 대단히 정교하고 신뢰할 만하다. Gardner와 Sternberg의 연구가 증명하 듯이, 대안적 지능의 개념화는 다른 측정 전략을 만들 수도 있고 영재성에 대한 새로운 정의를 내릴 수도 있다.

개인차에 관한 가장 광범위한 관심은 지적 발달 분야다. 그러나 지능의 연속선상의 상단보다는 하단에 보다 많은 관심이 집중되어 왔다. 이러한 사 실을 고려하여 합리적으로 균형 잡힌 분포에서, 인구의 1~3%가 지체아이 고 3~5%는 영재다(Marland, 1972). 연구 노력의 불공평은 현저하다. 이러 한 불공평 중에 어떤 부분은 이해할 만하다. 만약 지체가 존재하지 않았다 면, 우리는 지체아의 어떤 발달적 경로를 가정할 것이다. 지체가 기능의 다 른 특징과는 반대로 근본적으로 발달이 지연되거나 억제된 것인가에 대한 논쟁이 있지만(Zigler and Balla, 1982), 거쳐 가지 않은 발달과정(즉, 정상적인 발달과정)은 비교의 목적으로 사용된다. 우리는 정상적인 발달과정이 미래 의 유망한 지침으로서는 덜 효과적이기 때문에, 영재를 종종 조숙한 발달뿐 만 아니라 특별한 발달 특성으로 여기기도 한다. 그럼에도 불구하고, 영재 성에 대한 발달적 연구가 전반적으로 부족한 것은 안타깝다. 이러한 상황에

영재성의 정의와 개념

비추어, 이 논문은 영재 개개인의 발달을 이해하는 데 초점을 둔 연구에 대한 자극에 기여할 발달의 일반적인 모형에 집중할 것이다.

발달의 모형

이전의 몇몇 모형이 했던 것처럼 발달의 유전적 · 환경적 영향을 연구하는 것보다 [그림 12-1]과 같은 모형을 고려하는 것이 좋다. 실제적 관점에서 이 발달 모형은 다른 모형과는 아주 다른 것도 아니고 본질적으로 검증된 것도 아니다. 그러나 이 **구조적** 모형은 발달에 영향을 미치는 자원을 도식화하기 위해 설계되었다. 그리고 변수가 명확히 설명되면서 중요하게 여겨지고, 그리고 발달적 상태나 결과를 예측하기 위한 기능적 관계의 집합이 주어지는 변수의 방정식 형태로 발달적 질문을 자극하기 위해 만들어졌다 (Horowitz, 1987).

도형의 표면은 주어진 영역에서 특정 시기의 발달 적합성 정도를 나타낸 것이다. 가장 최적의 발달은 가장 위쪽 표면에 나타나고 부족하거나 최소한의 발달은 표면의 아래쪽 사분면에 가까워진다. 아동의 발달 적합성은 그림 표면의 위치로 나타난다. 이 도형에서 발달 적합성의 중요한 두 가지 결정요소는 모형의 두 가지 차원인 환경적, 유기체적 차원으로 나타난다.

환경적 차원은 발달의 촉진에서 비촉진까지 연속선상의 범위로 설명된다. 오늘날 우리가 당면하고 있는 문제는 아동이 경험적으로 발달을 촉진시키는 환경 요소를 증명하고 있다. 이 모형에서 어떤 특정 발달시기에 발달촉진제가 되는 환경은 다른 시기의 촉진제가 될 수 없다는 것을 가정한다. 마찬가지로, 특정 발달영역에서 발달촉진제가 되는 환경은 다른 영역의 발달촉진제가 될 수 없다. 예를 들면, 언어적 행동에 대해 강한 수반성을 제공하는 환경은 언어 발달의 촉진제가 될 수 있다. 그러나 공간적 발달영역에서 강한 수반성을 제공하지 않는 한, 공간적 발달에는 불필요하다. 아니면,

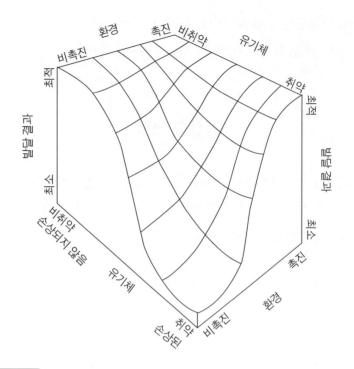

환경 촉진 비취약 유기체

비촉진

최적

비취약 손상되지 않음

발달 특성

최소

유기체

최적 취약

손상됨 비촉진

발달 결과

최소 촉진

환경

[그림 12-1] 유기체-환경의 상호작용의 모형(출처: Gowen, 1952)

공간적 정보 피드백은 아동이 물리적 세계와 상호작용함으로써 보다 쉽게 획득할 수 있다. 특히 정해진 환경적 수반성은 좋은 공간적 발달에 덜 결정적일 수 있다. 그러므로 발달의 다른 영역에서 수반적 강화를 차별적인 수준으로 제공하는 환경은 중재된 수반성의 매우 다른 수준에서 동등한 촉진제가 될 수 있다.

유기체적 차원은 상호 관련이 없는 두 개의 연속선으로 설명할 수 있다. 하나는 육체적 손상의 유무와 정도에 관련이 있다. 다른 하나는 상처받기 쉬운 취약점이나 회복력과 관련이 있다. 이러한 유기체적 특징은 아동을 설명하는 발달 수준을 만들기 위해 환경 요소와 상호작용한다. 여러 가지 구체적인 예가 여기서 유용하다. 운동기능 발달영역에서 아동은 소아마비 같은 장애로 심각한 손상을 입을 수가 있다. 현재로서는 심한 소아마비 중증의 아동

영재성의 정의와 개념

에게 정상적인 운동 발달을 촉진시킬 수 있는 환경은 아직 알려진 것이 없다. 그러므로 운동 발달의 관점에서, 이러한 아동의 발달 수준은 [그림 12-1] 표면의 사분면 아래쪽에 위치할 것이다. 반면에, 어떤 환경이나 외과적 치료는 소아마비 아동의 운동 발달을 도와줄 수 있다. 그 결과는 사분면의 아래쪽에서 표면 위로 운동 발달의 적절성을 이동시킬 것이다.

　이와 같은 아동은 인지발달에 전혀 손상을 입지 않을 수도 있다. 그러나 아동은 인지발달의 촉진적인 효과를 위한 환경에 의존 정도가 다르다. 어떤 아동은 전혀 촉진적인 환경이 아님에도 불구하고 뛰어난 인지발달을 보여준다. 이러한 아동은 '취약하지 않은(invulnerable)' '탄력적인(resilient)' 아동으로 간주된다. 이러한 아동은 거의 최적의 인지발달을 보여 줄 것이며, 이 영역의 발달 결과의 사분면 위쪽에 위치할 것이다. 이와 같은 아동은 비교할 만한, 말하자면 사회적 영역의 발달에서 촉진적 환경의 본질에 더 의존할 것이다. 그들은 인지발달 분야 중 사회적 발달 분야에서는 보다 취약하고 다소 덜 탄력적으로 보인다.

　독자는 모형의 차원을 사용하는 다른 결합과 편성에 대해 이야기할 수 있다. 첫 번째 원칙은 한 영역의 발달을 설명하는 구조적 결합이 다른 영역의 발달을 설명하는 구조적 결합과는 다를 수 있다는 것이다. 두 번째 원칙은 어떤 발달기간에 존재하는 구조적 결합이 다른 발달기간과 다를 수 있다는 것이다. 예를 들면, 생후 2년간 아동의 인지발달은 비교적 특정한 환경의 촉진적 요소와 독립적으로 매우 뛰어날 수 있다. 우리는 이 아동을 인지영역에서 취약하지 않고 탄력적이라고 말할 수 있다. 그러나 2년 후에 인지영역에서 이 아동의 상대적 취약성은 바뀔 수 있다. 동일한 발달 수준을 지속시키기 위해서 환경은 매우 촉진적이어야 한다. 환경의 변화가 촉진 효과를 증진시킬 수 있기 때문에 이 모형은 개입 프로그램(intervention program)의 효과를 조절할 수 있어야 한다. 또한 제시된 모형은 완전히 유전적이거나 환경적인 관점과는 상관없이 발달의 연속성과 불연속성의 예를 설명할 수 있다.

초기에 실망스러웠던 개입 프로그램의 결과에 대한 견해는 아마도 우리가 매우 촉진적인 환경을 구성하는 요소의 본질을 충분히 이해하지 못했다는 것이다. 그러므로 우리의 '개입' 또는 환경 투입에 대한 방법이 개개인에게 적합하지 않고 정확하지도 않으며 대안이 궁극적으로 이루어야 하는 효과도 없었다. 실제로 초기의 성과가 나중에 없어졌다고 여겨졌을 때, 우리는 이 개입을 접종 프로그램과 비슷한 것처럼 반응했다. 4세 때 비타민 C를 적당히 복용한 것이 10세 때 비타민 C의 결핍을 예방할 것이라고 주장하는 사람은 아무도 없다. 만약 인지와 지능의 발달이 역동적으로 연속되는 과정이고 우리의 모형이 타당하다면, 조건과 지능발달 간의 관계를 설명하는 기능 방정식이 다른 발달기간 동안에도 변화할 것이다.

우리의 모형에 따르면, 어떤 아동은 환경 투입에 관계없이 최상의 발달을 보일 것이다. 그렇지 않으면 현재까지 알려지지 않은 어떤 이유로, 이런 아동은 자신 안에서 발견한 어떤 환경이든지 간에 능률적이고 효과적인 방법으로 사용할 것이다. 그들은 '비취약적' 또는 '탄력적'이다. 때때로 그들은 '영재'로 여겨진다.

영재성과 재능의 모형에 적용하기

영재성은 조숙성, 기능의 차별화된 특징, 고유한 발달 등 다양한 방법으로 정의될 수 있다. 이 모형에 따르면, 영재는 주어진 영역에서 매우 우수한 발달을 보이는 아동이다. 이런 우수한 발달은 매우 촉진적인 환경의 결과다. 그리고/또는 아동이 매우 잘 활용할 수 있는 모든 환경이 갖추어져 이루어진 아동의 특성이다. 영재성은 한 영역에 국한되거나 여러 발달영역의 특성이 될 수 있다. 영재성은 지속적인 개인의 차별화 특성으로 생각되기도 하지만, 초기의 영재성이 지속되지 않는 많은 예를 찾아볼 수 있다. 다른 예로 특정 영역에 대한 초기 발달이 그 영역의 후기 발달에는 영재의 수행이

지극히 정상적일 수 있다.

이 모형은 영재의 수행, 영재성의 발달, 그리고 영재성의 유지 조건을 생각하는 데 유용하다. 이 모형을 보면, 영재성의 모든 예를 설명할 수 있는 어떤 조건의 복합적인 틀은 없다. 오히려 다양한 조건의 틀(또는 발달 방정식)이 영재성이나 높은 수준의 재능을 표현할 수 있게 한다. 한 예로, 영재성은 환경의 영향을 덜 받는 비교적 독립적으로 존재하는 개인적으로 차별화된 특징이라는 것이다. 그러므로 인지적 또는 언어적 자극의 관점에서 볼 때, 매우 불운한 환경에서 성장한 어떤 아동에게 특출한 초기 인지와 언어 발달이 나타날 수 있다. 이러한 아동은 어떠한 최소의 환경 여건이 주어지더라도 최대한으로 활용할 수 있다. 다른 아이도 유사하게 우수한 발달을 보일수 있다. 그러나 단지 환경이 이러한 발달을 최대한으로 촉진시켜 주는 조건하에서만 가능하다. 비슷한 두 명의 영재는 매우 다른 환경 결합의 결과라고 할 수 있다.

어떤 발달영역에서 환경의 투입은 재능이나 영재성의 초기 수준이 진행중이라면 필수적일 수 있다. 예를 들면, 바이올린이나 피아노에 매우 우수한 잠재력을 지닌 음악 영재가 바이올린이나 피아노를 접할 기회가 없다면이러한 영재성은 계발되지 않았을 것이다. 게다가 체계적인 교육이 없었다면 이러한 영재의 잠재력을 알아차리는 최후의 단계는 없었을 것이다. 어떤영역은 다른 영역보다 잠재력의 발달에 환경적 영향을 더 받는다.

이런 종합적인 접근방법은 다른 발달시기에도 똑같이 적용된다. 발달이진행되는 기간에 적절한 환경 결합이 없으면 초기에 조숙하거나 영재의 발달은 계속되지 않을 수 있다. 예를 들면, 환경 투입에 대한 유기체의 신뢰가변할 수 있다. 발달의 초기 단계에서는 아동은 환경 투입의 본질과는 보다독립적이며, 조숙함과 특별한 영재성을 보일 수 있다. 그러나 근본적으로,그 후에 이러한 재능이 유지되고 계발된다면 어떤 특별한 촉진적 환경이 필요하다. 특별한 촉진적 환경에 대한 욕구는 개인적으로 결정될 수도 있고또는 특정한 행동 영역의 특징일 수도 있다. 초기의 수학적 영재성은 원래 그들의 성숙한 형태를 깨달았다면 교육 형태의 환경 투입을 요구한다.

Bamberger(1982)의 음악 영재에 대한 연구에서 초기의 직관적 음악 능력이 보다 고차원적인 형태와 통합되기 위한 전환적인 시기가 있다고 강조하였다. 통합을 성취한 영재는 영재 수준의 수행을 계속한다. 그러나 그렇지 못한 영재는 다소 낮은 영재 수준에 머물렀다. 보다 고차원적 수준의 통합과 높은 수준의 영재적 수행 유지의 실패는 수행의 초기 수준을 설명하는 결합체의 변화일지 모른다. 만약 모든 발달기간 동안 영재성을 지속하기 위해 요구되는 결합의 틀에 대한 개인 특성을 보다 잘 이해한다면, 최고의 발달효과를 가져다줄 수 있는 환경의 제공이 가능할 것이다.

초기에는 특정 영역에 대한 영재성의 기미가 없었지만, 나중에 탁월한 영재성을 보이는 아동은 다양하고 복합적인 환경 때문이라고 할 수 있다. 탁월한 영재성을 촉진할 환경 투입이 초기에 주어지지 않았더라도 그 후의 단계에서 주어질 수도 있다. 이것은 나중에 영재성이 만들어지기 위해서는 조기에 필수적인 수준의 기술 획득이 있어야 한다는 것이다. 다시 말해, 영재 수준의 수행을 위한 환경 투입에 보다 덜 의존하는 개인으로 만드는 유기체의 통제된 전환이 있어야 한다. 예를 들면, 청소년기의 육체적 변화가 이전에 이러한 영재적 수행이 전혀 없었던 높은 영재적 운동 능력을 가능하게 할 수 있다.

이 논문의 앞부분에서 언급했듯이, 영재성과 재능에 관한 발달적 연구는 거의 없다. 우리는 발달적 측면에서 영재성을 조숙성과 같은 것으로 생각하는 경향이 있다. 그러나 이것은 너무나 간단하고 궁극적으로 유용하지 않다. 근본적인 문제는 하나 또는 그 이상의 행동 영역에서 매우 우수한 수행 결과를 가져올 수 있는 조건과 관련 있다. 개인 특성에 알맞은 환경을 조성하는 데 다른 영역에 대한 발달적인 결정적 시기가 있을까? 발달과정을 통하여 영재적 수행을 가장 잘 촉진시킬 수 있고 영재성을 지속시킬 수 있는, 개별적인 아동을 위한 조건의 결합을 우리는 어떻게 확인할 것인가? 조기 판별이 필수적인가? 다른 영역보다도 일부 영역에서 더욱 필수적인가?

영재성의 정의와 개념

영재 판별에 대한 우리의 발달적 견해는 가끔 두 갈래로 나누어진다. 영재 판별의 가능성은 발달 진행으로 좁혀진다. 그러나 사실 이것은 선천적인 영재성이 아닐 수 있다. 발달이나 문제에 대한 학습의 초기 형태는 우수하지 않기 때문에, 환경의 결합은 후천적인 영재성에 영향을 준다. 가끔 우리는 개인의 영재성을 간과하거나 어릴 때 촉진되지 않았다고 여기면서 나중에 발견되는 영재성을 지연된 발견으로 간주한다. 그러나 발달이 가능성의 연속적인 과정이라면 영재성을 가져올 수 있는 종합적인 환경의 틀이 발달 시기의 연속선상을 따라 다양한 분기점에 존재한다고 생각할 수 있다. 그러므로 '할머니' 예술가는 재능을 늦게 발견한 것이 아니라 시간의 어떤 분기점에서 재능을 발달시켰다는 관점에서 인생 말년에 예술 영재가 된 것이다.

발달적 관점에서 동등하게 영재성의 조기 판별이나 재능에 대한 적절한 교육이 지속적인 최상의 발달을 보증하고, 육성이 없으면 발달은 계속될 수 없다. 육성의 본질도 필수적인 종합적 환경 변화처럼 발달적으로 변해야 할 것이다. 이것은 종합적인 측면이 반드시 변하는 것이 아니라 단지 변할지도 모른다는 것이다. 이러한 변화에 대한 요구의 효과적인 경로를 학습하는 것은 매우 도전적인 과제다.

어떤 주어진 영역에서 영재성이 다른 영역의 수행에 발달적으로 유해하지 않다는 것은 비교적 명백하다. 실제로 특정 영역에서 우수한 영재성을 지닌 아동이 다른 영역에서도 비교적 상당한 발달을 보이는 경향이 있다는 예가 수없이 많다(Horowitz and O'Brien, 1985). 우리는 환경에 따라 영재성이 촉진되는 상황이 있다는 가정하에 이러한 환경 투입의 일반적인 본질은 한 영역에만 특수한 것이 아니라 다양한 행동 영역과 관련이 있다는 이론을 기대할 수 있다.

결 론

체계적인 발달 지향 프로그램은 유용한 모형, 또는 연구를 할 수 있는 이론을 요구하는 영재성에 대한 이해를 높여 주기 위해 설계된 것이다. 또한 우리는 다양한 영역의 개인차와 기능적 환경의 본질을 잘 측정할 수 있는 측정 도구가 필요하다. 지능이나 인지와 같은 영역의 진보는 새로운 개인차 측정의 발달에서 이루어지고 있다(예, Sternberg, 1985). 그러나 사회적, 예술적, 개인적인 영역에서 우리의 측정은 미흡하다. 기능적 환경의 측정은 이론을 거의 따르지 않고 무차별적으로 접근하는 세밀한 분석방법이나 거대한 관찰 기법으로 진행되고 있다는 것을 볼 때, 측정은 천연 그대로다. 환경의 결정적인 요소를 효과적으로 확인하는 작업이 광범위하게 이루어지고 있다.

우리 사회의 미래를 위해 가장 소중한 자원은 인적 자원이다. 우리는 주변의 지체아의 발달 가능성을 향상시키기 위해 지난 25년간 과학적 재능과 경제적 지원으로 많은 노력을 하였다. 이 영역의 진보는 만족할 만했다. 그러나 영재의 발달 잠재력을 이해하기 위한 어떠한 부수적인 노력은 없었다. 그러한 노력에 시간이 필요한 것은 당연하다.

생산적인 과학적 질문을 만들어 내는 방식으로 영재에 대한 발달적 쟁점을 도출하는 것이 중요하다. 이 논문에서 제시된 모형은 그러한 질문을 형성하는 데 사용되어 왔다. 이 모형은 단순히 사용되는 모형이 아니라, 강력한 발달적 관점에서 일련의 의문을 취할 수 있는 복합적인 형태다. 이것은 영재성을 발달시키고 유지시킬 수 있는 조건을 기능적으로 분석하는 데 대한 기술적인 접근 그 이상의 것이다. 개발될 수 있는 다른 모형은 적어도 여기에서 기술된 모형에 있는 고유한 복합성에 근접한 것이어야 한다. 우리가 영재라고 하는 자원의 힘에서 나오는 이익을 보호하고자 한다면, 영재성의 발달을 보다 잘 이해해야 하며, 궁극적으로 우리 사회에서 영재의 잠재력을 어떻게 육성시킬 것인가도 잘 이해해야 한다. 고도로 발달하고 복잡한 우리 세계는 대부분 파괴적인 세력에 깨지기 쉽고 상처받기 쉽다. 우리가 직면하고 있는 문제에 대하여 영재가 공헌할 수 있는 잠재력을 극대화하는 것이 절실히 필요하다. 희망적으로, 나는 발달론자들이 이러한 목표를 달성할 수 있는 근본적인 연구를 계속 수행해 주길 바란다.

📑 참고문헌

Bamberger, J. (1982). Growing up prodigies: The midlife crisis. In D. H. Feldman (Ed.), *Developmental approaches to giftedness and creativity.* San Francisco: Jossey-Bass, Inc., 61-78.

Campos, J. J., Barett, K., Lamb, M. E., Goldsmith, H. H., and Sternberg. C. (1983). Socioemotional development. In P. H. Mussen (Ed.) *Handbook of child psychology.* 4th Edition, Vol. 2: M. M Halth and J. J. Campos (Eds.), *Infancy and developmental psychobiology.* New York: Wiley, 783-915.

Gardner, H. (1983). *Frames of mind: The theory of multiple intelligence.* New York: Basic Books.

Gowen, J. W. (1952). Humoral and cellular elements in natural and acquired resistance to typhoid. *American Journal of Human Genetics.* Vol. 4, No. 4, 285-302.

Horowitz, F. D. (1987). *Exploring developmental theories: Toward a Structural/behavioral model of development.* Hillsdale, N.J.: Lawrence Erlbaum.

Horowitz, F. D. and O'Brien, M. (1985). *The gifted and the talented: Developmental perspectives.* Washington, DC: The American Psychological Association.

Marland, S. P. (1972). *Education of the gifted and talented: Report to the Congress of the United State by the U. S. Commissioner of Education.* Washington, DC: U. S. Government Printing Office.

Sternberg (1985). *Beyond I. Q.* Cambridge: Cambridge University Press.

Zigler, E. and Balla, D. (Eds.) (1982). *Mental retardation: The developmental difference controversy.* Hillsdale, NJ: Lawrence Erlbaum.

13

새로운 대안 개념: 다중지능
다양한 인종과 저소득층 학생의 재능을 판별
하기 위한 대안적 평가[1]

Jonathan A. Plucker(University of Maine)
Carolyn M. Callahan(The University of Virginia)
Ellen M. Tomchin(The University of Virginia)

다중지능(MI: Multiple Intelligences)이론에 대한 최근의 인기는 성취와 능력을 측정하는 표준화 측정도구의 사용에서 포트폴리오와 수행중심평가가 포함된 보다 신뢰할 만한 평가방법으로 옮겨가는 현재의 연구와 일치한다. Gardner와 그의 동료들은 MI이론을 수행중심평가에 적용하는 것을 크게 장려해 왔다. 이 연구는 MI이론에 기초하여 교사 체크리스트와 수행중심평가 활동을 포함한 일련의 측정도구에 대한 신뢰도와 타당도를 검토하는 것이다. 도구 개발의 목적은 문화적으로 서로 다르고 저소득층인 유치원과 초등학교 1학년 아동의 재능을 판별하는 데 있다. 연구결과를 통해 평가의 신뢰성은 수용되었으나, 측정도구의 타당성은 여러 문제점을 야기할 수 있음을 알 수 있었다. 이 연구는 MI이론에 기초하여 재능을 평가하고 판별하는 수행 측정의 적용과 후속 연구 양쪽 모두에게 시사점을 제공한다.

---

1) 편저자 주: Plucker, J. A., Callahan, C. M., & Tomchin, E. M. (1996). Wherefore art thou, multiple intelligences? Alternative assessments for identifying talent in ethnically diverse and low income students. *Gifted Child Quarterly*, 40(2), 80-92. ⓒ 1996 National Association for Gifted Children. 필자 승인 후 재인쇄.

소수 민족 출신이고, 사회경제적 혜택을 받지 못하는 재능아의 판별과 아동의 민족성에 기초한 특별 프로그램의 차별적인 효과를 확인하는 데는 상당한 어려움이 있으며, 이에 대한 논의는 많은 문헌을 통해 연구되어 왔다(Ascher, 1988; Baldwin, 1987; High & Udall, 1983; Maker & Schiever, 1989; Ogbu, 1988). 이론가는 재능과 지능의 보다 광범위한 정의에 의존하는 평가 과정과 대안적인 평가전략이 사용된다면, 교원이 전통적인 측정도구를 사용할 때보다 우수한 학생의 능력을 더 정확하게 판별할 수 있을 것이라고 주장하였으며(Gardner, 1988; Sternberg, 1988), 영재 프로그램에도 민족적으로 다양한 학생이 증가할 것이라고 하였다(Patton, 1992). 다양한 민족과 경제적 혜택을 받지 못한 학생이 대도시 학군의 수준 높은 프로그램에 더욱 많이 참여하고 수행을 증진할 수 있도록 대규모 연구의 일환으로 이 연구가 설계되었다. 우리는 잠재적 재능의 판별 과정에서 다중지능이론(Gardner, 1983)을 적용하는 접근방법을 연구해 왔다. 미국에서 이와 유사한 프로그램은 지금까지 없었다(Patton, Prillaman, & VanTassel-Baska, 1990). 이러한 대규모의 연구는 5가지 요소인 재능 판별(이 연구에서 언급될 것이다.), 학생 교육, 부모 지원 활동, 멘터링(mentoring), 그리고 프로젝트 결과 평가를 포함한다. 재

연구의 활용도

이 예비 연구의 결과는 Gardner의 다중지능이론이 신뢰할 수 있는 측정도구로 전환될 수는 있으나, 타당한 측정도구로 만들기는 매우 어렵다는 것을 제안한다. 대안적 평가를 관리하고 점수화하는 성인은 언어와 수학적 기능의 평가에서 벗어나 낮은 구인타당도의 측정 결과를 보이는 언어와 논리−수학 지능에서 편차가 명백하게 나타나는 경향이 있다.

대규모의 높은 경계를 갖는 대안적 평가의 노력과 함께, 강도 높은 스태프(staff) 훈련이 필요하다. 그리고 전통적인 표준화 검사로 측정되어 온 분야에 대한 편차를 특별히 고려해야 한다. 또한 연구는 '개인(personal)' 지능 측정의 발달은 반드시 측정의 구인타당도에서 혼란이 나타나는 아동의 언어적 상호작용 측정에 의존하는 지수를 사용하지 말 것을 강조한다.

영재성의 정의와 개념

능아 판별의 요소는 MI이론에 기초한 체크리스트와 수행평가를 포함한 대안적 평가로 구성되었다.

평가(assessment)라는 전문 용어는 혼란은 물론 모순을 불러일으킬 수도 있다(예, 1992년 Meyer가 사용한 분류, 그리고 1994년 Puckett과 Black이 사용한 분류를 비교해 볼 것). 이 연구의 목적인 **대안적 평가**란 교사 평가, 동료 추천, 수행중심평가와 같이 전통적으로 정해진 답을 요구하는 형식과는 다른, 학생의 성취 및 능력에 대한 평가를 포괄하는 용어로 사용된 것이다. 최근 사용된 '진정한 평가'의 용어 사용은 정해진 답에 대한 검사가 학생의 능력과 성취에 대한 타당한 추정치를 제공하지 못한다는 사실이 내포되어 있다.

학생의 성취 및 능력에 대한 보다 정확한 평가로서의 대안적 평가에 대한 관심은 과학교육(Collins, 1993; Doran, Boorman, Chan, & Hejaily, 1993; Finson & Beaver, 1994; Lawrenz, 1992; Reichel, 1994; Shavelson, Baxter, & Pine, 1991)과 유아교육(Hills, 1992; Puckett & Black, 1994), 수학교육(Lane, 1993), 독서(Peers, 1993), 교사교육(Collins, 1993; Delandshere & Petrosky, 1994; Smith, Miller, & Joy, 1994), 특수교육(Greenwood, 1994; Rivera, 1993), 창의성(Baer, 1994), 영재교육(Baldwin, 1994; Clasen, Middleton, & Connell, 1994), 교육 평가(Reckase, 1993; Stiggins & Plake, 1991)를 포함한 다양한 교과 영역에서 비교적 같다고 할 수 있다. 수행평가는 미국을 비롯한 세계 여러 나라에서 널리 사용되고 있다(Maeroff, 1991; Nuttall, 1992; Semple, 1992). CRESST(the Center for Research on Evaluation, Standards, and Student Testing)의 1990년 연구결과, 23개의 주가 주의 전체적인 수준에서 수행평가를 사용하거나 개발하고 있으며 사용을 고려 중인 것으로 밝혀졌다(Aschbacher, 1991).

이처럼 대안적 평가기법에 대한 강조는 날로 증가하고 있으며, 다중지능 이론에 대한 인기와 일치한다(Gardner, 1983, 1993b). Gardner는 뇌 손상을 겪은 사람과 또 다른 특수한 사람(예, 자폐아와 학습장애아)을 폭넓게 관찰하고 그들의 지적 발달을 이해하게 되면서, 지능에 관련된 단일 모형과 척도에 불만을 느끼게 되었으며 새로운 지능이론을 개발하게 되었다(Gardner, 1993b). 그 결과적인 이론이 바로 7가지 지능을 가정한 것이다. 물론 그 지능은 재능이나 능력으로도 언급될 수 있다(Walters & Gardner, 1986). 언어지능, 논리−수학지능, 수학적, 과학적, 그리고 논리적 능력, 물리적인 것에 대한 지식과 조작을 포함하는 공간, 음악지능, 과제를 수행하고 문제를 해결하기 위해 신체를 사용하는 신체운동지능, 다른 사람을 이해하고 그들과 상호작용하는 능력인 대인간지능, 자신을 이해하고 자신의 삶에 그 지식을 이용할 수 있는 능력인 개인내적지능 등이 그것이다(MI이론에 대한 개관은 Walter & Gardner의 1985년 글 참조). 역사적으로 서구 사회에서는 언어지능과 논리−수학지능이 강조되어 왔기 때문에 교육계에서도 강조되어 왔지만, Gardner(1993a)는 이 7가지 지능이 모두 동일한 수준의 중요성과 상대적인 가치를 지닌다고 믿었다.

그러나 수행평가 방법과 MI이론은 논쟁의 여지가 없는 것이 아니다. 여러 지능 및 평가 전문가는 MI이론이 여전히 상대적으로 매우 적은 연구 지지를 받고 있다고 교육자에게 충고해 왔다(Matthews, 1988; Sternberg, 1984; Weinberg, 1989). 비용 증가, 교사와 실험자에 대한 보다 강력한 훈련의 필요성, 보다 복잡한 점수 매기기, 적용 범위의 넓이와 깊이의 균형, 평가자료 수집과 같은 논리적 쟁점이 수행중심평가와 함께 잠재되어 있는 문제에 대한 논의에서 자주 언급되어 왔다(Aschbacher, 1991; Darling-Hammond, 1994; Frechtling, 1991; Guskey, 1994; Marzano, 1994; Miller & Legg, 1993; O'Neil, 1992; Stiggins, 1991; Wolf, LeMahieu, & Eresh, 1992).

또한 특별히 수행평가와 같은 대안적 평가의 질을 고려할 때 심리측정학적 문제가 제기되기도 한다(Burger & Burger, 1994; Dunbar, Koretz, & Hoover, 1991; Haertel, 1994; Herman & Winters, 1994; Linn, 1994; Linn & Burton, 1994; MacGinitie, 1993; Messick, 1994; Miller & Legg, 1993). Worthen(1993)은 다음과 같이 언급하였다.

평가기법의 질이 학생의 능력을 진실하게 그려 보여 줄 수 있을 만큼 좋다는 근거는 매우 중요하다. 대안적 평가가 성공하려면 과제와 측정이 진정한(그저 진정한 것처럼 보이는 것이 아닌) 평가라는 것을 반드시 보여 주어야 한다. 그렇지 않다면, 교수(teaching)와 학습의 개선에 대한 기대는 충족되지 않을 것이다(p. 448).

몇몇 저자는 신뢰도와 타당도에 대한 전통적인 기준이 대안적 평가에도 적용될 수 있을지 의문을 제기했다. 그리고 만약 적용될 수 있다면, 어떤 유형의 타당도와 신뢰도가 고려되어야 하는지에 대해서도 의문을 제기했다(Baker, O'Neil, & Linn, 1993; Linn, Baker, & Dunbar, 1991; Swezey, 1981; Wolf, Bixby, Glenn, & Gardner, 1991). Wiggins(1993)는 수행평가의 타당도를 설명하는 내용, 공인, 구인타당도의 사용에 관심을 표명했다. 그리고 진정성과 과제의 안면타당도가 교육자에게 가장 큰 관심을 받게 될 것이라고 하였다. Linn, Baker 및 Dunbar(1991)은 수행과제를 일반화하고자 할 때 별다른 어려움이 없다면(Dunbar, Koretz, & Hoover, 1991), 평가결과를 다른 곳에 쓰거나 일반화할 수 있다는 점을 강조했다. 타당도의 근거를 세우는 데 권고할 만한 것이 있다면 그것은 준거타당도와 표준자료(Burger and Burger, 1994)와 내용, 공인, 예언타당도에 대한 신뢰와 같은 것을 들 수 있다(Swezey, 1981). Baker, O'Neil 및 Linn(1993)은 일반화와 신뢰도에 관련된 이슈는 집단 차원의 평가에서 그 중요성이 덜하다는 사실을 언급했고, 그와 비슷하게 Haertel(1994)도 수행평가를 할 때 적절한 타당도와 신뢰도가 보장되지 않으면, 결과를 개인적 차원에서 해석할 수 없다고 주장했다.

수행평가의 방법과 수행평가를 찬성하는 출판물은 심리측정학적 관심에 대해 적게 언급하였다(Herman, Aschbacher, & Winters, 1992; Moon, 1993 예외 참조). 견습자들(practitioners)은 과연 어느 정도로 이런 기법상의 문제에 관심을 가질 것인가? Robinson(1994)은 대안적 평가와 관련된 심리측정학의 문제는 "평가 전문가가 구축하여야 한다."(p. 22)고 믿었다. 이 태도 오해를 초래할 여지가 있는 것이었다. 그 이유는 "내적 자기비판이 대안적 평가 지지자 사이에서는 오히려 드물었기 때문이다. 대안적 평가가 더 폭넓게 받아들여질수록 도전은 줄어들 것이다."(Worthen, 1993, p. 447) 이 주의 부족이 때로는 대안적 평가의 장점 개발을 더디게 만들 수 있으며, 교육에 대한 장기간의 효과를 감소시킬 수 있다. 그것들의 적절한 사용을 안내하기 위해서는 심리측정학적 질과 수행평가기법에 대한 더 많은 연구가 필요하다 (Baker, Aschbacher, Niemi, & Sato, 1992; Hambleton & Murphy, 1992; Miller & Legg, 1993; Stiggins, 1991; Worthen, 1993).

MI이론과 수행중심평가

스펙트럼 프로젝트에 참여한 Gardner(1991)와 그의 동료들(Adams & Feldman, 1993; Hatch & Gardner, 1990; Kornhaber & Gardner, 1993; Krechevsky, 1991; Walters, 1992)은 MI이론과 관련하여 학생의 능력을 판별, 평가하기 위해 특별히 수행중심평가를 포함한 대안적 평가방법의 사용을 강력하게 지지해 왔다. 디스커버 프로젝트에 참여한 Maker(1992, 1993)와 그의 동료(Maker, Nielson, & Rogers, 1994)는 일련의 MI에 근거한 수행평가를 개발하는 중이며, 유사한 프로젝트가 전국적으로 진행 중이다(Gardner, 1993b; Maker, Nielson, & Rogers, 1994 참조). 그러나 이 노력을 포함해 연구 출판물은 충분하지 않고, 연구 자체도 작은 표본 크기에 따른 것이다 (Gardner & Hatch, 1989).

MI이론에 기초한 대안적 평가의 심리측정적 특성에 대한 연구가 바로 이 논문의 목적이다. 목표는 다음과 같다.

1. MI이론에 기초한 특별한 일련의 활동과 체크리스트가 다른 능력이나 지능을 평가할 수 있는가, 또는 단지 언어 능력과 논리-수학적 능력만

영재성의 정의와 개념

을 평가할 수 있는지를 살펴본다.

2. 이러한 일련의 활동에서 나온 각 하위척도의 신뢰도와 타당도를 논리적으로 결정한다.

3. 평가에서 성별, 민족, 학교 차이가 있는지를 평가한다.

연구방법

연구대상자

이 연구의 연구대상자는 1992~1993학년도의 대도시 학군에 있는 16개 학교의 1학년과 유치원에 등록한 아동 1,813명으로 이루어졌다. 학군은 전국에서 30위 내의 대도시에 있으며, 최근 인종차별 폐지 노력에 힘입어 도시와 근교 및 농촌에서 유입된 학생으로 구성되어 있다. 측정도구의 검증 대상은 민족적으로 다를 뿐만 아니라(다르거나) 저소득층에 속하는 유치원 및 1학년 학생이다. 여학생이 표본의 48.2%($n = 873$)를 차지했으며 학생의 민족 구성은 코카서스인 18.8%, 아프리카계 미국인 71.3%, 아시아계 미국인 1.8%, 라틴 아메리카계(스페인계) 미국인 2.5% , 그리고 기타 민족 3.5%였다. 사회경제적 수준(SES)은 미국의 무료/제한급식 프로그램의 참여 여부를 기준으로 결정되었다. 점심을 기준으로 표본의 59.8%가 제외되었다. 남아 있는 729명의 학생 가운데 48.4%($n = 353$)만이 무료 또는 제한급식을 받았다.

타당도 표본 적성과 자아개념, 성취에 대한 부가적인 척도의 자료는 재능계발 프로그램에 참여한 371명의 학생을 통해 수집되었다. 공인타당도의 근거를 보고한 다음 부분에서는 타당도 표본에 속한 학생의 수집 결과만이 사용되었다. 학생의 대부분이 평가활동에서 높은 점수를 받았기 때문에 제한된 표본을 사용한 분석결과를 전체 표본으로 일반화하지 못하였다. 타당도 표본에서 49.6%($n = 184$)의 학생이 여학생이었으며, 민족 구성을 보면 코

카서스인 23.5%, 아프리카계 미국인 63.6%, 아시아계 미국인 6.5%, 히스패
닉 미국인 2.7%, 그리고 기타 민족 집단 3.8%였다. 이 학생의 절반 가까이
(48.2%, $n = 179$)가 무료 및 제한된 급식을 받았다.

측정도구

1993년 봄 다중지능 평가기법을 사용하여(Udall & Passe, 1993) 연구대상
자를 평가했다. 이 방법은 하버드의 스펙트럼 프로젝트의 연구와 이를 일부
수정한 애리조나 대학의 Maker의 연구를 기초로 만들어졌다(Maker, 1992;
Maker, Nielson, & Rogers, 1994; Maker, Rogers, & Nielson, 1992). 평가방법은
13개의 수행중심 활동과 교사 평가, 그리고 다중지능 가운데 4개 영역, 즉
논리-수학지능과 언어지능, 공간지능, 대인간지능에 해당하는 관찰자 체크
리스트로 구성되었다. 13개의 체크리스트, 평가와 활동은 〈표 13-1〉에 하
위척도로 정리하였다. 실례를 보여 주기 위해 활동 2(Pablo Blocks and
Connectors)에 대한 일련의 지시는 부록에 첨부했다. 재료 목록과 교사 및
관찰자 스크립트, 표본에 해당하는 학생 평가지, 그리고 예상되는 점수 매기
기 항목으로 이루어져 있다. 점수 매기기 규정은 현장에서 맨 처음 평가에
대해 검사를 한 후 프로젝트 스태프가 개발한 것이며, 교사와 관찰자에게는
그들이 학생의 수행을 평가하고 평가를 관리하면서 경험한 대로 평가 용지
에 내용을 추가하도록 격려하였다.

각각의 활동에 대해 학생의 수행은 척도마다, 주어진 환경에서 '분명하
지 않거나 관찰되지 않았다(0)' '분명하다(1)' '매우 분명하다(2)'로 평가되
었다. 교사와 외부 관찰자는 평가와 관련하여 훈련을 받았다. 그리고 각각
의 평가활동에 대해 0점, 1점, 2점으로 평가할 수 있는 전형적인 행동에 대
한 지침서가 제공되었다(Udall & Passe, 1993). 공인타당도의 추정치를 얻기
위해 아이오와 기초기능검사(ITBS; language arts, mathematics, reading
comprehension, and vocabulary sub-tests)가 실시되었다.

표 13-1 지능에 따라 범주화된 대안적 평가에 사용된 활동

활동 제목	평가 유형
공간지능	
1. 공간 체크리스트	교사 평가
2. 파블로(Pablo)	학생이 퍼즐 조각으로 3차원의 동물을 구성하기
3. 기계적 펌프(pump)	학생이 펌프를 분해하고 조립하기
4. 탱그램	학생이 퍼즐 조각을 조정하기
5. 그림 그리기	학생이 그림을 그리기
논리−수학지능	
6. 수학−논리 체크리스트	교사 평가
7. 버스 활동	보드 게임
8. 수학 활동	학생이 수학문제 해결하기
언어지능	
9. 언어 체크리스트	교사 평가
10. 이야기 구술 활동	학생이 다양한 대상을 사용하여 이야기하기
11. 즉석 그림 작문	학생의 이야기를 쓰거나 그리기
대인간지능	
12. 대인간 체크리스트	교사 평가
13. 대인간 기술	체크리스트 관찰

자료 분석

신뢰도 미래의 수행평가를 위해서는 검사-재검사 신뢰도와 평정자 간 신뢰도의 근거가 우선되어야 하지만, 대규모 평가에서 생기는 논리적인 문제 때문에 검사-재검사 신뢰도와 평정자 간 신뢰도는 수행평가에서 얻을 수 없었다. 4개의 하위척도 각각에 대한 내적 일관성의 측정으로 'Cronbach' α값을 계산했다.

타당도 구인타당도의 근거를 구하기 위해 하위척도 평가와 ITBS의 하위척도 점수 사이의 상관을 구했다. 또 이 활동에 상응하는 4가지 지능을 평가해 줄 수 있는지를 살펴보기 위해 요인분석을 실시했다.

13. 새로운 대안 개념: 다중지능   253

성별, 민족, 학교 차이 분산분석의 고정효과는 성별과 민족 또는 학교의 차이가 있는지를 살펴보기 위해 종속변인으로서 하위척도의 점수를 사용하여 계산되었다. 유의미한 효과로 설명되는 분산의 퍼센트인 η^2가 효과크기의 척도로 계산하였다(Tabachnik & Fidell, 1989). 그리고 효과크기를 해석하는 권장할 만한 지침을 제시했다(Rosenthal & Rubin, 1979; Rosnow & Rosenthal, 1988).

연구결과

신뢰도

〈표 13-1〉에 나와 있는 각 하위척도에 대해서 Cronbach α값을 계산했다. α값은 크게 신뢰할 수 있는 것으로 나타났다(Thorndike & Hagen, 1955). 공간, α = .74; 논리-수학, α = .73; 언어, α = .72; 대인간, α = .87

타당도

요인분석 4가지 지능이 일련의 활동에 들어 있는지를 확인하기 위해 요인분석을 실시하였다. 13개 활동에 대해 SPSSx를 이용하고, 4가지 요인(〈표 13-2〉)을 정의하기 위해 주성분 추출을 이용하여, 직교회전(배리맥스 회전)과 함께 주요인을 추출하였다. 변인은 전체적으로 보아 공통성(communality)값(h^2 또는 분산을 4가지 요인 모두로 나눈 값)이 .57~ .78로 4개 요인으로 묶였다. 전반적으로 4개 요인은 회전 이전, 13개 활동에 대한 학생 점수 분산의 67.5%를 설명해 주고 있다.

요인부하량의 최소값은 .40이다. 활동 6만이 한 가지 요인 이상에 위치했고, 언어지능과 대인간지능을 평가하기 위해 고안된 활동(활동 9~13)은 모두 첫 번째 요인에 위치했으며, 논리-수학적 활동(활동 6, 7, 8)은 두 번째 요

영재성의 정의와 개념

표 13-2	수행중심 평가활동의 주성분 추출과 배리맥스 회전의 요인부하량과 공통성				
활 동	F_1^a	F_2	F_3	F_4	h^2
12-대인간 체크리스트(I)[b]	.78	.38	.05	.18	.78
9-언어 체크리스트(V)	.76	.33	.17	.13	.74
13-대인간지능 관찰(I)	.72	.38	.03	.22	.71
10-이야기 구술 활동(V)	.71	-.10	.34	.04	.63
11-그림 활동(V)	.56	.31	.39	-.01	.57
7-버스 활동(M)	.15	.77	.10	.10	.64
8-수학 활동지(M)	.25	.70	.24	.11	.63
6-수학-논리 체크리스트(M)	.40	.63	.35	.17	.71
3-펌프 활동(S)	.08	.13	.80	.16	.70
5-예술 활동(S)	.35	.31	.56	.24	.59
1-공간적 활동(S)	.32	.35	.55	.33	.63
4-탱그램 활동(S)	.00	.22	.16	.82	.75
2-파블로 활동(S)	.26	.02	.18	.78	.70

[a] 요인명: F_1 언어-말, F_2 논리-수학, F_3 공간-일반, F_4 공간-탱그램
[b] 괄호 안의 이론적 하위척도: (V) 언어; (M) 수학; (S) 공간; (I) 대인간

인에, 그리고 5개의 공간 활동은 세 번째 요인(활동 1, 3, 5)과 네 번째 요인(활동 2, 4)에 위치했다.

구인타당도 항목 간 상관은 〈표 13-3〉에 나와 있다. 교사평가 척도와 관찰 체크리스트(공간 척도는 제외) 간에 높은 상관이 있음을 알 수 있다.

다중특성-다중방법(multitrait-multimethod) 도표(Campbell & Fiske, 1967)는 〈표 13-4〉에 나와 있다. 대각선으로 나와 있는 타당도 값은 수학이라는 하위척도에서는 보통 수준이지만 언어의 하위척도에서는 낮았다. 다른 특성-다른 방법의 상관은 판별 타당도의 근거가 될 만큼 충분히 낮았다. 물론 ITBS 언어 하위척도와 수학 수행평가 간의 상대적으로 높은 상관은 예외적인 경우다. 불행히도 이 상관은 ITBS 언어 하위척도와 언어 수행평가 사이의 상관이 매우 높았다. 또한 ITBS 언어 하위척도는 언어의 교사 체크리스트보다 수학의 교사 체크리스트와 더 높은 상관이 있었다.

표 13-3 평가활동과 체크리스트 간의 내적 항목 상관관계

활 동	1(S)b	2(S)	3(S)	4(S)	5(S)	6(M)	7(M)	8(M)	9(V)	10(V)	11(V)	12(I)	13(I)
1	1.00a	.13	.11	.08	.17	.22	.14	.13	.19	.13	.13	.19	.17
2		1.00	.19	.30	.27	.28	.22	.23	.26	.23	.19	.23	.24
3			1.00	.41	.30	.27	.18	.20	.19	.13	.19	.20	.20
4				1.00	.45	.27	.20	.22	.19	.09	.20	.19	.23
5					1.00	.47	.33	.36	.42	.31	.54	.40	.44
6						1.00	.47	.53	.61	.33	.47	.58	.53
7							1.00	.38	.35	.22	.34	.38	.37
8								1.00	.41	.27	.42	.40	.40
9									1.00	.47	.54	.69	.63
10										1.00	.36	.37	.36
11											1.00	.50	.47
12												1.00	.78
13													1.00

[a] 모든 계수, $p < .01$
[b] 괄호 안의 이론적 하위척도: (V) 언어; (M) 수학; (S) 공간; (I) 대인간

표 13-4 다중특성-다중방법 도표

		수행평가			교사 체크리스트			ITBS	
		수 학	언 어	공 간	수 학	언 어	공 간	수 학	언 어
수행평가	수 학	1.00							
	언 어	.14*	1.00						
	공 간	.11	.09	1.00					
교 사 체크리스트	수 학	.41**	.24**	.16*	1.00				
	언 어	.16*	.46**	.12	.36*	1.00			
	공 간	.09	.20*	.47**	.50**	.27**	1.00		
ITBS	수 학	.29**	.11*	.15*	.22**	.06	.09	1.00	
	언 어	.25**	.16**	.06	.17**	.08	.07	.70**	1.00

*$p < .05$, **$p < .01$(양단)

성별, 민족, 사회경제적 수준과 학교의 차이

1,813명의 학생 전체 표본을 사용하여 일련의 평가 과제와 평가 척도에 성별, 사회경제적 수준, 학교의 차이가 있는지를 살펴보았다. 본페로니

영재성의 정의와 개념

(Bonferroni) 절차가 다중분석으로 인한 α값 오류 교정을 위해 사용되었다 (α = .05/16 = .003). 학교(16개 수준)와 성별을 독립 변인으로 하고, 참여자 간의 이원분산분석 결과, 효과 크기가 작긴 하지만 유의미한 학교 효과가 4개의 모든 하위척도에서 나타났다(〈표 13-5〉). .05 수준에서 Tukey-b 절차를 사용하여 사후검정을 한 결과, 학교 4는 나머지 학교 절반 이상보다 수학-논리와 대인간 하위척도에서 유의미하게 더 낮은 점수를 얻었다는 것을 알수 있다(다른 학교가 분명한 패턴을 보인 것은 아니다.). 언어 하위척도에서는

표 13-5 평가 하위척도의 ANOVA 결과

하위척도	학교 효과			성별 효과			학교×성별		
	F	P[a]	η^2	F	P	η^2	F	P	η^2
수학-논리	3.04	.001	.026	.01	.945	n/a	1.32	.182	n/a
언 어	6.16	.001	.051	12.22	.001	.007	1.43	.123	n/a
공 간	7.28	.001	.060	4.12	.043	n/a	1.38	.150	n/a
대인간	4.13	.001	.035	21.21	.001	.012	1.40	.140	n/a

[a]α = (.05/16) = .003
η^2= 효과크기

제안된 채점법

Pablo 채점

매우 분명(2)	분명하다(1)	분명하지 않다(0)
독창적 아이디어	복사, 자신의 세부 사항 추가	추가 없이 복사
3-D	단순 디자인	다리 모양 연결구 4개와 동물 몸 모양 1개
뭔가를 세워 놓음	공통 대상-사람, 거북이 등	2-D
4개 부분 이상의 균형		
움직이는 부분		
많은 조각/연결구의 복잡한 디자인		
예술 표현으로 인정할 대상		
몰입, 흥분 또는 진정성		지루함, 실망스러움
많은 창조물을 만듦		단순한 창조물을 만듦

학생의 작업에 대한 채점 지침. 학생과 작업할 때 이 리스트에 더 추가하시오.

학교 13, 12, 16이 다른 대다수의 학교보다 유의미하게 높은 점수를 얻었다. 공간 하위척도에서는 학교 12, 13이 학교 14, 15, 4, 3, 2, 7보다 유의미하게 높은 점수를 얻었다. 학교 15는 12개 학교보다 유의미하게 낮은 점수를 얻었다. 판별할 수는 없으나 아치형 패턴이 분석 결과 도출되었다. 이것은 체계적 편차라기보다는 일관성이 없다는 점을 시사해 준다. 학생이 한 가지 하위척도에서 높은 점수를 받은 학교는 다른 척도에서 더 낮은 점수를 얻었거나 그 반대였다. 두 가지 유의미한 성별과 관련된 효과에서는 여학생이 효과크기는 작았지만, 남학생에 비해 언어와 대인간 하위척도에서 더 높은 점수를 얻었다.

아프리카계 미국인 학생과 코카서스 학생의 수가 스페인계 미국인과 아시아계 미국인의 수보다 많았다. 그래서 학생을 보다 수가 많은 민족 집단에서 임의로 선택하여 일원분산분석을 통해 그룹 크기를 동일하게 만들었다. Tukey-b 사후검정 절차와 함께 일원분산분석 결과, 아시아계 학생이 4개의 모든 하위척도에서 다른 민족 집단보다 유의미하게 더 높은 점수를 얻었거나 더 높은 비율을 차지했다: 수학-논리, $F(4, 149) = 12.57$, $p < .0001$, $\eta^2 = .252$; 언어, $F(4, 142) = 4.49$, $p < .002$, $\eta^2 = .112$; 공간, $F(4, 79) = 13.42$, $p < .0001$, $\eta^2 = .405$; 대인간, $F(4, 157) = 5.01$. $p < .001$, $\eta^2 = .113$. 특별한 민족 집단 사이의 단 한 가지 다른 차이는 공간 하위척도에서 일어났는데, 학군에 따라 민족적으로 '다르게' 분류된 학생(예, 아시아 인디언계 학생 또는 혼혈인종)이 스페인계 미국인 학생보다 유의미하게 더 높은 점수를 얻었다.

논 의

타당도의 근거는 하위척도가 내적 일관성이 있다는 것을 시사해 준다. 요인분석을 통해 언어 및 논리-수학적 하위척도의 존재를 확인할 수 있었다.

영재성의 정의와 개념

그러나 나머지 두 하위척도는 확인되지 않았다. 첫 번째 요인에서 언어지능과 대인간지능에 관련된 활동의 결합은 놀라운 사실은 아니었다. 왜냐하면, 대인간 커뮤니케이션은 언어적 요소를 많이 포함하고 있기 때문이다. 대인간 체크리스트의 분석 결과(Udall & Passe, 1993, p. 62), 체크리스트의 많은 항목이 언어적 재능(예, '평화조정자처럼 행동' '상호관계에서 유머를 보여 줌' '다른 아이들의 의견을 경청하고 구함')에 대한 강조로 해석될 수 있음이 밝혀졌다. 세 번째와 네 번째 요인 사이의 공간 활동 분열은 더 당황스러운 것이다. 활동 2(Pablo)와 활동 4(Tangrams)는 매우 유사하였다. 그래서 네 번째 요인에 그것들이 포함될 것으로 기대되었다. 그러나 그것들은 다른 공간 활동과 분리되었고, 그 이유는 쉽게 설명되지 않은 실정이다. 네 번째 요인이 분산을 거의 설명해 주지 못하기 때문에(세 요인 모형이 사용될 때, 세 번째와 네 번째 요인은 와해된다.), 공간 활동의 분열은 실제적인 의미가 거의 없다고 할 수 있다.

평가에서 유의미한 성차는 발견되지 않았다. 이는 아시아계 미국인 학생의 점수가 상대적으로 높았기 때문이라고 생각된다. 교사의 주관성이 평가에 영향을 미칠 수도 있다. 또 표준화 검사에서 민족적 편견을 없애기 위해 시행한 수행평가가 잘못 인도된 것일 수도 있다. 학교 간의 점수에는 유의미한 차이가 있었다(비록 작은 효과크기로 연결되었지만). 그리고 그것은 수행중심평가가 지닌 비일관성에 대한 선행연구를 지지해 준다(예, Aschbacher, 1991; Haertel, 1994).

다중특성-다중방법 매트릭스(multitrait-multimethod matrix) 분석은 수렴, 판별타당도의 근거가 매우 제한적임을 보여 준다. 수학-논리 하위척도와 다른 하위척도 및 ITBS 하위검사 간의 상관은 상대적으로 높은 것으로 나타났다. 그 이유는 수학-논리 하위척도와 관련된 활동과 체크리스트가 MI에 기초한 대안적 평가에서 가장 객관적으로 점수를 매길 수 있기 때문인 것 같다.

지능의 대안적 평가에 기초한 새로운 평가도구의 공인타당도 근거를 설정한다는 것은 평가를 사용하려는 교육자와 검사도구 개발자에게 어려운 도전임이 분명하다. 구인타당도의 문제는 우리가 자료를 검토하자마자 매우 분명해졌다. 한편, 논리-수학지능과 언어지능의 정의는 우리에게 그 분야의 능력이 성취도검사(그 분야에서의 높은 능력과 관련된 결과물을 평가)의 점수와 높은 상관이 있다는 것을 기대하게 한다.

다른 한편으로 Gardner(1984)가 쓴 글을 보면 전통적인 평가도구에 대해 매우 비판적임을 알 수 있다. 그 도구는 지나치게 편협한 것이어서 적성이나 수행의 다채로움을 포착해 낼 수 없다는 것이다. 만약 이러한 주장이 사실이라면 MI에 기초한 평가의 타당도는 어떻게 입증할 수 있을까? MI이론은 본질적으로 증명될 수 없는 것인가? Gardner와 Hatch(1990)가 이 문제에 대해 다음과 같이 말했다.

> 몇몇 비평가는 MI이론이 입증될 수 있다고 주장해 왔다… 만약 미래의 평가가 한 모집단 내의 강점과 약점을 드러내 주지 못한다면, 그리고 다양한 활동의 수행이 서로 상관이 있다는 것이 입증된다면, 또 IQ와 같은 구인(그리고 도구)이 특별한 지능을 개발하기 위해 구성된 활동의 분산이 우세함을 설명해 준다면 MI이론은 수정되어야 한다(p. 8).

우리는 법적, 교육적, 윤리적인 이유에서, 잠재적 재능아의 판별과 같은 고도의 목적을 위해 사용된 수행평가는 신뢰성과 타당성이 있어야 하며, 적절한 규준이 있어야 하고, 또 성별과 민족성에 관계없이 학생에게 똑같이 공평한 것이어야 한다고 믿고 있다. 이 신념은 대안적 평가방법을 적절히 사용하는 것에 관심이 있는 다른 사람도 표명해 왔다(O'Neil, 1992). Miller와 Legg(1993)는 "평가점수에 대한 장벽이 높을 때, 점수가 신뢰할 만하고 타당하다는 해석과 같은 전통적인 개념은 여전히 비판적이다."(p. 10)라고 생각하였다. 또 Messick은 다음과 같이 말하였다.

타당도, 신뢰도, 비교도, 공평함과 같은 평가와 관련된 근본적인 문제는 모든

영재성의 정의와 개념

평가에 단일하게 적용될 수 있어야 한다고 주장했다. 그 이유는 그것들이 평가의 원칙이 아니라, 평가에 대한 판단이나 결정이 이루어지는 곳이면 어디서든지 평가 밖에서 의미와 힘을 지니는 사회적 가치이기 때문이다(Messick, 1994, p. 13).

향후 연구 방향

이와 같은 연구는 연구자가 계속 반복할 것이다. 특히, 평정자 간 일치도와 안정성의 근거를 마련하기 위해서도 계속될 것이다. 일반적으로 문헌에는 언급되었으나 연구된 적이 없는(King, 1991; Peers, 1993 예외 참조), 평가와 관련된 교사의 태도와 경험 또한 평가의 예언타당도와 함께 연구될 수 있을 것이다.

MI이론과 대안적 평가는 영재교육에 근본적인 내용을 함의한다. 많은 교육자가 열정으로 이와 같은 혁신적인 노력을 교실에 적용해 오고 있다는 것은 놀랄 일이 아니다. 그러나 MI이론과 대안적 평가, 그리고 그 둘을 결합하여 사용하고 있는 교육자는 이 같은 프로그램을 엄격하게 평가해야 한다. 그래야만 다중지능이론과 대안적 평가가 교육에 잠재적으로 기여할 수 있다는 점이 알려질 수 있기 때문이다.

📝 참고문헌

Adams, M. L., & Feldman, D. H. (1993). Project Spectrum: A theory-based approach to early education. In R. Pasnak & M. L. Howe (Eds.), *Emerging themes in cognitive development. Volume II: Competencies.* New York: Springer-Verlag.

Aschbacher, R. R. (1991). Performance assessment: State activity interest, and concerns. *Applied Measurement in Education, 4*, 275-288.

Ascher, C. (1988). Improving the school-home connection for poor and minority urban students. *The Urban Review, 20*, 109-123.

Baer, J. (1994). Performance assessments of creativity: Do they have long-term stability? *Roeper Review, 17*, 7-11.

Baker, E. L., Aschbacher, P. R., Niemi, D., & Sato, E. (1992). *CRESST performance assessment models: Assessing content area explanation.* Los Angeles: National Center for Research on Evaluation, Standards, and Student Testing.

Baker, E. L., O'Neil, H. F., Jr., & Linn, R. L. (1993). Policy and validity prospects for performance-based assessment. *American Psychologist, 48*, 1210-1218.

Baldwin, A. Y. (1987). I'm Black but look at me. I am also gifted. *Gifted Child Quarterly, 31*, 180-185.

Baldwin, A. Y. (1994). The seven plus story: Developing hidden talent among students on socioeconomically disadvantaged environments. *Gifted Child Quarterly, 38*, 80-84.

Burger, S. E., & Burger, D. L. (1994). Determining the validity of performance-based assessment. *Educational Measurement: Issue and Practices, 13*(1), 9-15.

Campbell, D. T., & Fiske, D. W. (1967). Convergent and discriminant validation by the multitrait-multimethod matrix. In D. N. Jackson & S. Messick (Eds.), *Problems in human assessment* (pp. 124-132). New York: McGraw Hill.

Clasen, D. R., Middleton, J. A., & Connell, T. J. (1994). Assessing artistic and problem solving performance in minority and non-minority students using a nontraditional multidimensional approach. *Gifted Child Quarterly, 38*, 27-32.

Collins, A. (1993). Performance-based assessment of biology teachers: Promises and pitfalls. *Journal of Research in Science Teaching, 30*, 1103-1120.

Darling-Hammond, L. (1994). Performance-based assessment and educational equity. *Harvard Educational Review, 64*, 5-30.

Delandshere, G., & Petrosky, A. R. (1994). Capturing teachers' knowledge: Performance assessment. *Educational Researcher, 23*(5), 11-18.

Doran, R. L., Boorman, J., Chan, F., & Hejaily, N. (1993). Alternative assessment of high school laboratory skills. *Journal of Research in Science Teaching, 30*, 1121-1131.

Dunbar, S. B., Koretz, D. M., & Hoover, H. D. (1991). Quality control in the development and use of performance assessments. *Applied Measurement in Education, 4*, 289-303.

Finson, K. D., & Beaver, J. B. (1994). Performance assessment: Getting started. *Science Scope, 18*(1), 44-49.

Frechtling, J. A. (1991). Performance assessment: Moonstruck or the real thing? *Educational Measurement: Issues and Practice, 10*(4), 23-25.

Gardner, H. (1983). *Frames of mind.* New York: Basic Books.

Gardner, H. (1984). Assessing intelligences: A comment on "Testing intelligence without I.Q. test." *Phi Delta Kappan, 65*, 699-700.

Gardner, H. (1988). Beyond the IQ: Education and human development. *National Forum, 68*(2), 4-7.

Gardner, H. (1991). Assessment in context: The alternative to standardized testing. In B. R. Gifford & M. C. O'Connor (Eds.), *Changing assessments: Alternative views of aptitude, achievement, and instruction* (pp. 77-120). Boston: Kluwer.

Gardner, H. (1993a). In a nutshell. In H. Gardner, *Multiple intelligence* (pp. 5-12). New York: Basic Books.

Gardner, H. (1993b). *Multiple intelligences.* New York: Basic Books.

Gardner, H., & Hatch, T. (1989). Multiple intelligences go to school: Educational implications of the theory of multiple intelligences. *Educational Researcher, 18*(8), 4-9.

Gardner, H., & Hatch, T. (1990). *Multiple intelligence go to school: Educational implications of the theory of multiple intelligences* (Technical Report No. 4). New York: Center for Technology in Education. (ERIC Document Reproduction Service No. 324-366)

Greenwood, C. R. (Guest Ed.). (1994). Technology-based assessment within special education [Special Issue]. *Exceptional Children, 61*(2).

Guskey, T. R. (1994). What you assess may not be what you get. *Educational Leadership, 51*(6), 51-54.

Haertel, E. H. (1994). Theoretical and practical considerations. In T. R. Guskey (Ed.), *High stakes performance assessment: Perspectives on Kentucky's educational reform* (pp. 65-75). Thousand Oaks, CA: Corwin Press.

Hambleton, R. K. (1992). A psychometric perspective on authentic measurement. *Applied Measurement in Education, 5*, 1-16.

Hatch, T., & Gardner, H. (1990). If Binet had looked beyond the classroom: The assessment of multiple intelligences. *International Journal of Educational Research, 14*, 415-429.

Herman, J. L., Aschbacher, P. R., & Winters, L. (1992). *A practical guide to alternative assessment.* Alexandria, VA: Association for Supervision and Curriculum Development.

Herman, J. L., & Winters, L. (1994). Portfolio research: A slim collection. *Educational Leadership, 52*(2), 48-55.

High, M. H., & Udall, A. J. (1983). Teacher ratings of students in relation to ethnicity of students and school ethnic balance. *Journal for the Education of Gifted, 6*, 154-165.

Hills, T. W. (1992). Reaching potentials through appropriate assessment. In S. Bredekamp & T. Rosegrant (Eds.), *Reaching potentials: Appropriate curriculum and assessment for young children. Vol. 1* (pp. 43-63). Washington, DC: National Association for the Education of Young Children.

King, B. (1991). Teacher's views on performance-based assessments. *Teacher Education Quarterly, 18*, 109-119.

Kornhaber, M., & Gardner, H. (1993). *Varieties of excellence: Identifying and assessing children's talents.* New York: The National Center for Restructuring Education, Schools, and Teaching.

Krechevsky, M. (1991). Project Spectrum: An innovative assessment alternative. *Educational Leadership, 48*, 43-48.

Lane, S. (1993). The conceptual framework for the development of a mathematics performance assessment instrument. *Educational Measurement: Issues and Practices, 12*(2), 16-23.

Lawrenz, F. (1992). Authentic assessment. In F. Lawrenz, K. Cochran, J. Krajcik, & R. Simpson (Eds.), *Research matters... to the science teacher* (NARST Monograph No. 5). (pp. 65-70). Manhattan, KS: National Association of Research in Science Teaching.

Linn, R. L. (1994). Performance assessment: Policy promises and technical measurement standards. *Educational Researcher, 23*(9), 4-14.

Linn, R. L., Baker, E., & Dunbar, S. (1991). Complex, performance-based assessment: Expectations and validation criteria. *Educational Researcher, 20*(8), 15-21.

Linn, R. L., & Burton, E. (1994). Performance-based assessment: Implications of task specificity. *Educational Measurement: Issues and Practices, 13*(1), 5-8, 15.

MacGinitie, W. H. (1993). Some limits of assessment. *Journal of Reading, 36,* 556-560.

Maeroff, G. I. (1991). Assessing alternative assessment. *Phi Delta Kappan, 73,* 273-281.

Maker, C. J. (1992). Intelligence and creativity in multiple intelligences: Identification and development. *Educating Able Learners; Discovering & Nurturing Talent, 17,* 12-19.

Maker, C. J. (1993). Creativity, intelligence, and problem solving: A definition and design for cross-cultural research and measurement related to giftedness. *Gifted Education International, 9,* 68-77.

Maker, C. J., Nielson, A. B., & Rogers, J. A. (1994). Giftedness, diversity and problem-solving. *Teaching Exceptional Children, 27*(1), 4-18.

Maker, C. J. Rogers, J. A. & Nielson, A. B. (1992). *Assessment/observation of problem solving abilities.* Tucson, AZ: University of Arizona.

Maker, C. J., & Schiever, S. W. (Eds.). (1989). *Critical issues in gifted education: Defensible programs for cultural and ethnic minorities. Vol. II.* Austin, TX: Pro-ed.

Marzano, R. J. (1994). Lessons from the field about outcome-based performance assessments. *Educational Leadership, 51*(6), 44-50.

Matthews, D. (1988). Gardner's multiple intelligence theory: An evaluation of relevant research literature and a consideration of its application to gifted education. *Roeper Review, 11,* 100-104.

Messick, S. (1994). The interplay of evidence and consequences in the validation of performance assessments. *Educational Researcher, 23*(2), 13-23.

Miller, M. D., & Legg, S. M. (1993). Alternative assessment in a high-stakes environment. *Educational Measurement: Issues and Practices, 12*(2), 9-15.

Moon, T. R. (1993). *A teacher's guide to developing performance-based assessments.* Charlottesville, VA: Bureau of Educational Research, University of Virginia.

Nuttall, D. L. (1992). Performance assessment: The message from England. *Educational Leadership, 49*(8), 54-57.

Ogbu, J. U. (1988, spring). Human intelligence testing: A cultural-ecological perspective. *National Forum, 68*(2). 23-29.

O'Neil, J. (1992). Putting performance assessment to the test. *Educational Leadership, 49*(8), 14-19.

Patton, J. M. (1992). Assessment and identification of African-American learners with gifts and talents. *Exceptional Children, 59,* 150-159.

Patton, J. M., Prillaman, D., VanTassel-Baska, J. (1990). The nature and extent of programs for the disadvantaged/gifted in the United States and territories. *Gifted Child Quarterly, 34,* 94-96.

Peers, M. G. (1993). A teacher/researcher's experience with performance-based assessment as a diagnostic tool. *Journal of Reading, 36,* 544-548.

Puckett, M. B., & Black, J. K. (1994). *Authentic assessment of the young child.* New York: Merrill.

Reckase, M. (Ed.). (1993). Performance assessment [Special Issue]. *Journal of Educational Measurement, 30*(3).

Reichel, A. G. (1994). Performance assessment: Five practical approaches. *Science and Children, 32*(2), 21-25.

Rivera, D. (1993). Performance, authentic, and portfolio assessment: Emerging alternative assessment options in search of an empirical basis. *Diagnostique, 18,* 325-348.

Robinson, A. (1994). Assessment, identification, and evaluation. *Tempo, 14*(2), 1, 22-23.

Rosenthal, R., & Rubin, D. B. (1979). A note on percent variance explained as a measure of the importance of effects. *Journal of Applied Social Psychology, 9,* 395-396.

Rosnow, R. L., & Rosenthal, R. (1988). Focused tests of significance and effect size estimation in counseling psychology. *Journal of Counseling Psychology, 35,* 203-208.

Semple, B. McL. (1992). *Performance assessment: An international experiment* (ETS Report No. 22-CAEP-06). Princeton, NJ: IAEP / ETS.

Shavelson, R. J., Baxter, G. P., & Pine, J. (1991). Performance assessment in science. *Applied Measurement in Science, 4,* 347-362.

Smith, G. P., Miller, M. C., & Joy, J. (1988). A case study of the impact of performance based testing on the supply of minority teachers. *Journal of Teacher Education, 39,* 45-53.

Sternberg, R. J. (1984). Fighting butter battles. *Phi Delta Kappan, 65,* 700.

Sternberg, R. J. (1988, spring). Beyond IQ testing. *National Forum, 68*(2), 8-11.

Sternberg, R. J. (1991). Facing the challenges of a new era of educational assessment. *Applied Measurement in Education, 4,* 263-273.

Stiggins, R. J., & Plake, B. (Eds.). (1991). Performance assessment [Special issue]. *Applied Measurement in Education, 4*(4).

Swezey, R. W. (1981). *Individual performance assessment: An approach to criterion-referenced test development.* Reston, VA: Reston Publishing.

Tabachnik, B. G., & Fidell, L. S. (1989). *Multivariate statistics (2nd ed.).* New York: HarperCollins.

Thorndike, R. L., & Hagen, E. (1955). *Measurement and evaluation in psychology and education.* New York: Wiley & Sons.

Udall, A. J., & Passe, M. (1993). *Gardner-based/Performance-based Assessment Notebook.* Charlotte, NC: Charlotte-Mecklenburg Schools.

Walters, J. (1992). Application of multiple intelligences research in alternative assessment. *In Focus on Evaluation and Measurement*. Washington, DC: National Research Symposium on Limited English Proficient Student Issues. (ERIC Document Reproduction Service No. ED 349-812).

Walters, J. M., & Gardner, H. (1985). The development and education of intelligences. In F. Link (Ed)., *Essays in the intellect* (pp. 1-21). Washington, DC: Curriculum Development Associates.

Walters, J., & Gardner, H. (1986). The theory of multiple intelligences: Some issues and answers. In R. J. Sternberg & R. Wagner. (Eds.), *Practical intelligences* (pp. 163-181). New York: Cambridge University Press.

Weinberg, R. A. (1989). Intelligence and IQ: Landmark issues and great debates. *American Psychologist, 44*, 98-104.

Wiggins, G. (1993). Assessment: Authenticity, context, and validity. *Phi Delta Kappan, 75*, 200-214.

Wolf, D., Bixby, J., Glenn III, J., & Gardner, H. (1991). To use their minds well: Investigating new forms of student assessment. In G. Grant (Ed.), *Review of research in education: Vol. 17* (pp. 31-74). Washington, DC: American Educational Research Association.

Wolf, D. P., LeMahieu, E. G., & Eresh, J. (1992). Good measure: Assessment as a tool for educational reform. *Educational Leadership, 49*(8), 8-13.

Worthen, B. R. (1993). Critical issues that will determine the future of alternative assessment. *Phi Delta Kappan, 74*, 444-454.

영재성의 정의와 개념

부 록

Pablo 과제(활동 2)

저자인 Udall과 Passe(1993)의 승인하에 실었다. 독자는 평가에 대하여 포괄적인 훈련을 받은 교사와 관찰자라는 것과, 지금까지 평가의 효과성에 대한 연구가 끝나지 않았다는 것을 알아야 한다. 다음의 자료는 오직 사례의 목적으로 제공되었다.

필요한 재료들

- 1개 교실분의 파블로 블록과 연결구, 연결구를 위한 개인 컵 또는 사발
- 건물이나 산의 컬러 사진
- 스크립트와 지침들
- 학생 폴더/평가지

교사를 위한 교육

이 활동의 시리즈는 30~35분이 소요된다. 1~4단계까지 가능한 한 빨리 이동한다. 5, 6단계에 시간을 많이 할애한다.

아동을 4개 집단으로 나누고, 각 집단에 한 명의 관찰자를 둔다. 각 집단은 반드시 테이블에 둘러앉는다. 파블로 세트를 집단의 중앙에 놓는다.

교사: 여러분 앞에 있는 조각을 활용하여 몇 분간 무언가를 만들어 보세요(약 5분).

나는 약간 높은 빌딩의 사진을 가지고 있습니다. 큰 빌딩 같은 조각을 하나 이상 찾아보세요. 여러분 앞의 테이블 위에 빌딩을 만들어 보세요(약 3분).
중앙의 모든 조각을 집어 보세요. 어떤 조각이 산을 만들 조각으로 사용될까

요? 여러분 앞에 있는 테이블 위에 산을 만들어 보세요(약 3분).

모든 조각을 중앙에 다시 갖다 놓으세요.

교사(행동): 같은 숫자의 연결구를 각 학생에게 주고, 연결구의 사용을 보여 준다.

교사: 필요한 만큼의 조각으로 동물을 만들어 보세요. 여러분이 원하는 어떤 동물을 만들어 보세요. 여러분이 원하는 동물을 말할 수 있어요.

교사(행동): 관찰자에게 각 학생의 구조물(들)을 그림으로 그리거나 말로 설명할 시간을 부여한다(약 10분).

교사: 모든 조각을 중앙에 다시 갖다 놓으세요. 지금부터 여러분은 원하는 수의 조각을 사용하여 만들고 싶은 것을 만들어 보세요(다시 최소한 10분을 부여한다).

(활동의 종결) 파블로의 연결구 모두를 분리된 백에 넣으세요.

관찰자를 위한 교육

당신의 테이블에서 학생에게 자신을 소개한다. 확실하게 각 아동의 이름을 발음하도록 하라. 그들의 이름을 관찰지에 기록한다.

관찰자(행동): '워밍업(자유 놀이, 큰 빌딩, 산)' 하는 동안 아동이 잘할 수 있도록 격려하면서 코멘트 부분에 창의적 행동을 기록한다. 부호를 사용하여 행동을 기록한다.

교사가 연결구에 대하여 안내를 할 것이다.

관찰자(행동): 테이블의 아동에게 각각 컵이나 사발에 같은 수의 연결구를 준다. 가능한 한 많이 준다. 아동이 동물을 만들도록 격려한다. 그들이 원하면 실존하거나 상상하는 어떤 동물이라도 만들 수 있다(시간이 있다면 아동은 하나 이상의 동물을 만들 수 있다).

어떤 동물인지를 말하도록 하고, 한 말한 것을 가능한 한 많이 기록한다. 관찰지에 동물(들)을 스케치한다. 많은 아동이 같은 동물을 만든다면, 첫 번째로 만든 아이를 기록한다. 아동이 같은 동물을 만들었더라도 만드는 방식은 다르다는 것을 주의한다. 복사는 고려되지 않는다. 모든 구조물과 설명을 동등하게 인정함을 보여 준다.

주의: 그것이 동물이든 무엇이든 모든 구조물을 수용한다. 아동이 만든 어떤 것이라도 인정함을 보여 주고 집단의 모든 아동을 격려한다.

교사의 지시에 따라 아동에게 동물을 완전히 분리하여 모든 조각을 중앙에 다시 갖다 놓도록 격려한다. 다음 활동에는 다른 조각들을 사용하도록 제안한다. 개방형(open-ended) 구조물 활동을 위해, 아동이 원하는 어떤 것이라도 만들도록 격려한다. 아동이 동물을 계속 만드는 것을 감상하고 있음을 보여 준다. 그러나 다른 것을 만드는 것 또한 격려한다. 그들이 무엇을 만들었는지에 대해 설명하거나 말하도록 한다. 모든 구조물과 설명에 대해 동일한 승인과 감상을 보여 준다.

관찰 형태의 각 섹션에서 사용된 파블로 조각의 수와 구조물 옆에 있는 연결구의 수를 기록해야 한다. 그 구조물이 복합적(Cx)인지, 유머(Hu)가 있는지, 이차원적(2-D)인지, 또는 삼차원적(3-D)인지, 좌우대칭(Sy) 또는 좌우비대칭(As)인지를 기록한다. 관찰지에 아동이 단지 연결구만을 사용하였는지를 기록한다. 파블로 조각의 사용을 격려하고 아동이 무엇을 만들었든지 수용한다.

코멘트 부분에 타인을 도운 아동, 아동 간의 대화, 그들의 산물에 대한 이야기, 과제에 대한 흥미와 몰입, 각 아동이 사용한 문제해결 과정 등 관찰한 것을 쓴다. **그들의 활동에 대한 당신의 해석보다는 실제 행동을 기록해야 한다.**

마지막 섹션에서 중요한 문제해결 행동이 리스트로 되어 있다. 단지 당신은 각 아동의 행동만을 체크하라. 이것은 활동 중이거나 활동이 끝난 즉시 해야 한다.

주의: 각 활동이 끝날 때마다, 모든 아동이 조각에 동일하게 접근할 수 있도록 테이블 중앙에 파블로 조각들을 갖다 놓도록 하는 것을 기억하라. 필요하다면 조각을 섞어 놓는다.

부 호
AS=비대칭
S= 대칭
CS=매우 복합적
H=다른 아동 도움
2D=2차원적
3D=3차원적
부 호
RH=도움받음
C=타인의 아이디어 복사
M=구조물에서의 움직임
HU=유머

PCS=조각들   CNT=연결구

PABLO

관찰자	10
학 교	Bryant
교 사	Diaz
날 짜	3/13

overall

이 름	동 물	조 각	코멘트	조 각	코멘트	해당되는 곳에 체크	
Juan	Turtle	2/CNT 4	Building (M)	6/CNT 6	Helped others get structure to stand	✓ 계속적인 작업 ✓ 흥미를 보임 ___ 디자인에 주의를 기울임 ___ 명백히 닮았음 ___ 대인관계 ___ 새로운 방법의 발명 ___ 개방형 문제를 선호함 ✓ 자신의 과제에 집중함 ___ 언어적 능력이 좋음	1
Sue	Man	4/CNT 6	Machine	5/CNT 6	Hll Enjoyed talking & working with group	✓ 계속적인 작업 ___ 흥미를 보임 ___ 디자인에 주의를 기울임 ✓ 명백히 닮았음 ✓ 대인관계 ___ 새로운 방법의 발명 ___ 개방형 문제를 선호함 ___ 자신의 과제에 집중함 ✓ 언어적 능력이 좋음	2
Carmen	Dog	1/CNT 4	House	2/CNT 1	Distracted, Frustrated	___ 계속적인 작업 ___ 흥미를 보임 ___ 디자인에 주의를 기울임 ___ 명백히 닮았음 ___ 대인관계 ___ 새로운 방법의 발명 ___ 개방형 문제를 선호함 ___ 자신의 과제에 집중함 ___ 언어적 능력이 좋음	0
Taj	Horse	6/CNT 11	Invention	7/CNT 12	Hll Told story about invention to group	✓ 계속적인 작업 ✓ 흥미를 보임 ___ 디자인에 주의를 기울임 ___ 명백히 닮았음 ✓ 대인관계 ✓ 새로운 방법의 발명 ___ 개방형 문제를 선호함 ✓ 자신의 과제에 집중함 ✓ 언어적 능력이 좋음	2
Lia	c Turtle	2/CNT 4	TV	2/CNT 2	Copied Others	___ 계속적인 작업 ___ 흥미를 보임 ___ 디자인에 주의를 기울임 ___ 명백히 닮았음 ___ 대인관계 ___ 새로운 방법의 발명 ___ 개방형 문제를 선호함 ___ 자신의 과제에 집중함 ___ 언어적 능력이 좋음	0

2: 매우 분명   1: 분명하다   0: 분명하지 않다

영재성의 정의와 개념

점수 매기기 제시

PABLO 채점

매우 분명 (2)	분명하다 (1)	분명하지 않다 (0)
독창적 아이디어	복사, 자신의 세부 사항 추가	추가 없이 복사
3-D	단순 디자인	다리의 4개 연결과 한 면 (동물 몸)
뭔가를 세워 놓음	공통 대상–사람, 거북이 등	2-D
4개 부분 이상의 균형		
움직이는 부분		
많은 조각/ 연결구의 복잡한 디자인		
예술 표현으로 인정할 대상		
몰입, 흥분 또는 진정성		지루함, 실망스러움
많은 창조물을 만듦		단순한 창조물을 만듦
.		

학생의 작업에 채점 지침. 학생과 작업할 때 이 리스트에 더 추가하시오.

[찾아보기]

인명

내 용

편저자 소개

Sally M. Reis

Sally M. Reis는 코네티컷(Connecticut) 대학교의 교육심리학과 학과장이며, 국립영재연구소의 책임 연구원으로 활동하고 있다. 15년 동안의 교사 재직 기간 중에서 11년을 초·중·고등학교에서 영재를 가르쳤다. 130여 편의 논문, 9권의 책, 그리고 수많은 연구 보고서를 집필하였다.

연구대상은 학습장애 학생, 여성 영재, 재능 있는 학생 등 영재와 재능을 지닌 학생이다. 특히, 영재를 위한 학교전체 심화학습모형의 확장뿐 아니라, 이전에 영재로 판별되지 않은 학생의 잠재력과 재능을 확인하기 위해 일반적인 강화를 제공하고 강의를 늘리는 데도 노력을 기울이고 있다.

또한 워크숍을 운영하며, 학교에 영재교육, 심화 프로그램, 재능발달 프로그램의 전문적인 발전을 위해 여러 곳을 다니며 힘쓰고 있다. 『The Schoolwide Enrichment Model』 『The Secondary Triad Model』 『Dilemmas in Talent Development in the Middle Years』의 공동 저자이며, 1998년에는 여성의 재능 발달을 다룬 『Work Left Undone: Choices and compromises of Talented Females』를 출판하였다. 그리고 『Gifted child Quarterly』를 포함한 여러 저널 위원회의 편집 위원으로 활동하면서, 미국영재학회 회장을 역임하였다.

Robert J. Sternberg

Robert J. Sternberg는 IBM의 심리학과 교육학 교수이며 또한 예일 대학교 심리학연구소 소장으로 인간의 능력, 유능감, 전문적 기술에 대한 연구를 담당하고 있다. 이 연구소는 이론, 조사, 실험 그리고 발달하는 전문적 지식이나 기술로써 사고력의 개념을 발전시키는 정책을 연구한다. Sternberg는 전생애 인간 발달을 변화시킬 수 있고 수용할 수 있는 복합 개념으로써의 진보에 대한 연구에 일생을 바쳐 가면서 과학, 교육, 사회 분야에 대해 연구를 계속하고 있다. 2003년에는 미국 심리학회 회장으로도 활동하였다.

1972년 예일 대학교에서 석사를 취득하고 1975년 스탠퍼드 대학교에서 우수한 성적으로 박사 학위를 취득했다. 또한 파리 제5대학교 명예박사 학위를 가지고 있다. 950여 개 저널의 논문과 수많은 책을 썼으며, 주요 연구 분야는 지능, 창의성, 지혜다. 또한 미움뿐 아니라 사랑과 친밀한 관계에 대해서도 다른 5개 대륙에서 광범위하게 연구하고 있다.

Sternberg는 미국의 예술 · 과학협회, 과학발전학회, 심리학회, 과학 · 문학 노르웨이 왕립연구회, 실험심리학회 등의 특별 회원이다. 또한 미국심리재단(American Psychological Foundation)과 Society for General Psychology가 수여하는 Arthur W. Staats Award를, 교육 심리학의 공로상에 해당하는 E. L. Thorndike Award를 수상하였다. 그리고 Early Career Contribution to Psychology에서 우수 학자상, APA에서 Boyd R. McCandless Award 등 심리학 및 교육학자로서 수많은 영예로운 상을 수상하였다.

Sternberg는 성공지능 분야에서도 잘 알려져 있다. Lubart와 함께 창의성의 투자이론, 사고 양식으로서의 정신자치제 이론, 분별에 대한 이론, 사랑에 관한 삼각형 이론으로도 매우 유명한 학자다.

 역자 소개

이 정 규

(일본) 쓰쿠바대학교 심리학 석박사통합과정 수료(정부장학생)
성균관대학교 교육학박사(교육심리학)
(현재) 한국교육개발원 영재교육센터 연구위원

교육부, 한국학술진흥재단 연구프로젝트 수행
• 우리나라의 영재교육: 영재성의 정의와 판별과 선발(2004)
• 영재교육 담당교원의 양성과 임용, 연수(2005)
• 동서양 창의성 연구(2006)
• 한국과학영재학교 성과평가 및 과학영재학교 발전 방안(2007)

〈주요 저서 및 논문〉
창의성의 이해(박학사, 2006)
다중지능과 교수학습(시그마프레스, 2006)
학업성취도에 대한 창의성의 상대적 예측력(교육학연구, 2004)
영재의 인지적 특성 연구(교육심리연구, 2005)
영재교육 담당 교원의 양성과 임용에 대한 연구(교육심리연구, 2006) 외

영재교육필독시리즈 제1권

영재성의 정의와 개념
Definitions and Conceptions of Giftedness

2008년 1월 8일 1판 1쇄 인쇄
2008년 1월 15일 1판 1쇄 발행

엮은이 • Robert J. Sternberg
옮긴이 • 이정규
펴낸이 • 김진환
펴낸곳 • **학지사**

121-837 서울시 마포구 서교동 352-29 마인드월드빌딩 5층
대표전화 • 02-326-1500   팩스 • 02-324-2345
등록 • 1992년 2월 19일 제2-1329호
홈페이지 www.hakjisa.co.kr
ISBN 978-89-5891-541-6 94370
        978-89-5891-540-9 (전13권)

가격 15,000원

역자와의 협약으로 인지를 생략합니다.
잘못 만들어진 책은 구입처에서 교환하여 드립니다.

인터넷 학술논문 원문 서비스 뉴논문 www.newnonmun.com